城市轨道交通职业技能鉴定培训系列教材

城市轨道交通职业技能鉴定培训系列教材

城市轨道交通车站值班员

李宇辉　主　编

娄树蓉　主　审

中国铁道出版社

2017 年·北京

内 容 简 介

本书是城市轨道交通职业技能鉴定培训系列教材之一,共五章,主要包括以下内容:车站设备,介绍车站机电设备、通信系统、线路设备、信号设备、自动售检票系统的使用方法和简单故障的排除等;车站行车组织,介绍正常情况下和非正常情况下车站各岗位的接发列车作业程序和工作职责,列车运行图的相关知识和车站行车组织的各种规定等;车站票务组织,介绍自动售检票系统的终端设备、车站的现金管理、车票管理及车站票务事务处理的有关知识;车站客运服务,介绍服务的含义、服务的特点,客运服务质量的含义及服务质量的要素,车站客运服务的基本要求等;车站日常运作与管理,介绍车站值班员的一日作业标准和车站安全管理的途径与内容,车站施工(检修)工作的组织管理程序,事故预防与处理的方法等。

本书可供城市轨道交通站务工作岗位培训和高职高专城市轨道交通运营管理专业教学使用,也可供该专业成人教育使用,还可供从事城市轨道交通运营工作的其他人员学习参考。

图书在版编目(CIP)数据

城市轨道交通车站值班员/李宇辉主编 . —北京:
中国铁道出版社,2014.9(2017.8 重印)
城市轨道交通职业技能鉴定培训系列教材
ISBN 978-7-113-18978-5

Ⅰ.①城… Ⅱ.①李… Ⅲ.①城市铁路—行车组织—职业技能—鉴定—教材 Ⅳ.①U239.5

中国版本图书馆 CIP 数据核字(2014)第 161202 号

书　　名:城市轨道交通车站值班员
作　　者:李宇辉　 主编

策　　划:金锋
责任编辑:悦彩　　　　编辑部电话:010-51873206　　　　电子信箱:sxyuecai@163.com
封面设计:书蠹文化
责任校对:龚长江
责任印制:李佳

出版发行:中国铁道出版社(100054,北京市西城区右安门西街 8 号)
网　　址:http://www.51eds.com
印　　刷:北京鑫正大印刷有限公司
版　　次:2014 年 9 月第 1 版　　2017 年 8 月第 2 次印刷
开　　本:787 mm×1 092 mm　 1/16　 印张:12.25　　　 字数:313 千
书　　号:ISBN 978-7-113-18978-5
定　　价:29.00 元

随着我国城市轨道交通行业的蓬勃发展，培养一支技能型、实操型、有一技之长的高级蓝领队伍，打造企业的脊梁型人才，已成为行业内的当务之急。同时，建立一套完善的职业技能鉴定体系，打通企业技能员工晋升通道，引导和激励员工爱岗学技，岗位成才，保持员工队伍的稳定，对企业具有至关重要的意义。

南京地铁集团有限公司和南京铁道职业技术学院依托联合成立的"地铁学院"一体化办学平台，整合双方优质资源，共同开展了城市轨道交通企业职业技能鉴定体系开发工作。在编制完成南京地铁各岗位职业标准、鉴定要素细目表、题库的基础上，以南京地铁运营实践和南京铁道职业技术学院城市轨道交通专业建设为基础，结合国内上海、广州等地铁公司培训教材开发的情况，推出了城市轨道交通职业技能鉴定培训系列教材。

这套教材的推出，是在城市轨道交通行业职业资格证书建设方面进行的一个尝试，旨在为我国城市轨道交通行业的职业教育发展探索一条可持续发展之路。

本系列教材力求在以下方面有所突破：

一是力求教材内容具有较强的针对性。根据岗位职业标准中的基础知识及技能要求，结合鉴定要素细目表，教材内容覆盖了各工种需掌握的完整知识点和技能，将理论知识和实际操作有机结合，力求符合实际工作要求，具有较强的实操性。

二是力求教材系统完整，系统之间有机衔接。教材力避职业标准中不连续、比较原则和简略等弊端，按照连接性和扩展性的知识和技能要求进行必要的细化和展开，使相关的技能和知识连成线、织成片；并注重各专业的有机衔接，补充必需的基础性、辅助性知识和技能，形成一个相对独立、有利于学员、学生学习的培训教材体系。

三是力求教材编排融合度高。根据对应职业标准中五个等级的内容及考核比重表的要求，按培训规范中对应培训科目的培训目标、培训内容、培训学时等要求，将五个等级的内容要求融合为一体进行编写。

四是力求教材通用性好。教材对各岗位通用的基础知识、专业基础知识编写形成统一的通用教材，供各岗位使用，确保通用知识内容的准确性，使员工在转岗时能适应多个岗位的学习需要。

五是力求教材适用性广。教材内容以南京地铁运营公司的技术装备和运营实践为主，同时，结合各地铁公司使用的设备和运营管理情况，保证教材除满足南京地铁培训需要外，还可供其他地铁公司作为培训教材参考使用，相互交流。同时，教材可满足高级、中级、初级不同级别员工的培训、学习需要，既可作为普及型教材，亦可作为高技能人才培养教学用书。

由于编写时间仓促，且城市轨道交通行业尚未形成国家统一的标准和体系，教材中一定有许多不妥之处，恳请读者和广大同行批评指正、补充完善。另外，在教材的编写过程中参阅了大量书籍、报刊、学术论文、网站等有关资料，虽已尽可能在参考文献中加以注明，但仍有可能存在遗漏，在此特别说明并致谢！

2014 年 8 月 8 日

城市轨道交通是一个庞大复杂的技术系统，包括了线路、车站、车辆、供电、通信、信号、自动售检票、屏蔽门等众多专业。涵盖了土建、机械、电器设备、电子信息、环境控制、运输组织等各个门类。为了保证城市轨道交通列车安全、正点运行，在集中调度、统一指挥的原则下，要求与运营有关的各部门、各专业、各工种之间按照统一的工作计划——列车运行图，协调一致地进行生产活动。因此对从业人员开展岗位培训及技能训练已成为城市轨道交通行业职业教育的重要任务。

车站值班员是从事操作城市轨道交通车站行车设备、售检票设备、机电设备，组织车站行车工作和客运工作，处理突发事件的工作人员。车站值班员在城市轨道交通车站的日常运营工作中居于核心地位，城市轨道交通的其他工作人员在车站进行设备安装、维护等工作时，必须服从车站值班员的指挥。车站值班员应能够熟练操作车站的各种设备，并具有一定的分析、判断、推理能力和语言表达能力，较强的事物反应能力和应急处理能力。

本书根据城市轨道交通车站值班员岗位标准、鉴定要素细目表及培训规范进行编写，内容涵盖了车站值班员工种五个等级知识和技能要求。主要内容包括车站设备、车站行车组织、车站票务组织、车站客运服务和车站日常运作与管理等，城市轨道交通概论的相关知识已在通用教材中介绍，本教材不再重复叙述。本书不仅是城市轨道交通车站值班员工种岗位培训、技能鉴定的培训教材，也可以作为城市轨道交通大专院校、职业学校学生的教学参考用书。

本书主要特色是紧密结合城市轨道交通车站值班员日常工作的实际，将车站值班员工作中需要掌握的设备操作方法和作业流程进行详细介绍，对相关理论知识只做简单阐述，在教学过程中要求教师将重点放在对学生实际操作

技能的培养，使学生到城市轨道交通企业后能很快适应车站值班员的日常工作。

　　本书由南京铁道职业技术学院李宇辉担任主编，南京地铁集团有限公司娄树蓉担任主审，具体编写分工如下：第一章由南京铁道职业技术学院韩小平和南京地铁集团有限公司路宇超编写，第二章和第五章由李宇辉和南京地铁集团有限公司邵海平编写，第三章和第四章由南京铁道职业技术学院周云娣和南京地铁集团有限公司王俊杰编写。

　　本书在编写过程中，得到了南京地铁站务中心的大力帮助，也得到了上海申通地铁集团公司、广州地下铁道总公司有关专家的指导，在此谨表感谢！

　　由于编写时间仓促，编者水平有限，书中难免有错误和不妥之处，恳请读者批评指正。

编　者

2014 年 8 月

目录

CONTENTS

第一章 车站设备

通过本章学习,使学员对车站设备有较全面的认识。要求学员掌握城市轨道交通车站相关设备的原理和基本使用方法,达到能熟练操作相关车站设备和进行车站设备维护的目的;要求学员学会对车站机电设备的使用和保养,对通信、线路及信号设备的使用及简单故障的排除,更好地服务旅客和保证行车的安全。

第一节 线 路 设 备

一、轨道结构

轨道是地铁运营的主要技术装备之一,是行车的基础。轨道是由钢轨、轨枕、道床、道岔、联结零件及防爬设备组成。它的作用是引导机车车辆运行,直接承受由车轮传来的荷载,并把它传布给路基或桥隧建筑物。轨道必须坚固稳定,并具有正确的几何形位,以确保机车车辆的安全运行。地铁列车轴重轻、行车密度大、运营时间长、维修时间短。因此,与国家铁路相比,两者要求不尽相同。地铁的轨道结构除了要求具有足够的强度、稳定性和耐久性等基本特征外,还提出了以下要求:

(1)适应维修时间短的特点,养护工作量要少、使用寿命要长。

(2)具有适量的弹性,使列车运行所引起的振动与噪声控制在容许值范围内。

(3)要具有一定的绝缘性能,以减少迷散电流对周围金属构件的电腐蚀。

(4)减少轨道结构零部件的非标品种,尽可能选用铁路总公司通用件,以降低工程造价和养护费用。

(一)钢轨

钢轨是轨道的主要部件,用于引导机车车辆行驶,并将所承受的荷载传布于轨枕、道床及路基。同时,为车轮的滚动提供阻力最小的接触面。在列车动荷载的作用下,钢轨产生纵向弹性挠曲和横向弹性变形,故应有足够的承载能力、抗弯强度、断裂韧性及稳定性、耐久性、耐腐蚀性等。如南京地铁1号线正线采用60 kg/m钢轨(图1-1),铺设无缝线路地段采用无孔新轨,其余地段采用有螺栓孔新轨,车辆基地采用50 kg/m钢轨。60 kg/m钢轨与50 kg/m钢轨连接采用异型轨。钢轨接头一般采用对接,在曲线地段,采用现行标准缩短轨。

(二)扣件与轨枕

地铁扣件要求具有足够的强度、扣压力和耐久性,有良好的弹性和绝缘性能。

其结构力求简单，通用性好，造价低，施工维修方便。全线有八种扣件类型，每种扣件与相应的轨枕配套使用。地下线路和高架桥采用短轨枕，站场线采用Ⅱ型混凝土轨枕(图 1-2)。

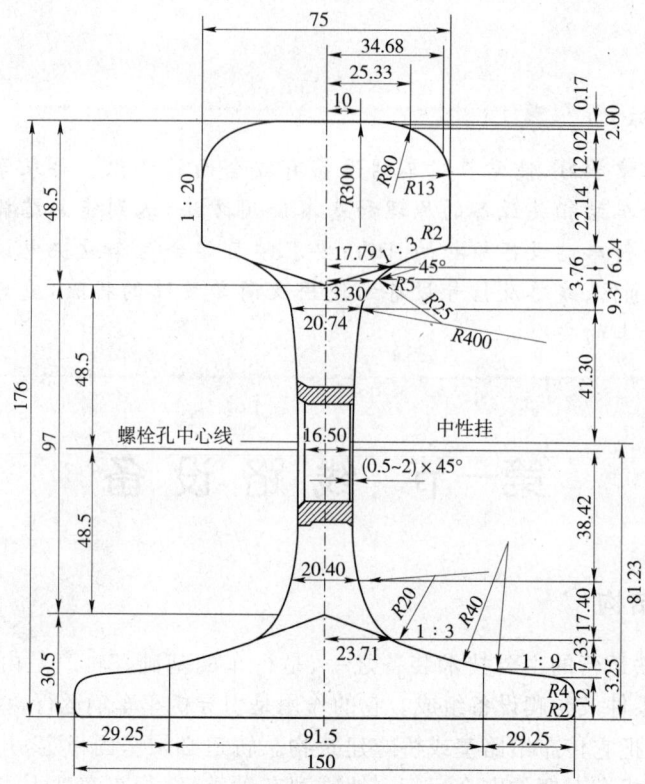

图 1-1　钢轨断面示意图(单位:mm)

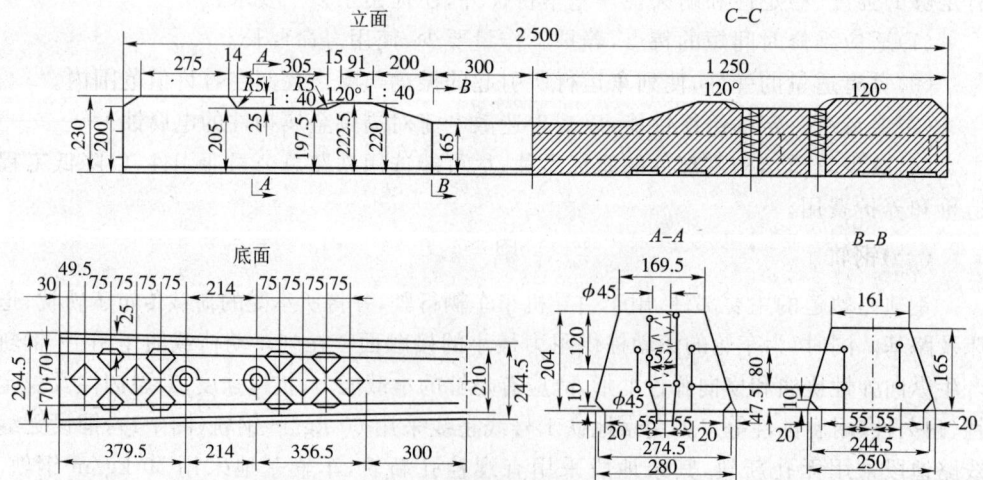

图 1-2　Ⅱ型混凝土轨道枕示意图(单位:mm)

(1)DTⅥ2 型扣件及短轨枕:用于地下线、U 形结构地段、地面线过渡段。

(2)DTⅦ2 型扣件及短轨枕:用于高架桥地段。

(3)Ⅰ型轨道减振器扣件及短轨枕:用于车站较高减振地段。

(4)弹条Ⅰ型(图1-3):用于碎石道床混凝土轨枕。

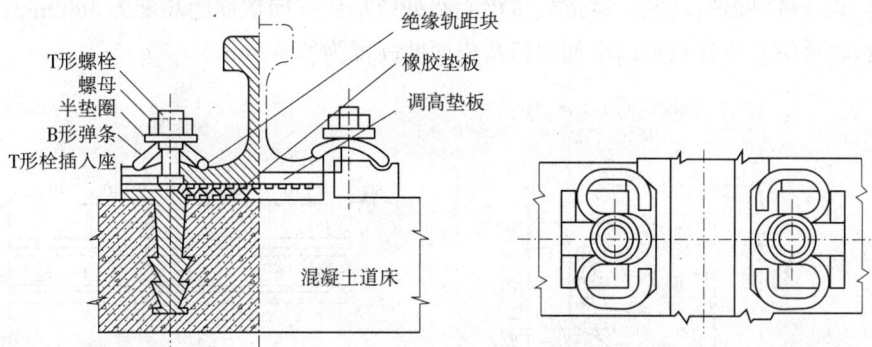

图1-3　弹条Ⅰ型扣件示意图

(5)DTⅥ1型:用于碎石道床木轨。

(6)DJK5—Ⅰ型:用于库内检查坑及车辆基地整体道床。

(7)城市轨道121型扣件:用于试车线检查坑地段。

(8)DTⅣ1型扣件:用于50 kg/m钢轨木枕碎石道床。

一般情况下,铺枕数量如下:线路纵坡大于等于20‰、高架线曲线地段或地下线曲线半径等于400 m地段为1 760根/km,其余地段均为1 680根/km;对于遇到梁缝、各种预埋管线、排水横沟等需调整轨枕间距时,轨枕中心间距最大值不宜超过630 mm。

铁垫板上设1∶40的轨底坡,轨下设一层厚10 mm橡胶垫板,用螺纹道钉与木枕联结。

(三)钢轨接头联结零件

钢轨接头联结零件是由夹板、螺栓、弹簧垫圈等组成。其作用是在接头处把钢轨连接起来,使钢轨接头部分具有与钢轨一样的整体性,以抵抗弯曲和位移。接头处还要满足钢轨伸缩的要求。

1.接头夹板

夹板是承受弯矩、传递纵向力、阻止钢轨伸缩的重要部件,要求有一定的垂直和水平刚度及足够的强度。夹板的形式很多,一般的地铁线路碎石道床钢轨接头采用斜坡支承双头对称型夹板,简称双头式夹板。图1-4是60 kg/m钢轨的夹板图。

2.接头螺栓、螺母及弹簧垫圈

接头螺栓、螺母是用来夹紧夹板和钢轨的配件,垫圈是为了防止螺栓松动。螺栓根据其机械性能分级,划分为8.8和10.9级两个等级,其抗拉强度相应为830 MPa和1 040 MPa。接头螺栓的扭矩应达到规定,扭矩不得低于规定值100 N·m以上。

(四)道床

城市轨道交通线路在隧道内及高架桥上一般采用钢筋混凝土整体道床,车场线采用碎石道床。

1.地下线短枕式整体道床

(1)混凝土强度等级为C30,道床内布设单层钢筋网,纵向钢筋兼作杂散电流的排流筋。轨道结构高度:对于地下线及 U 形结构,矩形隧道轨道中心线处轨顶面至结构底的高度为 560 mm,圆形、马蹄形隧道轨道中心线处轨顶面至回填面的高度为 560 mm;对于地面线,轨道中心线处轨顶面至加固路基表面的高度为 670 mm。

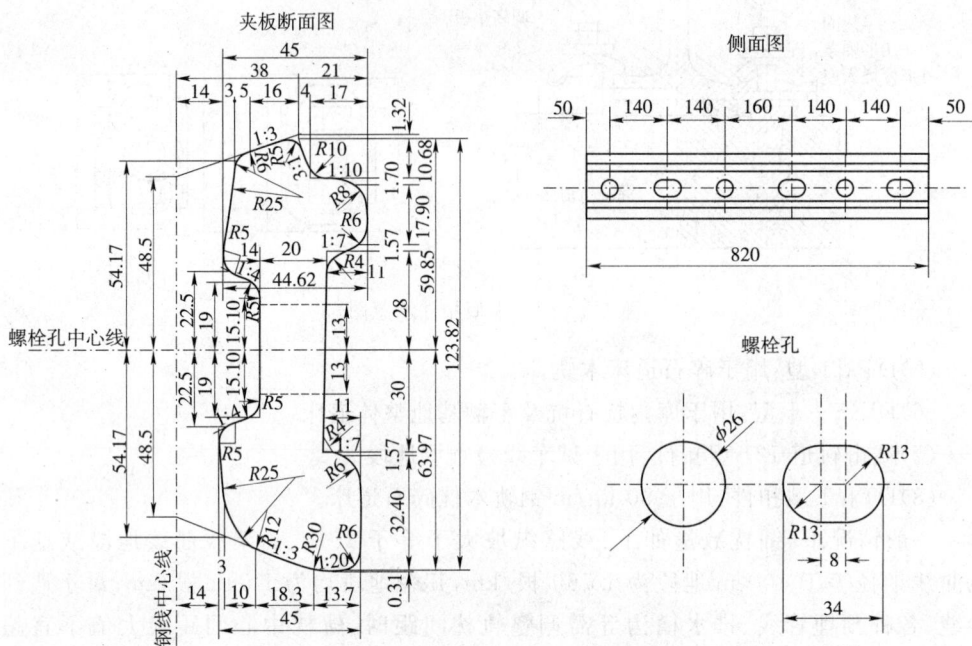

图 1-4　60 kg/m 钢轨的夹板示意图(单位:mm)

(2)地下线曲线的超高采用半超高的方法设置,YJD3 及 ZJD3 曲线采用全超高的方法设置。

(3)道床设宽 550 mm、深 200 mm 的中心水沟,轨下部分道床比短轨枕顶面低 20 mm 或 30 mm,道床面向中心水沟设 3‰ 的排水横坡。

(4)结合结构沉降缝,地面线、U 形结构及隧道口内 30m 范围,整体道床每 6.25 m 设一道床伸缩缝,隧道内每 12.5 m(可结合隧道结构的变形缝位置局部进行调整)设一道床伸缩缝。伸缩缝由 2 cm 沥青板形成并以沥青麻筋填充。结构沉降缝处设道床伸缩缝,短轨枕避开道床伸缩缝。

(5)道床钢筋网施工时,将每段道床块两端的横向 N3 扁钢及纵向每隔 2 m 的 N2 钢筋与纵向钢筋焊接。

2.高架桥短轨枕整体道床

每跨梁上整体道床分块布置,一般道床块长 5.9 m(Z6 型)或 5.6 m(Z5.7 或 Z5.6 型)。为避让梁缝,梁缝处两道床块的间隔为 200 mm,其余道床块的间隔均为 100 mm,梁中部有适应各种梁长而设置的调节道床块。

(1)道床混凝土强度等级为 C40,道床内设两层钢筋网,轨道结构高度(内轨面至梁面的最小高度)为 500 mm。

(2)为加强道床混凝土与桥面的联结,梁面上预埋竖向钢筋钩。道床混凝土施工时,将竖向钢筋钩扶正,并将位于道床块外的竖向钢筋钩去掉。

(3)曲线超高采取外股钢轨抬高超高值方法设置。

(4)桥面排水横坡在桥面保护层形成,从每跨梁的梁端泄水孔排走。

3. 车场线碎石道床

厚度:采用双层道砟,道砟厚 25 cm,底砟厚 20 cm。过渡段的道砟厚度渐变。

肩宽:直线及 $R>800$ m 曲线地段肩宽 400 mm,进行砟肩堆高;$R\leqslant800$ m 曲线地段肩宽加宽至 500 mm,并进行砟肩堆高。

道床边坡 1:1.75。

道砟材质:道砟采用 TB/T 2140—2008《铁路碎石道砟》中的一级道砟。

(五)车挡

车挡有磁力式、液压式和滑动式等,前两种构造复杂、造价高,后一种较为简单、实用。全线起终点共设缓冲滑动式车挡 4 座,试车线缓冲滑动式车挡 2 组。该车挡允许列车对其的冲撞速度不大于 15 km/h 时,占用轨道长度 12.5 m,车挡主要由主体架、阻尼器和挡卡组成。当列车冲撞车挡时,车挡可滑动一段距离,能有效地消耗列车动能,确保列车和人员安全。在车辆基地设库内铸钢月牙式车挡 34 组。该车挡结构简单、稳固,用月牙式钢板阻止车轮,两股钢轨上的铸钢板用槽钢横向联结,增加了车挡的稳定性和强度。库外乙式竖壁式车挡 6 组,尽头车挡均设车挡表示器,涂反光材料。

(六)无缝线路

无缝线路是把标准长度的钢轨焊接而成的长钢轨线路,又称焊接长钢轨线路,是轨道结构现代化的标志。无缝线路由于消除了大量的钢轨接头,使得行车更加平稳,列车运行速度得以提高,旅客更感舒适。列车在运行过程中消除了对接头的冲击,减少了线路的病害以及养护维修工作量;提高了轨道电路的可靠性和导电性;延长了线路设备和机车车辆的使用寿命。无缝线路一般可分为温度应力式和放散温度应力式两大类,一般地铁线路采用的是温度应力式。温度应力式无缝线路是按照设计轨温将长钢轨锁定,使钢轨因温度变化而产生的温度力不致影响轨道的强度和稳定。

钢轨焊接是铺设无缝线路的一个重要环节。焊接的要求是使焊接成的长钢轨的物理力学性能一致。实践证明,钢轨焊接质量不良,将使无缝线路的养护维修工作后患无穷,严重者将危及行车安全。我国铁路钢轨的焊接最早采用的是电弧焊接技术。该法焊接质量低,铺设后钢轨的断轨率高,被逐渐淘汰。以后又采用了铝热焊。随着钢轨焊接机的研制成功,开始采用气压焊、接触焊等焊接方法。

一般地铁线路主要采用接触焊和气压焊,首先在工厂将标准长度的钢轨焊成125 m长的轨条,其次在现场采用气压焊将长轨条焊连。

二、道岔

道岔是铁路轨道中不可缺少的重要组成部分,根据用途和条件的不同,可以利用道岔把许多平行股道组合成各种不同形式的车站或车场,满足地铁运营中的各种作业需要。根据道岔的用途和构成形式的不同,基本上可分为连接设备、交叉设备和连接与交叉组合设备(图 1-5 和图 1-6)。

1. 道岔的定义及类型

道岔是机车车辆从一股道转入或越过另一股道的线路设备,是轨道的重要组成部分,也是轨道的薄弱环节之一。

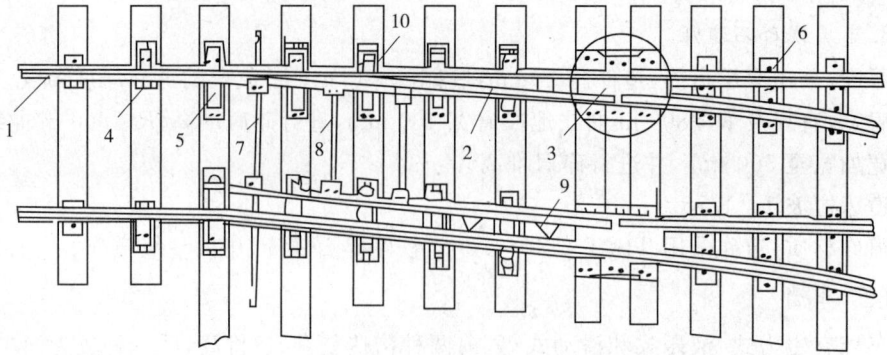

图 1-5 道岔基本结构示意图

1—基本轨；2—尖轨；3—跟端结构；4—辙前垫板；5—滑床板；

6—辙后垫板；7—拉杆；8—连接杆；9—顶铁；10—轨撑

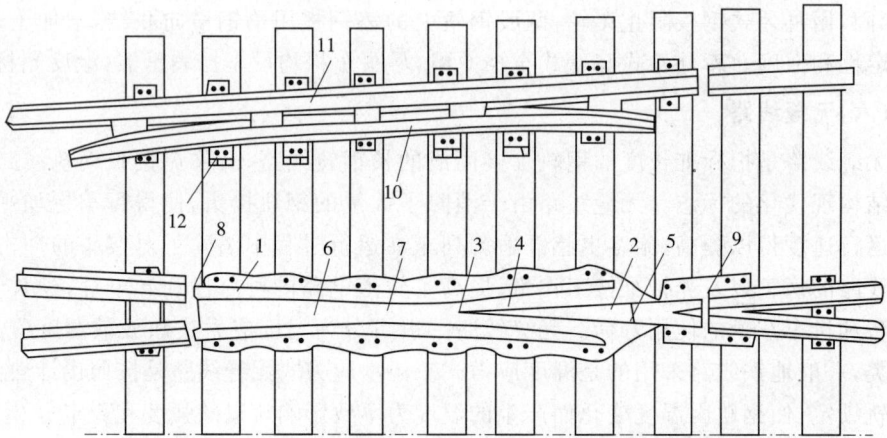

图 1-6 道岔连接与交叉组合设备示意图

1—翼轨；2—心轨；3—理论尖端；4—实际尖端；5—辙叉角；6—咽喉；7—有害空间；

8—辙叉趾端；9—辙叉跟端；10—护轨；11—主轨；12—护轨垫板

　　道岔的左、右位按如下规定划分：面向道岔尖轨，左手为道岔的左位，右手为道岔的右位。

　　道岔的类型包括最常用的普通单开道岔、交叉渡线道岔、复式交分道岔、单式对称道岔和三开道岔等，其中地铁线路采用的有普通单开道岔、交叉渡线道岔、复式交分道岔。

　　道岔的尖轨和叉心都有各自的薄弱环节。尖轨的薄弱环节在于尖轨断面变化大，又常扳动。叉心的薄弱环节指在叉心尖端轨线中断，存在有害空间，车轮要从一股钢轨越过另一股钢轨，就必须要在辙叉范围的两侧钢轨处设置护轨，以引导车轮进入应走的轨道，防止车轮与叉心的剧烈碰撞。

　　2. 单开道岔

　　如图 1-7 所示，普通单开道岔由转辙器、辙叉、护轨及连接部分和岔枕组成。转辙器包括一对尖轨、一对基本轨、转换设备及连接零件。辙叉及护轨包括辙叉心、翼轨、连接零件、护轨。

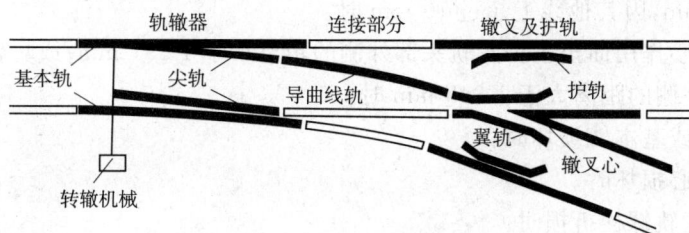

图 1-7 单开道岔示意图

辙叉心的两条作用边的交角 α 叫辙叉角,道岔的号数 $N = ctg\alpha$,号数 N 越大,夹角 α 越小,道岔占地面积越大,可允许侧向通过速度越大。

城市轨道交通侧向过岔速度为 7 号道岔,9 号道岔侧向通过速度 30 km/h;7 号道岔侧向通过速度 25 km/h,直向均为 80 km/h。

一号线的道岔种类及数量如下:60 kg/m 钢轨 9 号单开道岔 22 组,其中 9 左 13 右;60 kg/m 钢轨 9 号道岔 5 m 交叉渡线 2 组;60 kg/m 钢轨 9 号道岔 11.2 m 间距不对称交叉渡线 1 组;50 kg/m 钢轨 9 号单开道岔 3 组;其中 1 左 2 右;50 kg/m 钢轨 7 号单开道岔 35 组,其中 20 左 15 右;50 kg/m 钢轨 7 号道岔 4.5 m 交叉渡线 1 组。

3. 道岔使用规定

(1)正常情况下的操作:遥控操纵、电气锁闭。

(2)故障情况下的操作:现地手摇、人工锁闭。

(3)手摇道岔工作必须严格执行"手摇道岔六步曲":

一看:看道岔开通位置是否正确,是否需要改变位置。

二开:打开盖孔板及勾锁器的锁,拆下勾锁器。

三摇:摇道岔转向所需的位置,在听到"咔嚓"的落槽声(电动转辙机箱内动接点与静接点接触)后停止。

四确认:手指尖轨"尖轨密贴开通×位"并和另一人共同确认。

尖轨密贴情况如图 1-8 所示。

五加锁:另一人在确认道岔位置开通正确后,用勾锁器锁定道岔尖轨。

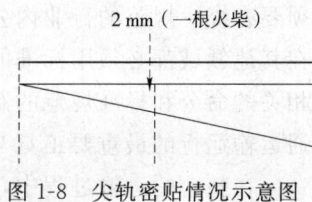

图 1-8 尖轨密贴情况示意图

六汇报:向站控室汇报道岔开通位置正确。

4. 道岔十种不正常情况

道岔应经常保持良好的状态,有下列缺点之一时,禁止使用:

(1)道岔两尖轨互相脱离时。

(2)尖轨与基本轨在静止状态不密贴时。

(3)尖轨被轧伤,轮缘有爬上尖轨的危险时。

(4)在尖轨顶面宽 50 mm 及其以上的断面处,尖轨顶面较基本轨顶面底至 2 mm 及其以上时。

(5)基本轨垂直磨损,在正线上超过 6 mm,在车辆基地线上超过 8 mm,在其他线上超过 10 mm 时。

(6)在辙叉心宽 40 mm 的断面处,辙叉心垂直磨损,在正线上超过 6 mm,在小行基上超过 8 mm,因其他线上超过 10 mm 时。

(7)辙叉心作用面至主护轮轨头部外侧的距离小于 1 391 mm;或翼轨作用面至主护轮轨头部外侧的距离大于 1 348 mm 时。

(8)尖轨或基本轨损坏时。

(9)辙叉心损坏时。

(10)护轮轨螺栓折损时。

第二节　信号设备

一、信号基础知识概述

(一)信号定义与实现意义

所谓信号是指示列车运行与调车工作开展的命令,它传达指挥者的意图,指示列车运行条件,表示有关行车设备的位置和状态等,是行车指挥的一种形式。

信号装置就是实现信号含义的专用装置。

1. 基本作用

城市轨道交通信号系统是城市轨道交通的主要技术设备,它担负着指挥列车运行、保证行车安全、提高运输效率的任务,是城市轨道交通日常调度指挥和运营管理的中枢。

2. 实现意义

由于信号的基本作用的重要性是客观存在的,已经深入和渗透到所有交通运输的行业中,所以没有信号作为相关的指示和命令,任何交通工具都无法实现其功能。

从我们日常生活中经常遇到的,如地面道路交通、地铁、航海运输、航空运输都必须要有统一规范的行业内公认的信号来确保运转安全和保证运输能力的发挥。甚至在其他领域都必须用标准的规范和命令来实现功能,如先进的信息高速公路同样要有相关的命令和标准规范的制约才能实现信息的快速传输。所以,信号是实现和保障交通运输运行的最重要工具与手段。

在整个的运输过程中,有关行车人员必须严格按信号指示行车,任何单位、个人均不得违反,否则将造成十分严重的后果及无法挽回的损失。

3. 对信号的基本要求

各种信号机的灯光排列、颜色、外形尺寸应符合规定的标准。

信号机的显示方式和表达的含义必须符合国家标准和规定。

信号机的设置须保持能够进行实时检测、故障警告,为列车运行提供安全保障、正确信息。

在一般情况下,信号机设置在运行线路的右侧,与列车司机的驾驶位置相同,便于瞭望和确认信号。

行车手信号、行车听觉信号的显示方式和表达的含义应该符合规定要求。

信号机的设置以及行车手信号、行车听觉信号的显示应考虑线路地形、地物的相关影响。

(二)信号的基本分类

1.按接受信号的器官分类

根据器官感受的区别,信号可分为视觉信号和听觉信号两大类。

(1)视觉信号

视觉信号是以信号的颜色、形状及用数字、灯光数目和状态等来表达的信号,如信号机、信号旗、信号标志牌、信号灯、信号表示器等。

(2)听觉信号

听觉信号是以不同器具发出的音响的次数,音响长短作符号来表达的信号,如口哨、口笛、铃声、响墩以及车辆的鸣笛声等。

2.按信号是否可以移动分类

按信号是否可以移动,信号可分为固定信号、移动信号和手信号三类。

(1)固定信号

固定信号是被固定地安装在运行线路一定位置,用以指示列车运行和调车工作的信号,如信号机、行车信号标志牌、信号表示器等。

(2)移动信号

当运行线路在特殊情况下需要施工、救援,要求列车禁止驶入某地点、区域或须减速运行时应设置移动信号,移动信号根据需要临时设置或撤除,如停车信号牌或灯、减速信号牌或灯、减速防护地段终端信号牌或灯。

(3)手信号

手信号是行车有关人员手拿信号旗者直接用手臂显示的信号,用来表达相关的含义,指示列车或者车辆的允许和禁止条件。

3.按信号的用途和功能分类

按信号的用途和功能,信号可分为信号机信号和手信号、音响信号。

信号机信号和手信号、音响信号是通常用以指示列车、车辆的运行条件和要求的信号。

信号表示器信号是表示运行线路设备状态、为位置变化的信号,如道岔表示器、脱轨表示器、车挡表示器、发车表示器等。

(三)信号机与行车标志种类

1.信号颜色应用的基本依据

地铁运输组织中使用的视觉信号基本上和目前世界上各类运输业使用的视觉信号的颜色与基本含义相一致,它有红、黄、绿三种基本颜色,再辅以月白色,分别表示不同的意思。红色表示停车。黄色表示注意并减速运行。绿色表示按规定速度运行。月白色表示按规定要求允许越过该架信号机。

一般光源所发出的光,如太阳光、白炽灯光等是由红、橙、黄、绿、青、蓝、紫七种色光所组成,其中红色光的波长最长,紫色光波长最短。科学证明,光的波长越长,其穿过介质(如空气、水等)的能力越大,即光线的穿透力越强,同样强度的光,红色比蓝色的射穿能力强得多,人的眼睛能更清楚地观察到,而且红色相比其他色光更能引起人的眼睛的敏感和注意,使人的大脑产生兴奋,所以采用红色灯光和红色旗帜对行车安全中要求停车的信号符合科学原理。采用黄作为注意或减速信号是因为黄色光的波长仅次于红色光,并且黄色玻璃透过光的能力最大,甚至远远超过红色玻璃,所以也更能引起人们的注意。采用绿色为按规定速度运行的信号,是因为绿色光的波长,仅次于红光和黄光,而绿光和红光相比差异度最大,易于分辨,便于确认,可以得到较远的显示距离和观察距离,有利于运输过程的操作,发挥效能。

2. 信号机的基本种类

信号机是地铁最常用的视觉信号设备,它的作用贯穿于行车工作的整个过程中。一般情况下,按其功能可分为进站信号机、出站信号机、防护信号机、调车信号机、复示信号机、阻挡信号机、引导信号机等。

(1)进站信号机:防护车站和指示列车运行条件的信号机。

(2)出站信号机:防护发车进路及运行线路。

(3)防护信号机:防护敌对进路的列车相互冲突的信号机,通常设置在平面线路的交叉地点。

(4)调车信号机:保证机车车辆在站内或停基地内从事转线、编组作业能够安全高效地进行。

(5)复示信号机:受地形、地物影响,主体信号机的显示达不到规定的显示距离时,调车、出站及发车信号机前应设置复示信号机,复示主体信号机的显示状况。

(6)阻挡信号机:设置在线路尽头,不准车辆越过该信号机,防护线路终端。

(7)引导信号机:设置在进站信号机或接发车进路信号机机柱上。当主体信号机进行信号因故不能开放,显示一个红色灯光时,其可点亮一个月白色灯光或月白灯光闪光引导列车进站(场)。

3. 行车标志

地铁运行中的行车有关标志分为线路标志和信号标志。它们是行车工作的一个重要组成部分,主要用来对列车运行时的驾驶以及运行设备的巡检、维修等指示相关目标、条件、操作要求。

(1)线路标志

表示建筑物及线路设备位置或状态的标志称为线路标志。通过各种线路标志可以使工作人员知道或明了线路情况,方便进行各种设备维修、检查,使列车操纵能够掌握和依据各种标志指示的条件与要求驾驶列车,达到运行安全和规范行车的目的。与行车直接有关的线路标志主要有以下几种:

①百米标:表示正线距离里程计算起点每一百米的长度,以百米为单位。

②公里标:表示地铁线路从起点开始计算的连续里程标志,以公里为单位。

③曲线标:曲线起点和曲线终点标志的简称。设在曲线中点处,标志上标明了曲线中心里程、半径大小、圆曲线及缓和曲线长度、超高、加宽等有关数据。

④圆曲线及缓和曲线始终点标:设在直线、曲线、缓和曲线三者相互联系的节点处或开始与终止处,标明所向方向为直线、圆曲线、缓和曲线。缓和曲线是指线路上直线和圆曲线相接处为减少振动而设置的一段半径渐变的曲线,它起点没有弯度,然后逐渐变弯,弯度加大、半径减小到与圆曲线半径相同时和圆曲线相接,这种曲线称为缓和曲线。圆曲线是线路上的一段弧,它的弯曲程度用圆半径表示,即曲线半径,以"m"为单位。曲线半径越大,弯度越缓和,曲线半径越小,弯度越紧促。

⑤坡度标:设在线路纵断面的变坡点处。它在正面与背面分别表示两边的坡度与

坡段长度,箭头所指为上坡或下坡,箭尾数字表示坡度千分率,侧面标明变坡点位置。

⑥桥梁标:表示桥梁位置(中心里程)的标志,一般设置在桥梁中心里程处或桥头端,上面标明桥梁编号及中心里程数。

(2)信号标志

表示运行线路所在地点的情况和状态,指示行车人员依据标志的要求,及时、正确地进行相关作业与操作的标志称为信号标志。

与行车相关的信号标志主要有以下几种:

①警冲标:在两条线路汇合处,为了防止停留在一线的车辆与邻线上的车辆发生侧面冲撞而设在两汇合线路之间间隔4 m的中间标志。股道之间间距不足4 m时应设在两线路中心线最大间距的起点处。

②站界标:是车站与区间的分界处的标志,主要用于车站管辖范围区界划分和列车运行时位置识别。

③笛标:要求司机鸣笛的标志。一般设在道口、桥梁、隧道口以及线路状况复杂地段的外方规定位置。

④停车牌:指示列车停车位置的标志。通常用于车站站台规定的乘客上下车的停车地点以及列车折返时指示司机停车的地点,它固定设置在规定位置。

⑤一度停车标:要求列车(机车)在该地点停车后进行确认线路、道岔以及进行相关操作后继续行驶的指示标志。

⑥车挡表示器:设在线路尽头线车挡上的表示器,便于司机以及调车员确认车挡位置。隧道内显示红色灯光,地面线路昼间使用红色方牌、夜间使用红色。

⑦接触网终止标表示接触网已终止的标志,设在接触网终端,警告司机不准越过该标,防止脱弓。

⑧预告标:通常设于非自动闭塞区段进站信号机外方,用以预告进站信号机位置距离的标志。在地铁运输中的基地试车线设置了类似的预告牌(警告牌),用于预告试车线尽头端距离。预告牌(警告牌)为直立白色长方形牌,三个为一组,牌上分别涂有三条、二条、一条黑色斜线,表示距尽头车挡距离。立牌地点距尽头的距离由地铁管理部门依据实际情况制订。

⑨引导接车地点标:指引导员引导接车时所站的位置的标志。引导员接车时原则上站在进站信号机外方或站界标处。如因地形、地物影响在上述地点显示手信号时不能保证列车在200 m以外确认时,引导地点应向区间延伸,在保证列车在200 m外方看清引导信号的地点设置引导员接车地点标。在信号标志中,有些标志具有警告意义和防护功能,运行列车必须在其标志的内方停车,不得越过或者相碰,一旦越过或者相碰将构成行车事故(事件),如警冲标、车挡表示器、接触网终止标等,它们与行车信号显示有相同性质的含义。

二、视觉信号的意义

(一)色灯信号机的显示方式和意义

色灯信号机是运行组织过程中最基本的信号设备,它通过固定装置上的各种光色的变化来表达电客车或其他车辆运行的条件,对列车、车辆的开行指示命令。

正线使用两种色灯信号机:防护信号机和阻挡信号机,基地内设有调车信号用以指示基地的调车和转线等作业。

1. 防护信号机的信号显示

防护信号机是列车运行正线上对道岔以及运行进路进行防护而设置的信号,它对通过的列车或车辆显示信号。

它有以下四种状态的显示:

(1)一个红色灯光:不准列车越过该架信号机。

(2)一个绿色灯光:表示前方进路道岔在直向位置,准许列车按规定速度越过该信号机。

(3)一个月白色灯光:表示前方进路道岔在侧向位置,准许列车按规定速度越过该信号机。

(4)一个红色灯光及一个白色灯光:引导信号显示,准许列车在该信号机前方不停车以不超过规定的速度越过该信号机,并准备随时停车。

2. 阻挡信号机的显示意义

阻挡信号机一般设置在线路的尽头线,用以指示列车的停车位置或者在停运检修期间指示检修作业位置,阻挡列车(车辆)越过,确保安全。

(1)尽头线定义

尽头线是指线路一端已经终止,无任何道岔连接,并设置安全车挡,以防车辆溜出的线路。

(2)显示状态

一个红色灯光:不准列车(车辆)越过该架信号机。对于如何在接近线路终端的作业,在安全运行规则中有具体的规定,包括运行速度和接近距离规定。

3. 站场调车信号机的显示意义

基地调车信号机是对基地内进行调车作业的列车(车辆)指示准许或禁止作业条件和要求的信号机。

(1)显示状态

一个红色灯光:禁止越过该架信号机进行调车作业。

一个白色灯光:准许越过该架信号机进行调车作业。

(2)关于调车信号的说明

①调车信号机显示一个白色灯光一般是指该架信号机显示所指示的调车进路前方道岔在开通状态。它与调车作业所应该到达或需要的进路是有所区别的,也就是说调车信号机显示所指示的路径可能是作业需要的路径,也有可能是错误的路径,可能由于信号控制人员的失误操作使进路开通方向与调车作业的目的地或方向不一致,因此,在调车作业中参加调车作业的相关人员除看清信号显示外,还必须确认调车进路。

②调车信号机的显示表示前方进路情况,但是是否可以开始进行调车作业还必须有参加调车作业的调车指挥人的指示命令,因为调车作业还将受到多种因素的影响与制约。

(二)手信号的显示方式和意义

1. 手信号显示的作用与分类

(1)手信号基本作用

手信号是运行系统的重要的信号显示,在运行实践中经常要使用手信号来表示或传达相关的行车指示和命令,它与运行以及运行安全有着密切的联系。手信号是运行中普遍采用的一种视觉信号,它是用信号旗或信号灯及显示信号的人用手臂显示的信号,主要通过旗、灯、手臂的状态变化使接受信号的行车人员明确显示的意义并遵守执行。

手信号基本作用是机动的指挥列车运行和调车作业,对相关的行车事项进行联络。

手信号显示的准许通行信号、停车信号、注意或减速信号、引导信号同固定信号机所显示的含义具有相同的作用。

(2)手信号的分类

手信号显示根据它的作用与用途可以分为列车运行有关手信号、调车相关手信号。

(3)手信号显示方式和意义

①列车运行时手信号的显示见表1-1。

表 1-1 列车运行时手信号显示方式

序号	列车运行时手信号 类别	显 示 方 式	
		昼 间	夜 间
1	停车信号:要求列车停车	展开的红色信号旗,无红色信号旗时,两臂高举头上,向两侧急剧摇动	红色灯光,无红色灯光时,用白色灯光上、下急剧摇动
2	紧急停车信号:要求司机紧急停车	展开红旗下压数次,无信号旗时,两臂高举头上,向两侧急剧摇动	红色灯光下压数次,无红色灯光时,用白色灯上下急剧摇动
3	减速信号:要求列车降低速度运行	展开的黄色信号旗,无黄色信号旗时,用绿色信号旗下压数次	黄色信号灯光,无黄色灯光时,用白色或绿色灯光下压数次
4	发车指示信号:要求司机发车	展开的绿色信号旗上弧线向列车方面作圆形转动	绿色灯光上弧线向列车方面作圆形转动
5	通过手信号:准许列车由车站通过	展开的绿色信号旗	绿色灯光
6	引导信号:准许列车进入车站或车辆基地	展开黄色信号旗高举头上左右摇动	黄色灯光高举头上左右摇动

②调车手信号的显示见表1-2。

2. 手信号的显示原则与时机

(1)手信号的显示原则

手信号的显示原则是指在进行手信号显示时原则规定,也就是说在显示手信号时要遵循的制度和规范,否则信号显示将失去意义或者说是无效的。

①地面车站及基地内,昼间使用信号旗,夜间使用信号灯。

②地下车站一律使用信号灯,按夜间规定办理。

③显示手信号时左手持红旗,右手持绿旗(扳道员右手持黄旗)。

表 1-2　调车手信号显示方式

序号	调车手信号 类别	显示方式 昼间	夜间
1	停车信号	展开的红色信号旗,无红色信号旗时,两臂高举头上,向两侧急剧摇动	红色灯光,无红色灯光时,用白色灯光上、下急剧摇动
2	减速信号	展开的绿色信号旗下压数次	绿色灯光下压数次
3	指挥列车或车辆向显示人方向来的信号	展开的绿色信号旗在下方左右摇动	绿色灯光在下方左右摇动
4	指挥列车或车辆向显示人反方向去的信号	展开的绿色信号旗上、下摇动	绿色灯光上、下摇动
5	指挥列车或车辆向显示人方向稍行移动的信号(包括连挂)	左手拢起红色信号旗直立平举,右手展开的绿色信号旗在下方左右小摆动	绿色灯光下压数次后,再左右小动
6	指挥列车或车辆向显示人反方向稍行移动的信号(包括连挂)	左手拢起红色信号旗直立平举,右手展开的绿色信号旗在下方上、下小动	绿色灯光平举上、下小动
7	三、二、一车距离信号	右手展开的绿色信号旗下压三、二、一次	绿色灯光平举下压三、二、一次
8	连挂作业	两臂高举头上,拢起的手信号旗杆成水平末端相接	红、绿色灯光(无绿色灯用白色灯光代替)交互显示数次
9	试拉信号(连挂好后试拉)	按本表第5或第6项的信号显示,当列车启动后立即显示停车信号	
10	取消信号:通知前发信号取消	拢起的手信号旗,两臂于前下方交叉后,左右摇动数次	红色灯光作圆形转动后,上下摇动

（2）手信号显示时机

　　手信号的显示时机是指正确及时地掌握显示手信号的时间,即什么时候开始显示手信号,在什么时候收回所显示的手信号。时机的掌握对安全行车与提高行车效率有着直接密切的关系,如果过早显示将影响行车工作效率,易产生行车节奏被打乱现象,而太迟显示将不能够保证列车运行安全和失去显示要求所要达到的目的。

　　①显示通过、停车等信号时,必须在看见列车灯光时开始显示,待列车头部越过显示信号地点后方可收回。

　　②显示发车信号必须在确认列车起动后方可收回。

　　③显示引导信号要待列车越过显示地点后方可收回。

④显示调车手信号须待司机回示后方可收回。

⑤显示停车信号和临时停车信号须待列车或车辆停车后方可收回。

三、听觉信号的意义

1. 听觉信号使用标准

（1）用途

在行车工作中，各工种或作业相互之间不能通过口头、电信及视觉信号的方法取得联系，因此必须使用听觉信号进行相互的联络，维持工作的持续、效率、安全。

（2）标准

鸣示听觉信号时，为防止混淆，应按音节长短及间隔的规定标准进行，其规定有以下四点内容：

①长声显示时间为 3 s，短声显示时间为 1 s，音响的间隔时间为 1 s。

②如果需要重复鸣示时，每次（组）须间隔 5 s 以上。

③在一般情况下隧道内取消列车、机车起动鸣笛和声响联络，如遇运行中危及行车安全以及人身安全的突发事件和特殊情况时除外。

④地面车站、基地作业时应充分考虑居民区等情况，执行城市轨道交通有关规定。

2. 听觉信号显示

（1）种类

地铁运输中常用的听觉信号有起动注意信号、退行信号、召集信号、呼唤信号、警报信号、试验自动制动机复示信号、缓解信号和紧停信号等。

（2）听觉信号鸣示方式及含义见表1-3。

表 1-3　听觉信号鸣示方式及含义

序号	名称	鸣示方式	使 用 时 机
1	起动注意信号	一长声 —	①列车起动或机车车辆前进时（双机牵引时，本务机车鸣笛后，尾部机车应回示，本务机车再鸣笛一长声后起动） ②接近车站、鸣笛标、隧道、施工地点、黄色信号、引导信号、天气不良时 ③在区间停车后，继续运行时，通知车长
2	退行信号	二长声 ——	客车、机车车辆、单机开始退行
3	召集信号	三长声 ———	要求防护人员撤回时
4	呼唤信号	二短一长声 ‥ —	①客车或机车要求出入车辆基地时 ②在车站要求显示信号时
5	警报信号	一长三短声 — ‥·	①发现线路有危及行车安全的不良处所时 ②列车发生重大、大事故及其他需要救援情况时 ③列车在区间内停车后，不能立即运行，通知车长时

序号	名称	鸣示方式	使 用 时 机
6	试验自动制动机复示信号	一短声 ·	①试验制动机开始减压时 ②接到试验制动结束的手信号,回答试风人员时 ③调车作业中,表示已接受调车员所发出的信号时
7	缓解信号	二短声 · ·	试验制动机缓解时
8	紧停信号	连续短声 · · · · ·	司机发现邻线发生障碍,向邻线上运行的列车发出紧急停车信号时,邻线列车司机听到后,应立即紧急停车

四、联锁系统

为了保证列车运行及调车作业的安全,必须在有关的道岔、进路与信号三者之间建立一种互相制约、相互检查、相互依存的关系,这种关系叫联锁。联锁主要有电气集中联锁和计算机联锁。为了完成联锁关系而安装的技术设备叫联锁设备。地铁系统联锁设备一般分为继电联锁和计算机联锁。

五、进路

1. 进路的定义

在车站、车场或规定停留地点的列车、车辆由一个地点到另一个地点运行中所经由的路径叫进路。进路可以分为列车进路和调车进路两种。

2. 敌对进路概念

(1)定义

所谓的敌对进路指在联锁范围内的固定进路,如果不能以道岔的位置分开敌对关系的都是敌对进路。

(2)敌对进路的基本状态

一般情况下敌对进路状态规定为以下含义:

①同一到发线上对向的列车进路与列车进路。

②同一到发线上对向的列车进路与调车进路。

③同一咽喉区内对向或顺向重叠的列车进路与调车进路。

④同一咽喉区内对向重叠的列车进路与列车进路。

⑤同一咽喉区内对向重叠的调车进路与调车进路。

⑥同一咽喉区内对向重叠的列车进路与防护进路。

信号机放在侵限轨道电气绝缘处,禁止同时开通的进路。

3. 联锁关系的基本条件

(1)进路不对、进路上的有关道岔开通位置不对或敌对信号机没有关闭,有关信号机就不能开放。

(2)进路上的信号机一旦已经开放,显示进行信号,进路就被锁闭,进路上所有有关道岔就不能被扳动,敌对信号机就不能开放。

（3）当进路上有停留的列车（车辆）时，列车进路就无法开放，包括不能扳动道岔和开放防护信号机的进行信号。

4. 联锁关系的目的

联锁关系实际上是一种技术保障的条件和措施，使用联锁的目的是保证列车运行、调车作业的安全，提高运行的效率。联锁控制是利用继电器元件作为开关来远程控制相关进路的联动以及用先进电脑软件来自动控制、自动设置进路的联动关系，最终使运行能够遵循一定的规范和秩序，防止行车事故产生。

5. 联锁设备应具备的功能

（1）当进路建立后，改进路上的道岔不可能转换。

（2）当道岔区段有车占用时，改区段的道岔不可能转换。

（3）列车进路向占用线路开通时，有关信号机不可能开放（引导信号除外）。

（4）能监督是否挤岔，并于挤岔的同时，使防护改进路的信号机自动关闭。被挤道岔未恢复前，有关信号机不能开放。

六、行车闭塞

1. 行车闭塞的定义

为了确保列车运行安全，在组织列车运行时，通过设备或人工控制方式，使一个区间或规定的空间范围内在同一时间只有一列车占用，并使发出的列车保持一定的间隔距离安全行车的方法称为闭塞或行车闭塞法。用于行车闭塞的设备叫做闭塞设备。闭塞设备必须保证在同一区间内的同一线路上，在同一时间内只能允许有一个列车占用。

2. 行车闭塞的作用与目的

行车闭塞是一种列车运行的规范和方法。闭塞的实现同整个运行系统和实际状况（即技术状况和社会需求状况）有相当密切的关系。列车运行中使用的运行区间是不变而相对固定的。如何使用现有的区间，使列车运行能够符合高密度、快速度、小间隔的要求，提高运输能力，同时确保列车运行的安全，就是使用行车闭塞的目的。

3. 行车闭塞的运行区间

所谓"区间"是为了安全和有效地组织列车运行，地铁运行线路以车站为界点，划分的许多线段，而区间是地铁列车在线路上运行时最基本的空间。闭塞就是在行车时能够确认列车运行区间的状态是否符合运行与行车规范要求。区间的三种状态：

第一，区间开通，指区间内无列车占用或没有相关的施工作业。列车通行信号和条件已经具备，可以允许列车进入。列车可以依据有关的行车凭证进入该区间。

第二，区间占用，指区间内已经进入列车或者有关列车已经取得了占用该区间的行车凭证，例如进路已经准备完毕，信号机已经呈开放状态或者司机已经取得合法的行车凭证。

第三，区间空闲，指该区间没有被占用，该区间的行车凭证未发给任何列车或者进入该区间的信号机也未开放。

行车闭塞法就是利用区间的不同状态，利用技术手段或者制度管理手段对列车的运行状态作相应的指示，对整个列车运行做全面的调节、协调，使列车运行既安全又合理。

4. 轨道电路

所谓轨道电路是为了使列车、机车(车辆)的行动直接与车站或车场的信号设备发生联系,将一段轨道的钢轨作为导线,两端用绝缘节隔开(即在钢轨接头连接处用绝缘装置隔断),中间的轨缝用导线连接起来,一端送电,一端受电,这样构成的电路叫轨道电路。轨道电路有下列几个作用:

(1)检查和监督股道是否占用,防止错误地办理进路,即防止向已经被机车车辆占用的线路上接车。

(2)可以检查和监督道岔区段有无机车车辆通过,锁闭占用道岔区段的道岔,防止在机车车辆经过道岔时扳动道岔。

(3)检查和监督轨道上的钢轨是否完好,当某一轨道电路区段的钢轨折断时,轨道继电器也将因无电而释放衔铁,防护这一段股道的信号机也就不能开放等。

(4)传输不同的信息,使信号机根据所防护区段及前方邻近区段被占用情况的变化而变换显示。

七、轨道交通行车闭塞的分类和使用

轨道交通闭塞从各种不同的角度可以有各种不同的分类,总的说可分为站间闭塞和自动闭塞两大类。

1. 站间闭塞

站间闭塞就是两站间只能运行一列车,其列车的空间间隔为一个站间。按技术手段和闭塞方法又可分为:电话闭塞、路签闭塞、路牌闭塞、半自动闭塞、自动站间闭塞。路签闭塞、路牌闭塞在城市轨道交通目前已不采用,但在电话闭塞的基础上增加了一种电话联系法行车,要求和电话闭塞相似,只是手续更加简化。

2. 自动闭塞

自动闭塞就是根据列车运行及有关闭塞分区状态自动变换信号显示,而司机凭信号行车的闭塞方法,其特征为:把站间划分为若干闭塞分区,有分区占用检查设备,可以凭通过信号机的显示行车,也可凭机车信号或列车运行控制的车载信号行车;站间能实现列车追踪;办理发车进路时自动办理闭塞手续,自动变换信号显示。

从保证列车运行而采取的技术手段角度来看,自动闭塞可分两大类:传统的自动闭塞和装备列车运行自动控制系统的自动闭塞。

(1)传统的自动闭塞

传统的自动闭塞一般设地面通过信号机,装备有机车信号,保证列车按照空间间隔制运行的技术方法是用信号或凭证来实现的。传统的自动闭塞一般适用于列车最高运行速度在 160 km/h 及以下,它可分为三显示自动闭塞、四显示自动闭塞和多信息自动闭塞。

(2)装备列车运行控制系统的自动闭塞

列车运行自动控制系统(列控系统)保证列车按照空间间隔制运行的技术方法是靠控制列车运行速度的方式来实现的。从闭塞制式的角度来看,装备列车运行控制自动的自动闭塞可分为固定闭塞、准移动闭塞(含虚拟闭塞)和移动闭塞。

八、地铁线路行车闭塞法简介

地铁线路的行车闭塞方法主要采用自动闭塞法、电话闭塞法和电话联系法三种。

1. 自动闭塞（ATC 模式）

自动闭塞是由运行中的列车自动完成闭塞作用的一种闭塞方法。在正常情况下，根据 ATC 系统原理自动控制列车运行，由 OCC 负责控制列车的安全间隔和运行。两列载客列车或载客列车在空车后运行时，必须保持一个区间及以上的间隔。列车加速、减速、停车和开门等由系统自动控制或由司机参照系统人工控制。列车占用区间的凭证为列车收到的速度码。

2. 电话闭塞法

无需要专门的行车设备，由相邻两站车站值班员用电话来办理的一种闭塞方法。在正线信号 SICAS 设备故障的情况下，正线列车采用电话闭塞法组织行车。列车占用区间的凭证为路票，司机动车的依据为车站有关人员显示的发车手信号，列车采用 URM 模式驾驶。

3. 电话联系法

无需要专门的行车设备，由小行站与车辆基地信号楼调度员用电话来办理的一种闭塞方法。小行站与车辆基地信号设备故障联锁失效时，对进出车辆基地的列车采用电话联系法组织行车。列车占用进出车辆基地进路的行车凭证为电话记录号码。司机动车的依据为车站有关人员显示的发车手信号，列车采用 RM 模式驾驶。

九、SICAS 联锁系统简介

(一)SICAS 信号系统的基本概念

(1)信号：是指挥列车运行的信息。用技术手段保证行车安全、提高行车效率的系统叫信号系统。

(2)进路：在车站范围及区间线路上列车由某一指定地点（始端信号机）运行到另一指定地点（终端信号机）所经过的路段。

(3)联锁：为了保证行车安全，在信号机、道岔及进路之间建立的相互制约的关系。

(4)闭塞：按照一定的规律组织列车在区间内运行的方法。

(5)长进路：具有延时保护区段的进路，称为长进路。

(6)短进路：具有非延时保护区段的进路，称为短进路。

(7)转辙机：用于转换道岔的装置。道岔用于列车换线、换向行驶。

(8)信号机：用于指挥列车的运行，信号开放时允许列车通过进路，信号关闭时禁止列车通过进路。

(9)轨道电路：用于轨道区段空闲及占用监测，通过轨道区段可判断出列车的位置及运行情况。

(二)SICAS 联锁系统的功能描述

1. 进路的基本要素（元素）

进路的基本要素（元素）是：信号机、道岔及轨道电路（轨道区段）。

2. 进路的组成

进路一般由主进路、保护区段及侧面防护三部分组成。

(1)主进路的组成。主进路由始端信号机、终端信号机、监控区段(含道岔区段)、非监控区段组成。

(2)保护区段的组成:保护区段由保护区段及其侧防元素组成。

(3)侧面防护的组成:进路的侧防元素可由道岔、信号机及轨道区段的单个元素或组合元素组成。

3. 监控区段与非监控区段

为了提高建立进路的效率,联锁系统把进路的区段分为监控区段和非监控区段两部分。进路建立后,当列车没有出清监控区段时,该进路不能再排列。当列车出清监控区段进入非监控区段时,即使非监控区段还没有全部解锁,该进路仍可再次排列,且信号能正常开放。

在无岔进路中,通常始端信号机后一个区段为监控区段,但若轨道电路长度不足则设始端信号机后两个区段为监控区段,其他为非监控区段。

在有岔进路中,从进路的第一个轨道区段开始,一直到最后一个道岔区段为止都是监控区段,其他为非监控区段。

监控区段有故障,信号只能达到非监控层或引导层。非监控区段有故障,信号能正常开放,但列车以 SM、ATO 或 AR 模式驾驶时,由于具有 ATP 的保护功能,列车会在故障区段的前一区段自动停稳。

4. 保护区段

保护区段是指终端信号机后方的一个轨道区段,设置保护区段的目的是为了避免列车由于某种原因不能在信号机前方停车而冲出信号机导致危及列车安全事故的发生。

根据保护区段设置的时机,可以分为延时保护区段和非延时保护区段。当一条进路中可以运行一列以上的列车,即排列的进路为长进路时,才具有延时保护区段的概念,主要目的是为了提高进路的利用效率。短进路的保护区段通常是非延时保护区段,在进路被征用的同时非延时保护区段也被征用。通常,用终端信号机后方的第一个轨道区段作为该条进路的保护区段。

保护区段也有侧防保护,当保护区段的侧防失效时,即使保护区段已被征用,但在 ATP 系统的防护作用下,该进路的停车点将前移。例如:该进路的保护区段为车站站台后方相邻的区段时,列车在 SM 或 ATO 驾驶模式的保护下进站,则列车将在站台前或中部自动停稳。

5. 侧防

当排列进路后,为了防止其他列车进入该进路造成侧面冲撞,联锁系统设置了侧防。侧防是进路侧面防护的简称。进路可能有多个防护点,侧防的任务就是要切断所有通向已排进路的路径,即切断企图排列其他进路(敌对进路)进入该进路的所有路径。

能够提供侧防的元素有:道岔、信号机及轨道区段。

侧防共有两级,一级侧防和二级侧防。第一级包括侧防必须的元素,即每一个防护点所有防护元素。第一级中的每个道岔元素可以定义多个第二级元素与之对应。

通常进路中的侧防使用情况有两种:①一级侧防和二级侧防结合在一起;②只用

一级侧防。

一级侧防和二级侧防结合在一起的情况：进路建立后，当一级侧防失效时，联锁系统自动选用二级侧防，只要二级侧防正常，进路的始端信号机会自动开放。但如果二级侧防也失效时，则进路只能达到引导层。

只用一级侧防的情况：当进路的一级侧防失效时，则进路只能达到引导层。

6. 进路的建立

进路的建立是指进路开始排列到防护该进路的信号机开放这一过程。其过程分成以下三个阶段：

(1)进路元素的可行性检查(进路的排列条件)

进路元素的可行性检查由联锁计算机完成。在排列进路时，该计算机首先检查所选进路的始端、终端信号机构成的进路是否为设计的进路。然后检查所选进路中的元素，检查顺序为：从终端信号机开始，一个元素接一个元素的检查到始端信号机。其检查内容同时又是进路的排列条件。

(2)进路元素的征用

进路元素的征用是指元素被该进路选用以后，在这些元素解锁之前，一般情况下，其他任何进路将不能使用。

如果进路有效，进路元素通过了可行性检查，即符合进路的排列条件，则联锁系统对进路的元素进行征用，征用情况如下：

①进路中所有处于与进路要求位置相反位置上的道岔必须进行转换，并且把所有道岔锁闭在进路要求的位置上。

②进路中所有轨道区段未被解锁之前，其他进路不能征用。

③要求提供侧面防护(例如，符合条件的侧防道岔能自动转换至侧防位置，并被电子锁定)。

④要求提供保护区段或延时保护区段。

(3)进路的监控及开放信号

当进路已排列，且满足了进路建立的前提条件后，信号将进入监控层，联锁系统将开始周期性的对进路中的元素进行检查。进路的信号根据达到的监控条件可分为两种监控层次：主信号层和引导层。主信号层一旦达到，只要始端信号机正常，信号机将自动开放，引导层则不能自动开放信号，必须人工执行"开放引导"这个命令才能开放引导信号。

7. 进路的解锁

进路建立后，显然不可能一直建立而不将它释放，进路建立后再将它释放的手段称之为进路的解锁。进路解锁可分为列车正常解锁，人工解锁、列车的折返解锁、保护区段的解锁和侧防元素的解锁等。

(1)列车正常解锁

列车正常解锁是指列车通过了进路中的轨道区段后，使进路自动解锁。

(2)人工解锁

人工解锁有取消进路及单个区段强行解锁两种。其中取消进路可分为立即取消和延时取消解锁。对于单个区段的强行解锁，只要满足该轨道区段是在进路征用或保护区段征用状态即可。

（3）列车的折返解锁

对于列车的折返运行,折返轨的解锁,将会按照下面的条件进行:

①折返进路已排列,列车确实已折返。

②折返轨已占用过且出清。

如果折返进路存在保护区段,从列车占用目的轨开始,保护区段也是延时自动解锁。

（4）保护区段的解锁

对于保护区段的解锁,可分为延时解锁及通过解锁两种。当列车占用目的轨后,保护区段就开始延时解锁,但在延时中,保护区段必须保持逻辑空闲,在延时过后,保护区段将会自动解锁。而当列车占用保护区段,且通过出清保护区段后,保护区段将正常解锁。

（5）侧防元素的解锁

在前面讲到的进路和保护区段的解锁均属于主动解锁,即均在列车通过后可以自动解锁。侧防元素的解锁则属于被动解锁,即列车通过该防护元件后,元件不能解锁,只有在要求提供防护的元件解锁后,该防护元件才能解锁。此时,不需理会侧防区段是空闲还是占用。

第三节　通　信　系　统

为了迅速、准确、可靠地传递和交换语音、图像、数据信息,城市轨道交通的通信系统是个独立完整的指挥行车的内部通信网。通信网由光纤数字传输系统、数字电话交换系统、闭路电视监控系统、无线通信系统、车站广播系统以及时钟系统等组成。

一、光纤数字传输系统

光纤数字传输系统主要由光纤线路、光传输终端设备(光端机)和 PCM 复接设备三部分组成。PCM 复接设备将话音、数据、图像信号等汇集起来,通过光端机将电信号变换成光信号,经光纤将光信号传送到对方车站,该站通过光端机将接收到的光信号变换成电信号,再送到复接设备将各类信号进行分路,以送到本站的各类设备。光纤传输系统大量的信道用于传送数字电话交换网的话音信号,还为闭路电视监控系统、车站广播系统、无线通信系统提供通道,同时也应为其他部门的控制信号提供通道。

二、数字电话交换系统

数字电话交换系统是通信网的重要组成部分,一般用程控交换机来组网,其构网方式因交换系统大小而异,根据各车站用户分布情况,用户的接口要求和功能要求,市话网的组成情况以及传输系统的配合等因素来决定,以南京地铁为例:

（1）专用电话子系统是控制中心调度员和车站(车辆基地)值班员指挥列车运行和指导设备操作的重要通信工具,是为列车运营、电力供应、日常维修、防灾救护提供指挥手段的专用通信系统。

（2）公务电话子系统在控制中心和车辆基地各设 1 台交换机,16 个车站采用远端模块,分别接入 2 台交换机。在高架线路和隧道内每隔 200 m 左右设置 1 个轨旁电话盒。当轨旁电话机插入电话盒后,摘机 5 s 后自动拨接下一车站(列车运行方向)车控室内电话或在 5 s 内拨所要的电话号码。

三、闭路电视监控系统

设置闭路电视监控系统(CCTV)是为了加强城市轨道交通运营和管理,以及处理应急突发事故。满足控制中心调度员、车站值班员、设备管理和应急管理人员等监视的需要,并可以满足公安治安监视的需要。该系统由车站电视监控系统和控制中心集中监控系统两大部分组成。

四、无线通信系统

为了使移动状态下工作的乘务人员及时与有关指挥部门取得联系,所以不仅有有线通信,还必须设置无线通信系统。例如,南京地铁无线数字集群系统采用单交换机＋多基站＋光纤直放站的方式组成线状网,由无线集群设备、光纤直放设备、漏泄同轴电缆等组成。南京地铁无线系统包含以下几个无线子系统:车辆段无线通信系统和运营线路无线通信系统,后者可分为行车调度无线通信子系统、环控调度无线通信子系统、设修调度无线通信子系统三个部分。

五、车站广播系统

车站广播系统是实现集中管理的重要组成部分。列车到站及离站的实时预告信息,非常情况下的疏导信息等通过该系统及时向旅客通报,同时,为组织好行车应及时将运行信息告知行车有关人员。为了实现集中管理,车站广播系统除了车站广播外还应由控制中心集中播音。例如,南京地铁广播子系统包括:正线广播系统、车辆基地广播系统;正线广播系统包括中心广播系统和车站广播系统。

六、时钟系统

时钟系统由网络时间服务器、中心母钟、监控终端、二级母钟、子钟及传输通道构成。其主要功能为:显示或指示统一的标准时间、向其他信息系统提供标准时间信号。在车站站厅、站台配有模拟子钟,车控室、站长室、公安室及供电设备房内配有数显子钟。

第四节 供 电 设 备

一、供电系统概述

城市轨道交通的供电系统包括主变电所、牵引供电系统和供配电系统。

城市电网对城市轨道交通线路的供电方式有三种,集中式供电、分散式供电和混合式供电。我国多数城市的城市轨道交通线路多采用 110 kV/35 kV 集中式供电方式。集中式供电系统构成如图 1-9 所示。

以南京地铁 1 号线为例,全线设 2 座 110 kV/35 kV 主变电所,分别设在安德门、迈皋桥站附近。全线共设置 8 座牵引降压混合所、9 座降压变电所、15 座跟随式降压变电所,其中牵引降压混合所就是将牵引变电所的功能和降压变电所的功能设置在同一变电所内,跟随式降压所的作用则是在部分负荷较大的车站分担降压变电所的部分功能。

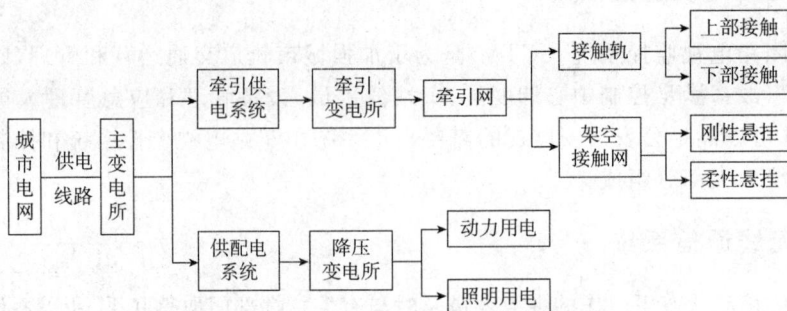

图1-9 集中式供电系统构成示意图

南京地铁1号线的2座主变电所均建于地面,分别从城市电网引入110 kV两路独立进线电源,然后通过主变压所将它降到35 kV,再通过35 kV电缆线路分别向各牵引降压混合变电所和降压变电所送电。

8座牵引降压混合所除1座设在车辆段内外,其余设在1号线奥体中心站、中胜站、安德门站、三山街站、珠江路站、新模范马路站、红山动物园站。牵引降压混合所通过牵引变压器和整流装置将35 kV进线交流电源降压整流为1 500 V直流电源,再由直流馈线送到接触网上,供电动列车用电。同时,利用走行轨作为负回流线,与牵引变电所负极柜相接,构成牵引供电系统。

9座降压变电所、15座跟随式降压变电所分布在沿线车站、车辆段和控制中心,其作用是将35 kV进线电源降到380 V/220 V,供动力和照明设备用电。

二、牵引供电系统

(一)系统概述

牵引供电系统专为电动车辆服务,包括牵引变电所、接触网或接触轨系统,我国多数城市轨道交通线路采用的是接触网系统。

接触网系统是沿轨道线路向电动车组供电的特殊形式的输电线路。接触网系统按悬挂方式分可分为柔性悬挂和刚性悬挂,其中地面和高架正线以及车辆段为柔性悬挂接触网,地下隧道段正线为刚性接触悬挂,在刚性和柔性悬挂连接处,设有刚柔过渡装置来实现刚柔接触网的过渡。接触网设备全部是露天或者在隧道内布置,零部件长期处于大张力、频繁振动的工作状态,并且还要与受电弓滑动接触以及承受隧道、跨线桥梁漏/排水、物件脱落侵入等,并且没有备用,一旦故障发生,必定对车辆正常运行造成重大影响,所以在城市轨道交通的众多系统中,接触网系统显得极为重要。

(二)接触网系统设备及其特点

1.接触线

接触线是接触悬挂中与受电弓直接接触的、带有特殊沟槽形式的传导电流的导线。南京地铁接触网采用CTHA120银铜合金接触线,它的主要特点是耐温、抗拉强度好,其机械强度远高于铜接触线,它能克服铜接触线在高温下抗拉强度急骤下降的软化现象。

2. 承力索

承力索是悬挂接触线的配套产品,其主要作用是通过吊弦将接触线悬挂起来。南京地铁接触网承力索采用 THJ120 青铜绞线。

3. 架空地线及辅助馈线/馈电线

架空地线是保护架空输电线路的绝缘部件免遭雷闪袭击的装置,又称避雷线。辅助馈线/馈电线的作用是将牵引变电所的直流电送到接触网上。南京地铁接触网架空地线采用 TJ120 硬铜绞线,辅助馈线/馈电线采用 TJ150 硬铜绞线。

4. 分段绝缘器

分段绝缘器是用以实现电分段的专用绝缘装置,它可安装在直线上,也可安装于曲线上。南京地铁分段绝缘器分为三种规格:柔性悬挂双接触线分段绝缘器、柔性悬挂单接触线分段绝缘器和刚性悬挂分段绝缘器。柔性悬挂双接触线分段绝缘器设在双接触线＋双承力索电分段处;柔性悬挂单接触线分段绝缘器设在单接触线＋单承力索(或弹性吊索)电分段处,如图 1-10 所示;刚性悬挂分段绝缘器用于地下刚性悬挂电分段。一般分段绝缘器包括分段绝缘器本体、用于承力索的分段绝缘元件,并带有与接触线、承力索和汇流排连

图 1-10　单接触线分段绝缘器

接的接头零件及专用安装工具。分段绝缘器一般都能满足机车双向行驶通过的要求,绝缘元件的绝缘体的自洁性和憎水性良好,各部件的材料都有优良的耐弧性。

5. 吊弦

在柔性链形悬挂中吊弦起着将接触线悬挂起来的作用,同时还可以通过调节吊弦的长度来调整接触导线的高度和接触悬挂的结构高度。柔性接触悬挂中吊弦的数量很多,因而吊弦的质量直接影响着接触悬挂的工作状态,图 1-11 为各种吊弦。

图 1-11　各种吊弦

6. 中心锚结

中心锚结位于有补偿装置的接触悬挂中,它将承力索(仅在柔性链形悬挂区段)和接触线的锚段中部作死固定,使接触线和承力索(仅在柔性链形悬挂区段)中部不能左右移动,以缩小接触线和承力索断线事故范围,保证接触线悬挂处于良好的工作状态。南京地铁的中心锚结绳用 THJ 青铜线制成。

7. 电联接

电联接的作用是保证接触网各导线或各分段之间、各股道悬挂之间电流的畅通。电联接将各导线之间并联,实行并联供电,降低了线路的能耗,避免了在电流增加的瞬间烧坏吊弦。电联接导电性能良好,能伸能缩,避免给接触悬挂施加额外的张力。南京地铁接触网电联接的电接线一般用 TJR120 软铜绞线制成。

8. 锚段关节

锚段关节是相邻两锚段的衔接部分,它既起着接触网的机械分段作用,又起着接触网的供电分段作用。锚段关节工作状态的好坏直接影响着电客车受电弓从一支接触线

平滑过渡到另一支接触线的过程。锚段关节有绝缘锚段关节和非绝缘锚段关节之分。

9. 隔离开关

隔离开关是用来在接触网无负荷情况下切断或闭合供电回路的电气设备,它有电动和手动之分,其中电动隔离开关都带有运动接口,可以接收来自 OCC 电调命令。

(三)柔性接触网

城市轨道交通的地面和高架线路一般采用柔性接触网供电,它由接触悬挂、支持装置、定位装置、支柱与基础等部分组成,如图 1-12 所示。

图 1-12 柔性接触悬挂

1. 接触悬挂

接触悬挂包括接触线、吊弦、承力索以及连接零件。接触悬挂通过支持装置架设在支柱上,其功用是将从牵引变电所获得的电能输送给电动车组。根据接触网的悬挂形式,一般可分为简单悬挂和链形悬挂,其中链形悬挂又可分为简单链形悬挂和双链形悬挂以及多链形悬挂。南京地铁 1 号线的地面及高架段正线以及小行车辆段的试车线接触网采用简单链形悬挂,小行车辆段的其他股道接触网采用简单悬挂。

2. 支持装置

支持装置用以支持接触悬挂,并将其负荷传给支柱或其他建筑物。根据接触网所在区间、站场和大型建筑物不同有所不同。支持装置包括腕臂、水平拉杆、悬式绝缘子、棒式绝缘子及其他建筑物的特殊支持设备,另外,软横跨也是一种支持装置。

3. 定位装置

定位装置包括定位管和定位器,其功用是固定接触线的位置,使接触线在受电弓滑板运行轨迹范围内,保证接触线与受电弓不脱离,并将接触线的水平负荷传给支柱。

4. 支柱与基础

支柱与基础用以承受接触悬挂、支持和定位装置的全部负荷,并将接触悬挂固定在规定的位置和高度上。南京地铁接触网支柱采用钢支柱,基础是对钢支柱而言的,即钢支柱固定在下面的钢筋混凝土制成的基础上,由基础承受支柱传来的全部负荷,并保证支柱的稳定性。

(四)刚性接触网

城市轨道交通的隧道区段一般采用刚性接触网供电,它主要由架空刚性汇流排、接触线、支持定位装置、绝缘部件及架空地线等部分组成,是一种全新形式的接触网,与传统的柔性接触网相比,具有结构简单、接触线无张力、没有断线之忧及运行维护较简单等特点。

1. 汇流排

汇流排是用于夹持、固定接触线,承载和传输电能的铝排装置。它的外形如图1-13所示,汇流排最大允许工作温度为 100 ℃,相当于环境温度为 10 ℃ 时,最大允许温升为 90 ℃,或环境温度为 40 ℃ 时,最大允许温升为 60 ℃。

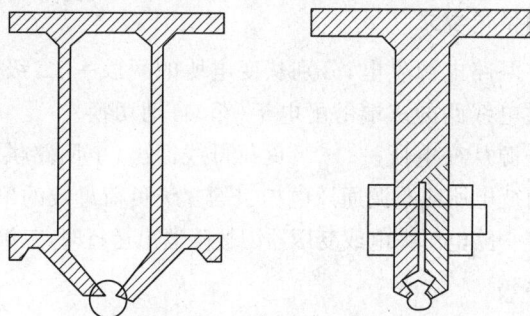

图 1-13　两种规格的汇流排

2. 刚柔过渡装置

刚柔过渡则是由刚性接触悬挂的形式过渡到柔性接触悬挂的形式的转换。南京地铁接触网的刚柔过渡采用切槽式刚柔过渡元件,其外形如图1-14所示。

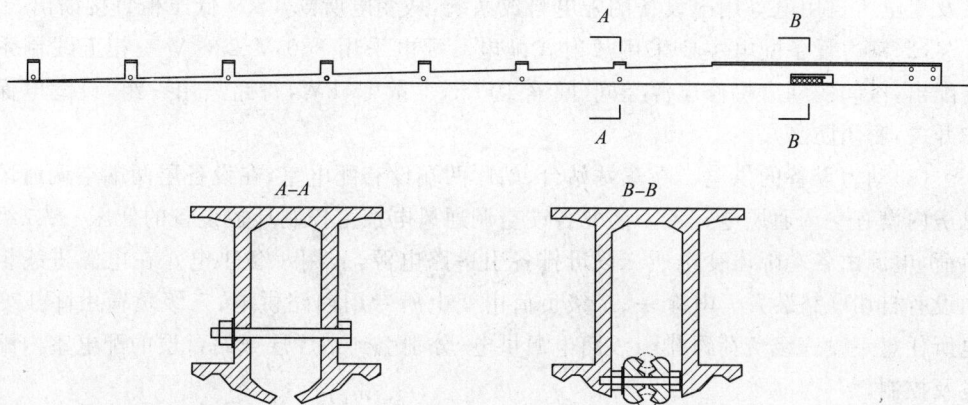

图 1-14　两种规格的汇流排

三、供配电系统

城市轨道交通的供配电系统是指向除电动车组以外的所有动力照明负荷供电的系统,如车站和区间的动力、照明及其他为车站服务的机电设备,供配电系统包括降压变电所、跟随式降压变电所和低压配电系统,本书主要介绍车站的低压配电系统。

车站低压配电系统采用 380 V 三相五线制、220 V 单相三线制方式供电,系统范围大致包括站台层、站厅层和设备及管理用房的环控、给排水、消防、电梯、自动扶梯、自动售检票及通信、信号、站控室等系统动力设备的供配电和车站环控室所供配电设备的电控控制。

(一)车站负荷分类

(1)一级负荷：站厅、站台照明、应急照明、FAS/BAS、通号、AFC设备、消防类水泵、风机、废水泵、洞口雨水泵、区间主排水泵、敞口排水泵、气体消防电源、兼作紧急疏散的自动扶梯、区间电动阀、射流风机、防火卷帘门等。

(2)二级负荷：管理用房照明、污水泵、集水泵、电梯、自动扶梯、普通风机、区间维修电源等。

(3)三级负荷：冷水机组及辅助设备、广告照明、清洁设备、电热设备。

(二)不同负荷的供电要求

(1)一级负荷：有两路电源供电，分别从变电所的两段一、二级负荷母线馈出，工作电源和备用电源在供电线路的末端的配电柜(箱)自动切换。

(2)二级负荷：电源从变电所一、二级负荷母线馈出，单回路供电。

(3)三级负荷：由变电所或空调通风电控室的三级负荷母线的单母线馈出，单电源供电到设备，当供电系统一路电源失电或变压器因故障退出运行时，三级负荷能自动切除。

(三)系统电压等级

动力照明系统的电压等级为交流380 V/220 V，事故照明系统的电压等级为直流220 V，安全照明系统(如站台板下检修照明)的电压等级为交流36 V。

(四)动力配电

(1)通信信号、防灾报警、废水泵、自动售检票、隧道风机、区间射流风机、区间排水泵及变电所自用电等用电设备的配电自成系统，从变电所0.4 kV低压柜直接馈出。

(2)动力设备配电主要采用放射式配电。配电采用380 V/220 V三相五线制系统配出，区间的动力检修电源类同(间隔100m，容量15 kW，每路只用一组，设漏电保护开关，密闭防水)。

(3)动力设备的供电。在车站站台、站厅两端设有配电室，在设备层两端空调通风机房内设有空调通风电控室。南北各端空调通风电控室控制环控设备的低压一、二级负荷，电源由各端降压变电所二段母排各引一路电源，一用一备供电。在电源进线柜内设有自切联络装置。其余一、二级负荷由变电所专用回路供电，三级负荷由降压变电所任意一段三级负荷母排引一路电源供电，分别引到站厅层或站台层的配电室内配电及控制。

(五)照明系统的组成

车站照明系统采用380 V三相五线制、220 V单相三线制方式供电。系统范围为车站低压所变压器后的照明设备、设施及线路，大致包括站台层、站厅层公共区的一般照明、节电照明(包括站名牌标示照明)、事故照明(包括疏散诱导指示照明)、广告照明和设备及管理用房的一般照明、事故照明，出入口的疏散诱导指示照明、一般照明与事故照明，电缆廊道的一般照明及区间隧道的一般照明、事故照明。

(1)车站站台、站厅照明：由工作照明、节电照明、应急照明组成，公共区域照明总容量的2/3在运营高峰过后可以停用。节电照明是为节电而设置的照明，约占公共区域照明的 1/3，一般不停电。运营高峰过后停掉工作照明，以便于节约能源。

（2）应急照明：在变电所设置直流电源，在正常情况下处于交流供电状态。应急照明在车站的站台、站厅及出入口为常明灯，不设集中控制，车站附属房间及设备用房采用就地控制。事故时应急照明由直流 220 V 电源供电，供电时间不少于 60 min。

（3）区间照明：单线隧道设置于行车方向左侧墙上，分工作照明和应急照明，每隔 6 m 设一套 60 W 白炽灯，两种照明相间布置，工作照明由变电所配电柜经配电室内区间照明配电箱供电，应急照明由交直流屏电源供电。

（4）站台板下及变电所夹层内照明：采用 36 V 安全电压，照明变压器分别设在两端配电室内。

（5）疏散照明：在车站办公区、车站出入口、站厅、站台等公共场合设置疏散照明，灯具自带蓄电池，并保证供电时间不小于 30 min。

（6）导向标识系统：由配电室内的导向标识控制柜供电。

公共区域的照明可在照明配电室与车控室内控制，管理用房为就地控制。站台下照明、出入口照明、广告照明、事故照明在配电室内控制。车站内的站厅层和站台层的照明由各层的配电室控制，工作照明与节电照明交叉布置。车站内的站厅层和站台层的工作照明和节电照明配电箱的电源分别由变电所Ⅰ、Ⅱ段母线交叉提供，也就是说：如站厅层南端有两只工作照明箱，其中一只电源引自此端变电所的Ⅰ段母线，另一只就引自此端变电所的Ⅱ段母线，其余类同。

第五节　车站机电设备

车站机电设备由环境与设备监控系统（Building Automation System，BAS）、火灾报警系统（Fire Alarm System，FAS）、给排水设备、电扶梯设备、通风空调系统、站台门系统等组成。

一、BAS

BAS 是本着"安全、可靠、节能"的原则进行设计的，目的是以现代计算机技术、网络技术、自动控制技术、软件技术实现对车站各类机电设备的智能化控制，使系统更安全、可靠，节省人力、物力，降低运营成本。

城市轨道交通的地面及高架车站、车辆基地不设集中空调和送排风设施，支持城市轨道交通运行设置的机电设备均采取地铁运行时开、停运时关停的控制管理方式。城市轨道交通地下车站和区间隧道机电设备繁多复杂，设 BAS 进行自动监控管理。

BAS 监控范围包括地下车站和区间隧道的空调通风、给排水、照明、电梯、扶梯等设备的控制管理。BAS 对上述设备进行全面系统的自动化监控和管理，确保其发挥最佳作用，维持地下车站和区间隧道适宜的温度、湿度，保证给排水、照明、电梯、扶梯等设备自动、安全运行。在发生火灾、列车阻塞等事故情况下，能够及时迅速地转入灾害运行模式，保护乘客安全，将灾害损失减到最小。BAS 应能根据一年四季不同的气象条件与列车运营状况自动按照设定的模式运行，在满足环境标准要求的前提下，尽可能降低车站设备的运行能耗。设计应以系统的安全与稳定、网络的安全与畅通为基本准则,配备特别为城市轨道交通设计编制的应用软件系统,使调度人员可以充分利用现场的实时数据、车站运行设备,及时了解车站环境状态、现场设备运行状态,进行设备管理、维修管理、事件与事故记录、日常报表打印及存档。

(一)BAS 的组成和功能

BAS 由 OCC 控制中心、设置在各地下车站控制室的车站分控级、设置在被控对象附近的就地级监控设备和网络通信系统组成。BAS 具有以下功能:

(1)满足车站机电设备智能运行管理需要。车站、中央级控制网络采用工业 10/100 M 以太网,采用光交换式组网结构,星形拓扑;具有加强车站机电设备管理,提高其安全可靠性,降低事故风险的功能;采用先进的控制技术实现节能运行,降低地铁运营成本;实现管理信息化,提高地铁整体管理水平。

(2)BAS 设中央和车站两级管理,构成中央、车站和就地三级控制,并具有手动/自动(M/A)操作方式的切换能力。

(3)BAS 的某些设备在运行时是相互关联的;需要联锁控制或时序控制等,这些控制功能往往是为一组设备在不同运行模式和不同运行状态下设置的,称之为"群控功能"。

(4)BAS 根据控制类型及信号源的不同,按照命令发出的先后、控制优先权、设备的当前运行状态、设备的状况,自动地对运行模式和命令的冲突进行检测,并确认一种执行方式,以便禁止非法操作,保证系统的安全运行。

(5)BAS 自动检测系统的当前运行模式及各台设备的当前运行状态,并在车站控制工作站上显示出来。

(6)BAS 车站级配备设备管理系统,能显示设备的"在修""故障"状态,能建立车站各类系统设备及备件规格型号、性能参数、安装位置等数据的详细档案,供机电设备维护与管理人员使用。

(7)车站 BAS 设置故障检测与诊断专家系统,及时发现机电设备、传感器及仪表和控制系统的隐患与故障,及时报警并指导检修人员进行维修作业。

(8)BAS 设置实时数据库和 Web 浏览器功能,并定期生成各类图表。

(9)BAS 的运行分为正常运行和事故运行。

BAS 在正常运行情况下应有完善的节能方案,能根据历史数据建立并修正空调通风系统控制模型,并以该控制模型为基础,通过优化分析,确定能效比最高的总体运行方案,并将总体运行方案下达给车站分控级,协调车站空调系统各类设备的运行。BAS 正确监控所有在线设备的性能,通过监测运行参数,保证系统的监控功能得到正确地发挥,并能根据授权,及时评价和修改设备状态。操作员能及时掌握设备运行状态的变化,必要时,操作员能在授权范围内干预和改变控制,包括修改运行模式、修改设定值等。操作员可通过操作员工作站人机界面监视设备性能和运行时间。

事故情况下,BAS 能根据来自 FAS、信号系统的报警指令,自动地、安全地按预先设定的程序进入灾害运行模式。

(二)中央监控系统

1.控制中心配置

BAS 控制中心设备包括 OCC 局域网监控工作站、监控服务器、打印机、不间断电源(UPS)、声光报警系统、等设备。

（1）OCC 局域网

OCC 局域网采用标准 10/100 M 工业以太网，采用 TCP/IP 标准协议，系统由双网络设备构成热备用系统。OCC 的所有服务器、计算机等重要设备都与双通信网连接，OCC 局域网同时连接主干网（广域网），实现 OCC 与车站监控中心连接。

（2）监控工作站

OCC 设置两套监控工作站，用于实现 BAS 调度系统的日常操作与管理。两工作站的操作方式、人机界面格式、数据库形式及硬件配置是一样的。可根据操作人员的需求进行不同的显示与操作。

（3）监控服务器

OCC 系统采用双机热备工作方式，监控服务器两套，每套都与两个通信接口连接，实现通信冗余。两台监控服务器应实现真正意义上的双机热备工作方式。监控服务器应具有大存储空间，存储现场实时数据、历史数据、计算数据，应配置企业用、中文界面、与国际标准（当时先进）操作系统完全兼容的数据库。监控服务器放置在计算机机房。

（4）打印机

打印机设置两台，其中一台用作事件打印、报警打印，另一台用作报表打印和日常维护管理打印。事件的打印用于操作记录、事故记录、报警记录、测量数据的实时打印，报表打印用于数据的各类报表的定期打印，同时还有图表的输出打印，打印机为网络打印机，所有工作站可以共享使用。

（5）不间断电源（UPS）

在 OCC 计算机房设置两台不间断电源 UPS，电源之间不作级连，当一台 UPS 故障时，可以保证调度系统的正常操作。

（6）声光报警系统

在调度工作室应设闪光报警装置，音响报警装置。只有经过调度员确认以后，闪光与音响才能消失。

2. 中央级监控系统主要功能

（1）系统安全：所有进入 BAS 的工作人员都必须输入口令，系统根据设定的权限、开放不同的操作功能。

（2）报警功能：报警分为特大灾害、灾害、普通灾害、故障、一般故障。报警信息可以在 LCD 显示器上显示、实时打印记录、声光报警；报警确认后，声光报警才会解除；报警解除并经确认后，报警信息才会从报警表上消失；报警内容包括设备故障、模拟量越限、控制器故障、电源故障、操作失误、通信故障。

（3）打印功能：控制中心设事件及报警记录打印机一台，报表打印机一台，车站控制室只设一台打印机。打印机的打印方式包括：随机打印、定点打印、调度召唤打印三种。

（4）画面显示：可显示动态画面，画面内容包括系统图、系统配置图、过程控制流程图、棒图、趋势曲线图、各类表格等。

（5）遥控操作：可点对点的操作、顺序操作、屏蔽操作，具有操作联锁功能。

（6）对系统及网络具有在线监视、自诊断、自恢复及在线修复功能，并可显示网络负荷情况。

（7）具有与中央主时钟同步的功能，可以接收通信系统的同步时钟信号，并把时钟信号下到各车站和冷站，使整个系统的时钟与全线其他系统保持一致。

（8）除了以上几种通用功能而外，BAS还具备专业的操作与控制功能，监控中心根据空调通风系统的历史数据建立并修正车站和隧道的空调通风系统控制模型，并以该控制模型为基础，生成空调通风系统的多种运行方案，通过优化分析，确定最佳运行方案，并定期将总体运行方案下达到车站。

（9）根据地铁运行环境及车站其他系统的监控要求，确定并修改全线隧道及车站通风与空调系统的运行模式，并把相关的运行模式下载给车站，使车站设备按给定的模式运行。根据通风与空调系统的环控工艺要求，对区间隧道通风系统设备进行正常模式控制及灾害模式控制。

（10）记录各车站主要设备的运行状态，统计设备累计运行时间，实现设备运行时间的均衡，根据运营人员的要求，实现维修及检修的预告警。

（三）车站级监控系统

1. 车站级监控系统的组成

车站级监控系统由车站监控工作站、车站监控网络等构成，工作站至现场控制机间为避免电磁干扰采用光缆作为传输介质。

（1）车站级监控工作站

①车站监控工作站是车站级的主要监控设备，它负责一切正常及事故情况下，对车站各系统设备的监视、管理、控制指令的发出。监控工作站接入到车站局域网，同时接收或处理由现场控制机上传的设备状态或资料。

②车站监控工作站对设备状态的监视及控制指令传输主要是经由地铁通信主网并经车站控制网上传下达。所有车站设备的状态、模式控制均会显示于设有 MMI（人机界面）的车站监控工作站上，可以在工作站上实现车站所有软件功能的操作、系统的组态、参数的设定、监视数据库的情况和相关设备的运行参数及车站网络设备的工件状态；同时可以实现各类故障的声光报警与各种报表的形成和打印功能。

③车站监控工作站应具备设备管理和故障检测与诊断功能，设备档案存于车站监控机的数据库内，供 OCC 设备管理系统调用，供维修人员使用。

（2）控制系统

车站监控系统采用分布式控制，各控制器监控模块、通信模块等均为智能模块；控制系统具备模式控制、设备群控、顺序与联锁、模拟量控制等功能。

（3）车站系统网络

车站系统网络采用交换式、传输信息线路距离应大于 2 km。

（4）通信转换接口

车站配置通信转换接口，与车站设备监控系统通信主网连接，负责车站与 OCC 数据交换和数据处理；并实现车站与相关车站之间的有关联的数据交换；同时对网络进行自诊断，实现网络的自动切换，保证通信的正常。

（5）打印机

打印机用作事件和报表打印，事件的打印用于操作记录、事故记录、报警记录、测量数据的实时打印，报表打印用于数据的各类报表的定期打印，同时还有图表的输出打印。

（6）不间断电源（UPS）

在车站控制室设置不间断电源 UPS，保证 BAS 车站级设备供电的稳定可靠。

UPS 与 FAS 共用(备机时间 1 h)。

2.车站级监控系统主要功能

(1)对本车站及所辖区间隧道的空调系统、防排烟系统、冷水机组、给排水系统、空调水系统、自动扶梯、照明系统等设备进行监视和控制,并对状态和故障进行报警。

(2)根据中央控制系统下达的总体方案,具体协调冷水机组、空调机组运行;包括确定冷机供水温度设定值,冷机开启台数,空调机组运行模式。确定运行模式后由现场控制器实施。

(3)火灾事故运行。车站的监控工作站中,预先存有 OCC 下达的针对地铁车站不同区域发生火灾时的事故处理模式。当 FAS 报告火警时,由 FAS 发出指令、BAS 执行火灾运行模式。

(4)监视和记录车站典型区域测试点的温度、湿度等环境参数。

(5)对于所有的监控设备,可以实现单独控制、联锁控制、各种模式手动控制、自动远动及现场控制。

(6)具有彩色动态和多级显示功能,车站综合显示、系统的显示、分类画面的显示、环控模式的显示。

(7)将车站被控设备运行状态、报警信号及测试点数据及时送至控制中心,并接受中央级的各种监控指令和运行模式。

(8)接受控制中心或 FAS 的指令,控制车站通风空调及相关设备转入灾害模式运行。

(9)在车站监控工作站上具有声光报警功能,在画面上报警界面弹出,提醒操作员。

(10)利用不同的操作密码,实现不同级别的操作权限,并实现所有操作的登录,以备检查。

(11)在车站控制室的监控站上,对于所有的报警信息具有声光报警,报警界面弹出,同时要求确认;并有数据、时间、确认和处理等记录。

(12)车站工作站可对车站大系统空调设备进行运行模式的最优化控制,自动改变冷水机组的运行台数和冷冻水温度设定值。通过控制空调风机转数,实现变风量控制。

(13)车站工作站应具备事故安全设定功能,当动力供电电源中断后,控制器必须根据预先规定的要求停止相关设备操作。当由于某种事故,使控制电源中断后,应立即储存当时状态,停止动力设备运行。当电源恢复供应后,所有设备应及时自动按如下两种方式之一恢复:恢复到停电前的状态;根据预先规定的要求重新启动。

(14)当控制系统设备"冷"开启后,控制器应可收集到相关监控设备的状态。

(15)系统自诊断程序可以监视每一个模块、UPS 和网络的运行情况,当出现故障时发出报警,同时将故障的信息传达至车站设备监控系统监控工作站,并可以显示网络的负荷情况。

(16)备有"运行"状态、"在线/备用"状态、"通信失效"报警及其他重要信息报警,显示运行模式。

(17)对冷水机组的相关设备进行监控。

(18)具有对被控设备的故障检测与诊断功能,以及对设备的管理功能,并在设备发生故障报警、同时自动切换到备用运行模式。

(四)就地级设备

1.就地级设备组成

(1)检测器、传感器

室内温、湿度传感器分别设置在站厅和站台墙壁或立柱、设备管理用房墙壁上,用于测量各点的空气温度、湿度。

风管式温度、湿度传感器分别安装于各类风道和风室,用于测量空气的温度、湿度。

压力传感器安装在相关的设备及管道上。

室外温湿度传感器分别设在相应的风亭入口处,单独设置现场控制机进行检测,或将其接进距离最短的现场控制机。

(2)变频器

空调大系统的空调机组合回/排风机采用变频调速调节风机转速,实现变风量控制。

2.就地级设备主要功能

就地级控制器能对单台设备或相关设备组进行就地控制,满足设备的调试要求。

就地级控制箱与被监控设备连接,实现状态监视信息的采集、信号的转换和控制信号的输出。

通信接口主要实现不同通信要求的转换,保证通信数据的采集和传输。

二、FAS

1.FAS设备组成

(1)控制中心配置设备有:LMS中文图形显示、打印机。

(2)车站配置设备有:CS11主机、LMS中文图形显示器、充电机、打印机、光电感烟探测器、感温探测器、线形感温电缆、手动报警按钮、紧急电话和插孔、控制模块、监视模块、警铃、24 V直流电源箱、消防电话主机、消防电话分机、消防插孔电话及电话插孔。

(3)车辆基地配置设备有:CS11主机、LMS中文图形显示器、充电机、打印机、光电感烟探测器、感温探测器、火焰探测器、可燃气体探测器、手动报警按钮、控制模块、监视模块、对射式感烟探测器、消防电话主机、消防电话分机、消防插孔电话及电话插孔。

(4)FAS和自动气体灭火系统设有接口,接收气体灭火系统的故障信号和每个保护区的预警信号、报警信号、喷放信号、手/自动信号。

(5)FAS和BAS、通信、给排水、环控设备设有接口。

2.FAS车站运行方式

FAS要求值班室(车控室、运转值班室)24 h有人值班,系统在正常情况下处于广播、系统手动联动状态,在人员暂时离开时根据现场情况需要及公司相关要求分别将控制显示联动板上的广播切换和系统切换旋钮切换到自动联动状态。

(1)广播手动联动状态[多线集中控制盘(控制显示面板)上的广播手/自动切换旋钮在手动位置,系统封锁灯不闪]:当FAS确认现场有火警后只进行报警,不进行相应的广播联动。如果需要将广播手动联动状态切换到自动状态,首先人为用钥匙将多线集中控制盘(控制显示面板)上的系统封锁旋钮切换到正常位置,然后在多线集中控制盘(控制显示面板)上人为用钥匙将广播切换旋钮切换到自动状态,系统将会在FAS确认现场有火警后自动启动消防广播。

（2）系统手动联动状态［多线集中控制盘（控制显示面板）上的系统手/自动切换旋钮在手动位置，系统封锁灯不闪］：当FAS确认现场有火警后只进行报警，不进行相应的系统设备联动。如果需要将系统手动联动状态切换到自动状态，首先人为用钥匙将多线集中控制盘（控制显示面板）上的系统封锁旋钮切换到正常位置，然后在多线集中控制盘（控制显示面板）上人为用钥匙将系统封锁切换旋钮切换到自动状态，系统将会在FAS确认现场有火警后启动系统联动设备。

（3）广播自动联动状态［多线集中控制盘（控制显示面板）上的广播手/自动切换旋钮在自动位置，系统封锁灯不闪］：当FAS确认现场有火警后进行报警并自动进行消防广播。

（4）系统自动联动状态［多线集中控制盘（控制显示面板）上的系统手/自动切换旋钮在自动位置，系统封锁灯不闪］：当FAS确认现场有火警后进行报警并自动进行相应的系统设备联动。

三、给排水设备

1. 给水及水消防设备

给水系统包括消防给水系统和生产生活给水系统。水源采用城市自来水作为供水水源。城市轨道交通车站一般采用消防用水与生产生活用水分设的给水系统。

消防给水系统分别从城市自来水管网中的两条不同干管引入，引入管口径为DN150，进站前分别设置水表箱、室外消火栓、消防水泵接合器。

地下车站及区间隧道的消防给水系统为环状管网。地下站站厅吊顶内设口径为DN150的环状给水管道，站台板下设一根DN150的给水管道。站厅及站台板下的给水管道，在车站两端设竖向连通管，这样又构成竖向环状管网。站厅两端各设两根竖管和区间隧道的两根DN150的给水管相连接，并在区间联络通道处沟通，使车站及前后各半个区间形成一个环状管网给水系统，而每个地下车站都由城市自来水管网引入两根DN150的给水管和站厅层的给水管相连接，从而构成了地下车站及区间隧道安全可靠的环状消防给水系统。由于地下车站消防给水系统压力能满足消防压力要求，故不设消防增压泵房。

高架车站消防给水系统在站厅层水平成环，站台层竖向成环。为保证高架车站平时消防管网的压力要求和满足火灾时的用水要求，故高架车站设有消防增压泵房。泵房内设一套消防稳压装置和两台消防泵（一主一备），不设消防水池，水泵吸水管直接与自来水引入管连接。

设有自动喷水灭火系统的车站，需设消防喷淋泵房。泵房内设有一套喷淋稳压装置、两台喷淋主泵及湿式报警阀组等设备，不设消防水池，水泵吸水管直接与自来水引入管连接。

消防给水管道在车站采用镀锌钢管卡箍连接，区间隧道采用球墨铸铁管承插连接。

生产生活给水系统由两根水源引入管中的一根水管的水表前引出，并单独设置水表后进入车站。生产生活给水管进入车站后呈枝状分布，主要供给车站工作人员饮用水、盥洗水、厕所用水及站台、站厅层冲洗用水及冷却塔补给水。

生产生活给水管道采用铜管焊接。

车辆基地一般采用消防给水系统与生产生活给水系统共用一个管网的给水系统。水源由城市自来水管网引入后分成两路，一路与基地内供水管网相连接，一路进入基地生活消防泵房的储水池。在城市自来水供水压力达到基地内用水要求时,由城市自来水直接供水;在城市自来水供水压力达不到用水要求时,由基地生活消防泵房加压供水。

高架车站站厅及商业层公共区域设置大型消火栓箱,上部设 DN65 消火栓,并设自救式软管卷盘一套,下部设 4 具干粉灭火器,设备管理区域设标准型消火栓箱,均为单口单阀 DN65 消火栓。站台层的消火栓采用室外地下式消火栓。

地下车站站厅及站台公共区域设置大型消火栓箱,上部设 DN65 的双口双阀消火栓,并设自救式软管卷盘一套,下部设 4 具干粉灭火器。设备及管理用房、长度超过30 m 的通道内设置标准型消火栓箱。风道内不设消火栓箱。地下区间隧道每隔50 m设一个 DN65 消火栓和一个自救式消防软管卷盘箱,不设消火栓箱,消防水龙带放置在邻近车站两端的专用消防水龙带箱内。

车站站厅及站台两端各设一个 DN25 的给水栓。

2. 排水设备

城市轨道交通车站排水系统主要由污水排放系统、废水排放系统和雨水排放系统组成。

污水排放系统主要排除车站内厕所、盥洗室、茶水间等生活场所的生活污水。

废水排放系统主要排除车站内冲洗废水、消防废水、结构渗水及其他生产废水。

雨水排放系统主要排除车站出入口、风井、隧道洞口等处所汇集的雨水。

地下车站及区间的污水、废水、雨水排放主要是通过水泵提升后分别排入城市污水管网和雨水管网。

高架车站的污水、废水、雨水排放主要是通过重力流形式分类集中排入城市污水管网和雨水管网。

排水设备主要由集水井、排水泵、管道及附件、泄压井、检查井等组成。

车辆基地排水系统由污水排放系统和雨水排放系统组成。基地内生活污水排入化粪池处理后,经收集统一进入基地内的地埋式一体化污水处理设备处理达标后排入城市污水管网。基地内生产废水主要是车辆清洗、车辆检修等生产过程所产生的含油、洗涤剂类废水,经废水处理设备处理后排入基地内污水排放系统。

3. 给排水主要设备的控制方式

(1)消防水泵及喷淋水泵

消防水泵、喷淋水泵具备控制柜面板的就地手动控制、由稳压装置执行的自动控制、消防控制中心执行的远程控制、消火栓箱按钮执行的远程控制等几种控制方式,同时,水泵的运行状态能反馈给消防控制中心。机组具有定期自动巡检功能。车辆基地生活消防泵房内水泵机组具有变频控制功能。设备按一级负荷供电。

(2)排水泵

排水泵具备控制箱面板的就地手动控制和由液位浮球开关执行的自动控制方式,同一集水井内的排水泵具有自动切换的功能。若工作泵故障,备用泵能自动投入运行。BAS 能对排水泵启停状态、集水井水位进行集中监视。洞口排雨水泵站、区间主排水泵站、车站废水泵房、露天出入口及敞开风口处排水泵房等按一级负荷供电。污水泵房等其他排水泵房按二级负荷供电。

(3)区间电动蝶阀

区间电动蝶阀具有就地按钮箱手动控制和 FAS 执行的远程控制功能。

4. 给排水设备简单故障处理

（1）区间消防管道漏水处理

区间消防管道发生漏水，应迅速确认漏水区间，关闭该漏水管道两端的控制阀门，切断水源，并检查区间排水设施是否正常，是否按规定排水。例如，鼓楼站至玄武门站上行区间消防管道发生漏水，应同时关闭鼓楼站北端、玄武门站南端上、下行区间隧道口的四个手动蝶阀。

（2）车站给水设备漏水处理

车站给水设备发生漏水，应立即关闭相应的控制阀门，切断水源。如果一时难以判明所控阀门应采取扩大范围关闭阀门的措施，尽最大可能切断水源。若是水喷淋管道发生漏水，为防止喷淋水泵误启动，还应立即将喷淋水泵的控制方式置于手动位置，并切断电源，同时关闭喷淋水泵的供水阀门。与此同时，要检查车站排水设备是否正常，是否按规定排水。

（3）排水设备故障处理

排水泵在正常情况下处于自动状态，不需要人工进行操作。若出现集水井高水位报警而排水泵不能自动排水的情况，一般可按排水泵的操作规程，进行相应的检查后，通过手动控制方式将积水排完。

四、电扶梯

1. 电扶梯概述

作为车站的机电设备之一，电扶梯是乘客方便快捷而舒适进出车站的代步工具。电扶梯系统包含电梯、自动扶梯及轮椅升降台。

电扶梯设备主要由驱动装置、传动装置、运行导轨、乘载部分、控制系统及安全系统组成，运行时由控制系统控制驱动装置经传动装置带动乘载部分在固定导轨上往复运行。

2. 电扶梯与其他专业的接口

作为地铁设施的一部分，电扶梯需要与其他相关设备协同配合。与电梯、自动扶梯及轮椅升降台的相关接口有：

（1）与 BAS 接口

BAS 监测电扶梯的运行状态，但不进行控制。

（2）与通信系统的接口

①电梯轿厢内安装求救电话或可与车控室通话地紧急对讲装置。

②电梯轿箱内安装了监视摄像头，可在车控室或 OCC 进行视频观察。

③轮椅升降台具有连接到对讲主机和各分机的视频对讲系统。

（3）与低压供电设备接口

为电扶梯提供动力电源。

（4）与 FAS 接口

①电梯。在车站控制室内，设置一个消防手动开关，在火警情况下，可控制所有电梯自动返回基站，通力公司负责提供开关和接口并负责连接。

②自动扶梯。当车站检测到火警信号后，可根据摄像系统，监视此时扶梯是否有乘客，当扶梯上无乘客时，通过急停开关发出停车指令，扶梯接到指令即停机。

(5)与土建及装饰的接口:土建安装空间设置,与室内装饰的协调统一。

五、通风空调系统

(一)通风空调系统的功能

(1)正常运行时为乘客提供舒适的乘车环境、为城市轨道交通工作人员提供舒适的工作环境、为设备系统提供良好的运行环境。

(2)阻塞运行时能保证阻塞列车空调器正常运行,为疏散乘客提供足够新风并引导乘客安全疏散。

(3)火灾运行时能迅速排除烟气,引导乘客安全撤离火灾区。

(二)通风空调系统组成

1.隧道通风系统

隧道通风系统由车站隧道通风系统和区间隧道通风系统组成。

(1)车站隧道通风系统(图 1-15)

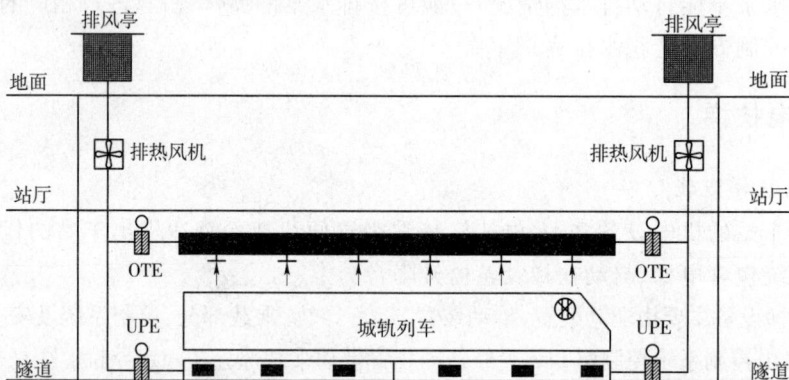

图 1-15　车站隧道通风系统

车站隧道通风系统主要由耐温 280℃、连续有效工作 0.5 h 的排风兼排烟风机、站台下及轨顶风量调节阀、防火阀及排风道组成。机房布置在车站两端的设备房区内,并联设置两台排风机,负责半个车站隧道的通风,气流组织方式采用轨顶和站台下排风,补风来自车站两端的活塞风井、相邻区间隧道和屏蔽门开启时的漏风,排风口的位置根据列车发热设备的位置确定。

车站隧道通风系统正常运营时,车站隧道排风系统运行,列车停站时,排除车顶冷凝器和车厢底部发热设备的热量。列车火灾停靠在车站时,利用车站隧道排风系统进行排烟。区间隧道事故运行时,根据系统的控制模式要求开启或关闭车站隧道通风系统。

(2)区间隧道通风系统(图 1-16)

区间隧道通风系统主要由可逆反式隧道通风机、推力风机装置、射流风机装置、风阀、消声器、风室和风道组成。隧道风机布置在区间隧道的两端(即每个车站的两端)和长度大于 2.4 km 的特长区间中部,对应每条隧道分别设置独立的活塞风道至地面,每端设两台隧道风机,风机前后设消声器及控制转换风阀,可以实现设备相互备用。推力风机装置主要由区间推力风机、消声器、喷嘴等组成。根据气流组织方向的不同,又分为双向推力风机装置和单向推力风机装置。一般布置在有联络线、渡线、折返线及部分单洞双线区间,能有效地组织气流、控制隧道内风速和火灾时组织排烟。射流风机装置主要由带消声器的射流风机组成。一般布置在线路的端头、联络线内,能有效地组织气流,控制隧道内温度,火灾时组织排烟。

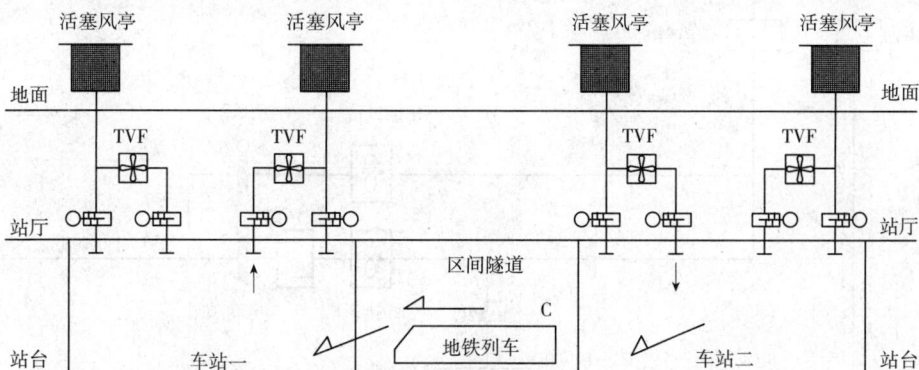

图 1-16　区间隧道通风系统

区间隧道通风系统早晚运营前后半小时,按预定的运行模式,开启隧道通风系统。正常运行时,通过列车运动的活塞效应实现隧道内的通风。列车阻塞于区间时,按与行车一致的方向组织气流,对阻塞区间进行机械通风,保证列车空调冷凝器正常运行。列车发生火灾而停在区间时,按预定的运行模式,按与多数乘客撤离相反方向送风和排除烟气。由于每端的隧道风机互为备用,运行工况的隧道风机出现故障时,可以切换到备用风机运行。特长区间根据消防疏散的原则,按照事故列车的停车位置,启动区间中部及相应车站端部的隧道风机系统,组织排烟和人员疏散。

2.车站通风空调系统

车站通风空调系统由大系统、小系统和水系统组成。

(1)大系统

车站公共区(站厅、站台)通风空调系统设备组成的通风系统习惯称之为"大系统",同时兼作车站公共区排烟系统,如图 1-17 所示。

①大系统的组成

大系统一般由组合式空调机组、空调新风机、回/排风机、消声器、电动组合风阀、多叶调节阀、防/排烟防火阀、新风井、风道、混合室和风管等部分组成。

大系统主要设备一般集中、对称地分布于车站站厅层两端的环控通风机房,机房内一般分别设置一台或两台组合式空调机组,每台机组对应一台回/排风机;车站每端设置一台空调小新风机,提供车站公共区的新风量。

大系统为定风量双风机一次回风系统,在车站两端各设一套,分别负担半个车站公共区,具有空调小新风、空调全新风、全通风等三种运行模式。车站公共区的系统原理如图 1-18 所示。

②大系统的运行

a.小新风空调。当外界空气焓值大于车站空调大系统回风空气焓值时,采用小新风空调运行,此时关闭风阀 1、6,全开风阀 2、5,调节联动风阀 3、4,一部分排风排出车站,另一部分回风循环使用。

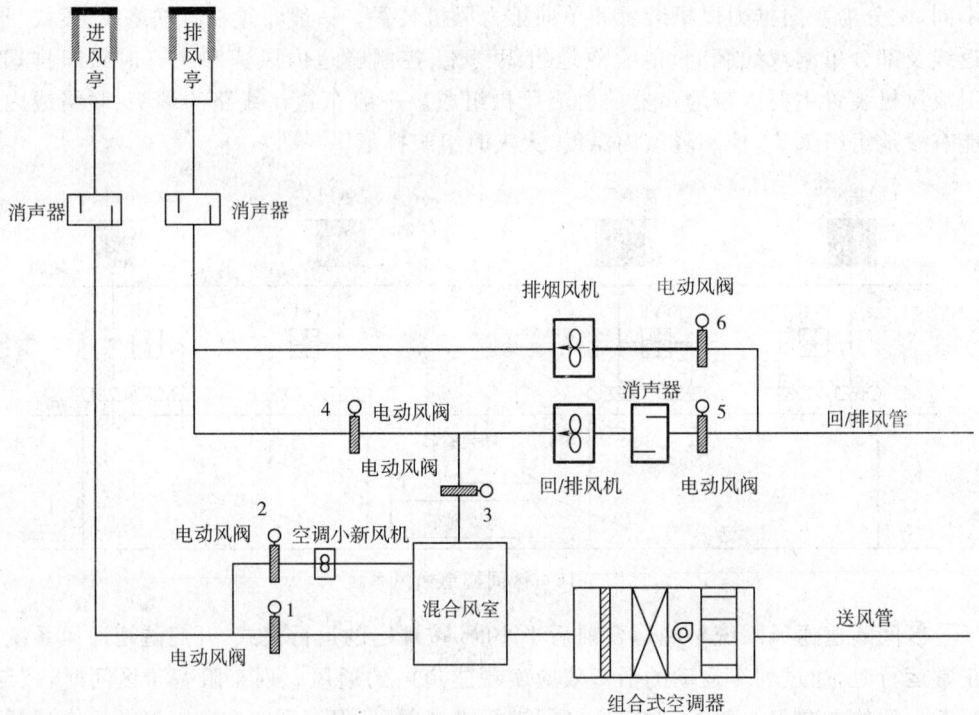

图 1-17　车站通风空调大系统

注:图中数字表示风阀

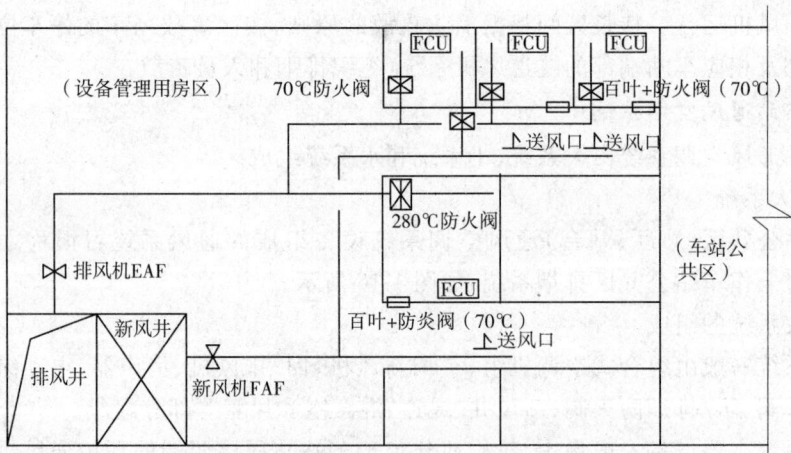

图 1-18　车站公共区的系统原理

b. 全新风空调。当外界空气焓值小于或等于车站空调大系统回风空气焓值时,采用全新风空调运行,此时关闭风阀 2、3、6,全开风阀 1、4、5,组合式空调器处理室外新风后送至车站公共区域,排风则全部排至车站外。

c. 全通风。当外界空气温度小于空调送风温度时,停止水系统的冷水机组运行,采用全通风运行,此时关闭风阀 2、3、6,全开风阀 1、4、5,室外空气经过组合式空调器送至车站公共区域,排风则全部排至车站外。

d. 站厅层火灾。当站厅层发生火灾时,开启排烟风机,关闭回/排风机、组合式空调器、小新风机、站台排风管风阀,对站厅层排烟,补风通过出入口通道自然引入,如图 1-19 所示。

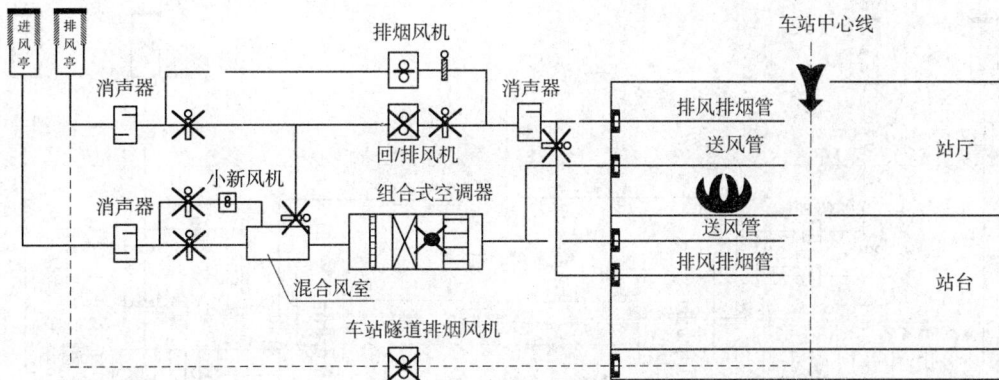

图 1-19　站厅层火灾运行模式图

e. 站台层火灾。当站台层发生火灾时，开启排烟风机，关闭回/排风机、组合式空调器、小新风机、站厅排风管风阀，对站台层排烟；同时，打开屏蔽门，利用隧道通风系统协助站台排烟。补风通过出入口通道自然引入，如图 1-20 所示。

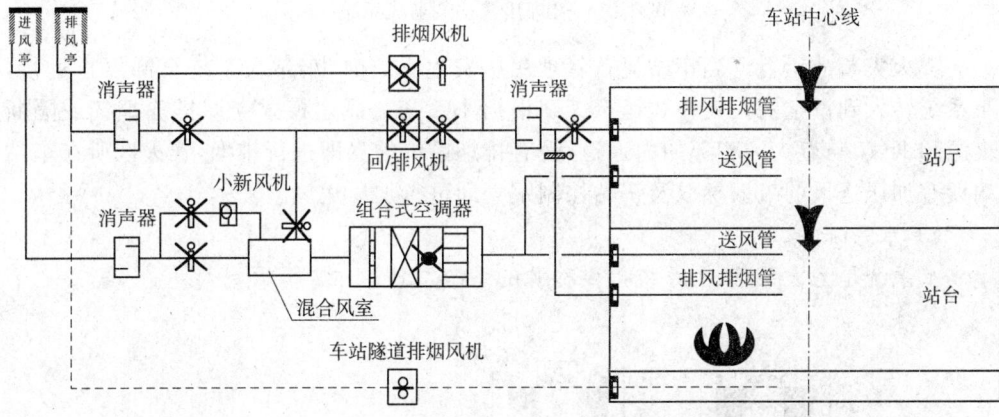

图 1-20　站台层火灾运行模式图

f. 列车火灾且停在车站。当列车发生火灾时且停在车站时，屏蔽门将打开供乘客撤离。此时利用车站隧道通风系统对车站隧道进行排烟；同时车站大系统转入站台火灾运行模式，两系统协调一起对站台层排烟。

（2）小系统

小系统是车站设备及管理用房的空调通风系统（兼排烟系统），如图 1-21 所示。

①小系统的组成

小系统由空气处理机、送风机、回/排风机、排风机、消声器、（耐高温）多叶调节阀、防/排烟防火阀、风管等部分组成。小系统设备一般位于车站站厅层两端的环控机房和小系统通风机房内。

②小系统的运行

a. 正常运行。设有通风空调系统的设备管理用房，空调系统采用大系统正常运行情况的小新风空调、全新风空调、全通风方式进行控制；对只设通风系统的设备、管理用房，全年按设定的通风模式进行。

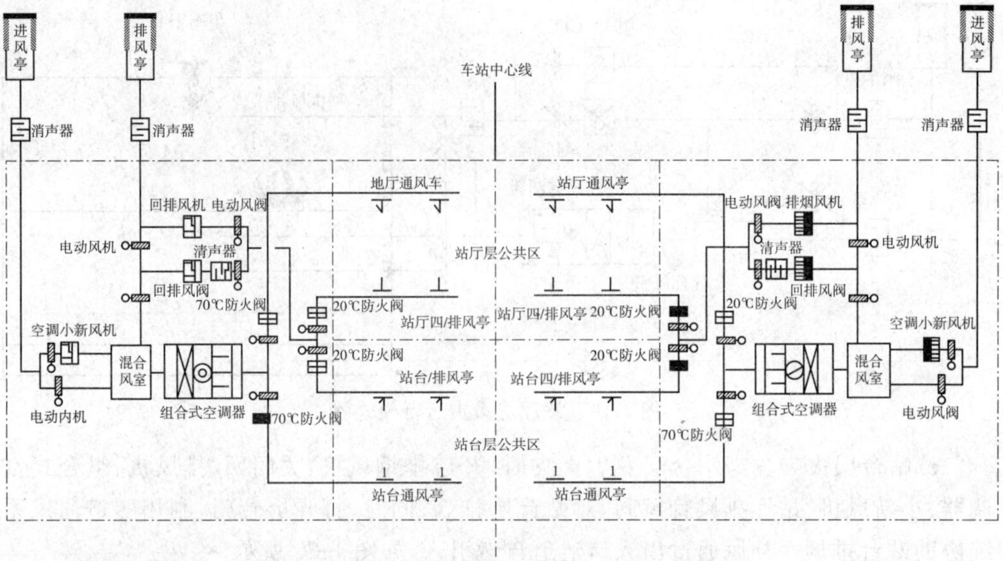

图1-21 管理用房空调通风系统

b.火灾事故运行。当车站设备管理用房发生火灾时,车站大系统全部停止运行,小系统转入到设定的火灾模式运行。即根据小系统的既定模式立即排除烟气或隔断火源和烟气,与着火区相邻的内通道,设有排烟系统的立即进行排烟,着火区所在车站端设有加压送风的疏散梯以及车站控制室立即进行加压送风。

(3)水系统

水系统是为大系统、小系统提供冷源的系统,如图1-22所示。

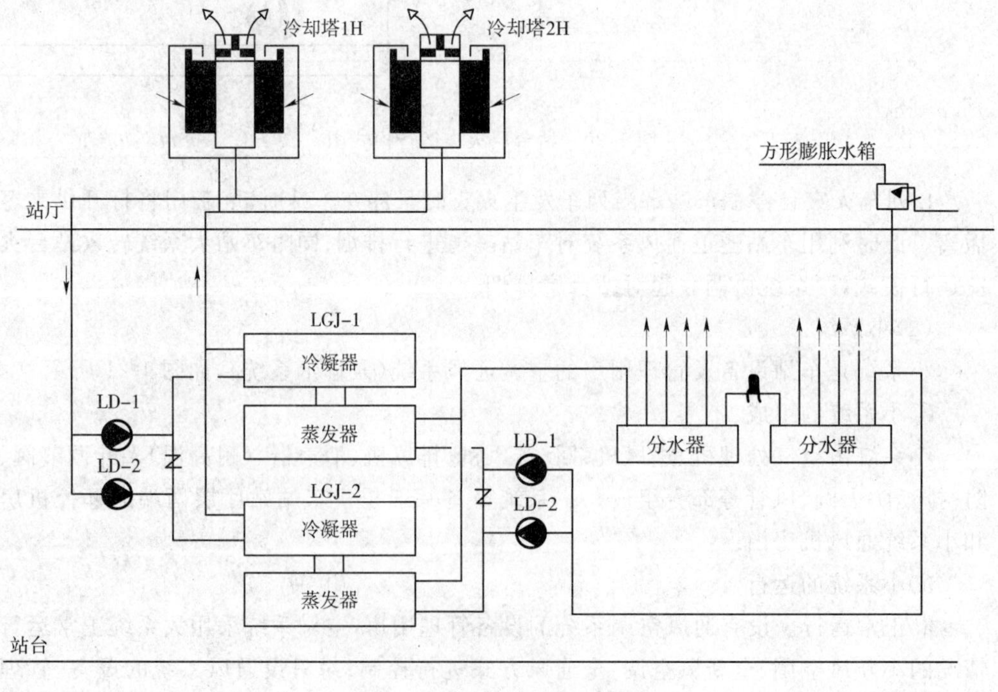

图1-22 冷冻水系统原理图

空调水系统指车站制冷空调循环水系统,由冷水机组、冷冻水泵、冷却水泵、冷却塔、集水器、分水器、膨胀水箱、二通调节阀、输水管道等设备器件组成。水系统为车站公共区及车站设备管理用房空调器提供冷源,冷源是冷冻水。

冷水机组、冷冻水泵、冷却水泵位于站厅层制冷机房。制冷剂在冷水机组里循环,经过压缩机时温度升高,这时用水将温度降下来,这部分水称为冷却水。冷却水通过冷水机组把制冷剂的热量带走,再经过冷却塔把热量释放到空气中,然后回到冷水机组,这样构成一个冷却水循环系统。在这个系统上的泵是冷却水泵。制冷剂被降到冷却水的温度后,经过节流阀,温度变得更低,这时用水将冷量带走,这部分水称为冷冻水。冷冻水带走制冷剂的冷量后,再到空调系统末端(如风机盘管、空调机组)与空气换热,温度升高后再回到冷水机组内带走制冷剂冷量,这样构成冷冻水循环系统,在这个系统上的泵称为冷冻水泵。

空调系统通过冷冻水循环、制冷剂循环和冷却水循环把室内的热量传到室外。

阀门是重要的管道附件,其作用是接通、切断和调节水或其他液体的流量。

3. 车站设备及管理用房配置

(1)只有通风要求的设备管理用房有洗手间、清扫工具室、茶水室、盥洗室、车站备品库、气瓶室、检修室、备用房、照明配电室、通风空调机房、污水泵房、废水泵房、消防泵房和垃圾间等。

(2)需空调的管理用房有站长室、站务室、会议室、警务室、乘务员休息室和 AFC 用房等,宜采用风机盘管加新风空调。

(3)需通风且气体保护的设备用房有整流变压器室、高压室、低压室、蓄电池室等。

(4)需空调且气体保护的设备用房有环控电控室、通信设备室、通信电源设备室、信号设备室、信号电源设备室、屏蔽门控制室、降压变电所控制室、混合变电所控制室等。

(三)通风空调系统接口

1. 车站及隧道通风空调系统与供电的接口

通风空调系统一类负荷设备为与火灾和事故通风有关的设备,主要包括:隧道通风系统的隧道风机(包括区间隧道风机和车站隧道排风机)、推力风机、射流风机、风阀、用于隧道内机房通风的风机、长区间隧道中间风井处的电动风阀和隧道风机;车站大系统的排烟风机及其联动风阀、分区控制风阀;车站小系统的排烟风机、楼梯间加压风机及其联动风阀、分区控制风阀;所有大小系统防火阀、防烟防火阀;所有与风机、空调机组联动的风阀。

通风空调系统的二类负荷为除一类负荷外的其他风机、柜式空调机组、与风机空调机组非联动的电动风阀、与火灾和事故通风无关的电动风阀等。

通风空调系统的三类负荷为除一、二类负荷外的其他通风空调系统设备,包括冷水机组、冷水泵、冷却水泵、冷却塔、水处理设备、电动蝶阀、电动二通阀。

配置了变频控制器的设备采用变频启动。其他设备当电机的功率 $P \geqslant 75$ kW 采用软启动方式;当 $P < 75$ kW 时采用直接启动方式。

2. 车站及隧道通风空调系统的监控接口

车站及隧道通风空调系统的控制由中央控制、车站控制和就地控制三级组成。

（1）中央监控

中央控制装置设在控制中心（OCC），该中心配置中央级工作站（OCC工作站）和全线隧道通风系统中央模拟显示屏。OCC工作站可对线路的隧道通风系统进行监控，执行隧道通风系统预定的运行模式或向车站下达各种隧道通风系统运行模式指令；同时还能对全线车站通风空调系统进行监视，向车站大小系统和水系统下达各种运行模式指令。

（2）车站控制

车站控制装置设在各车站控制室，该控制室配置车站级工作站和消防联动控制盘。在正常情况下，车站级工作站可监视车站所管辖范围内的隧道通风系统、车站大小系统和水系统，向OCC传送信息，同时可执行中央控制室下达的各项运行模式指令；在紧急情况和控制中心授权下，车站级工作站为车站消防指挥中心，能根据实际情况将车站大小系统转入紧急运行模式和执行控制中心下达的区间隧道紧急运行模式；当车站工作站出现故障时，在消防联动控制盘上可以执行控制中心下达的所有紧急模式运行指令。

（3）就地控制

就地控制设置在各车站环控电控室，其具有单台设备就地控制功能，以方便设备的调试、检查和维修。就地控制具有优先权。

3. 空调水系统与给排水系统的接口

由空调水系统提供补水量与接管点，与给排水系统的分界在接管点前的第一个阀门（阀门由给排水系统提供）。集中冷站系统提供区间排水量与排水点。在环控机房由给排水系统设置污水池和洗手龙头。

六、站台门系统

（一）站台门系统概述

站台门（Platform Screen Doors）是设在站台边缘，把站台区域与列车运动区域相互隔开的设备，如图1-23所示。列车未进站时，站台门处于关闭状态，以保证乘客候车的安全，防止可能出现的各种意外；而当列车进站后，使列车车门与站台门严格对准，并使列车车门与站台门联动开启，以供乘客上下车，待乘降结束后，车门与站台门同步关闭。与传统的地下车站相比，采用站台门具有如下的优点：

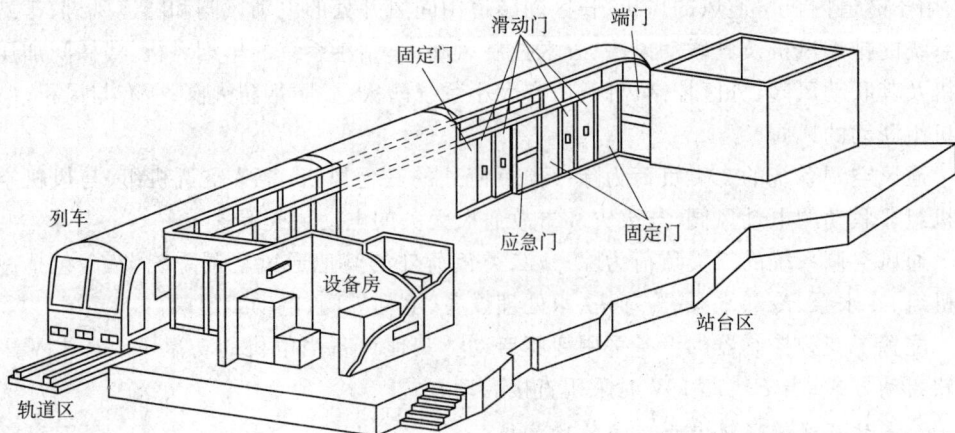

图1-23 站台门设备示意图

（1）设置站台门后，可实现司机一人全程操作，站台上不必再设站务人员接发列车（站台门的开启由列车司机操纵）。

（2）一般在站台门上多装有各类障碍物传感器。一旦有障碍物存在，传感器发出的信息将使站台门再开闭机构动作，避免了车门夹人、物事故的发生。

（3）由于站台门实现了站台与轨道、列车行进区间的完全隔离，乘客候车时不会与列车进出站发生任何关系，保证了乘客的乘车安全。

（4）设置站台门后，站台空间显得更加舒适。

（5）节省了地下车站空调负荷，降低能耗，同时降低了车站噪声以及粉尘污染。

（6）站台门可用于平面广告媒介，增加运营部门的广告收益。

（二）分类

从应用场合封闭形式、具体结构、供电方式、控制方式、门体型材等方面，站台门系统的种类可分为以下几种类型：

1. 从封闭形式上分类

从站台门系统应用场合的密封形式，可以分为全高封闭式站台门和半高敞开式站台门，如图 1-24 所示。全高封闭式站台门门体结构高度为 2 450 mm 左右，安装于地下车站；半高敞开式站台门门体结构高度为 1 500 mm 左右，主要安装在地面车站及高架车站，如果地下车站站台边缘顶部不具备安装全高站台门的条件或者采用车站进风、区间排风的地下车站应安装半高站台门，如南京地铁 1 号线奥体中心站。

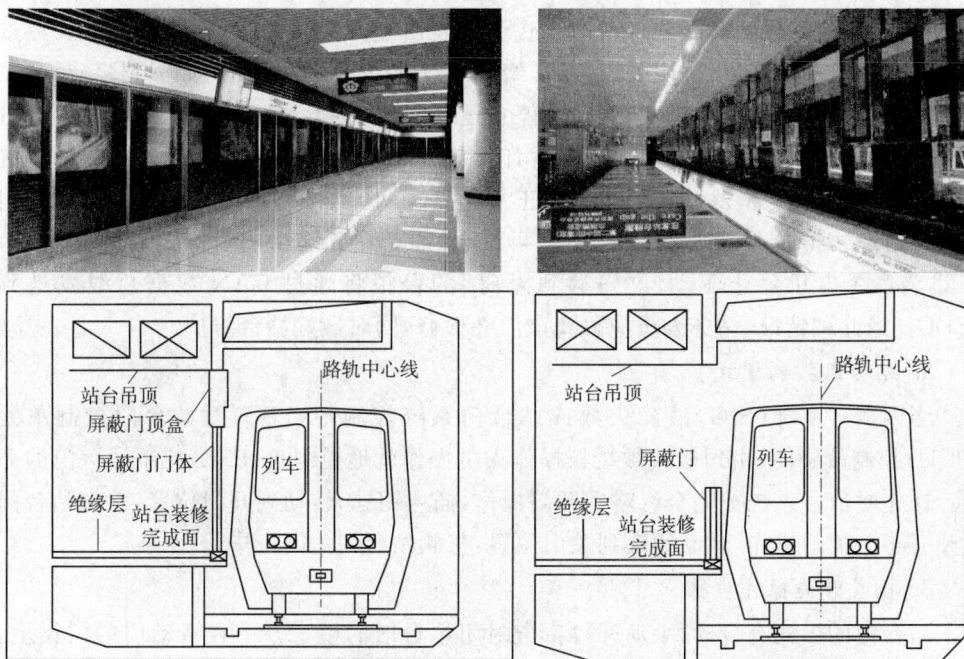

图 1-24　全高封闭式站台门与半高敞开式站台门安装示意图

2. 从结构上分类

按照站台门的具体结构，可以分为上部悬吊式和下部支撑型。

3. 从供电方式分类

站台门系统的供电电源方案主要有集中供电和分散供电两种。两种方案各具特色,在地铁站台门项目中均有应用。集中供电的优点是门机的驱动电源直接从设备室内引出,在设备房内即可对电源参数进行监控。但集中式供电变压整流装置体积大,占用设备室的面积大。供电线路的压降和损耗也比较大,一旦发生故障,整侧门无法动作,影响较分散供电大。分散供电的优点是驱动电源并不设于设备室内,供电线路压降和损耗较小,占用设备室面积小,整体优于集中供电。但在设备室内无法监控电源参数,布线复杂,变压整流装置较多,设备故障率要较集中式高,但故障影响范围小。

(三)站台门设备的操作

站台门设备操作由受过正确培训的维修人员或站务人员进行操作,操作时必须严格按照相关规程执行。操作人员必须使用站台门专用钥匙对设备进行操作,操作完毕后应将钥匙交由车站控制室保管,不得留在开关上。专用钥匙除操作、维修人员及相关责任人授权的人员外,不得借出,司机使用的就地控制盘(PSL)操作开关钥匙,在工作时由司机随身携带。站务人员发现不安全因素时,应立即关停设备,并通知维修人员。

操作开关站台门时,应注意观察站台边人群拥挤情况,严禁没有警告及防护措施不当时开关站台门,防止乘客跌入轨道造成伤害。

1. 正常模式操作

在正常运行模式下,列车到站并停在允许的误差范围内,信号系统向 PEDC 发出开门信号,同时撤销关门信号。然后,PEDC 通过专用硬线向所有 DCU 发出"使能"命令和"开门"命令。各种安全因素经过列车司机的人工确认后,按压开门按钮,站台门自动打开;当列车停站时间到,信号系统(SIG)发出允许关门命令;各种安全因素经过列车司机的人工确认后,按压关门按钮,站台门自动关闭。门关闭时如撞到障碍物,电机电流参数(遇到障碍时)过大时,门就停止运动。位置被记录下来后,两扇门会再打开(后退)约 50 mm 的距离。延迟 1 s 后,门减速再重新关上。如果门通过原先的位置(探测到障碍物已被清除),就会增大到正常速度关门。如果再次探测到该障碍物,门会如常后退。第四次尝试之后,门不会再后退,而是重新全部打开。门将停止运动,DCU 将命令电机停止驱动。"门遇到障碍"的警报将通过 CAN 数据总线发送到PEDC。遇此种情况,站务人员应隔离该门并保修,同时做好站台防护。

2. 站台级控制模式

当因信号系统(SIG)故障失效或站台门系统控制柜(PSC)对站台门控制单元(DCU)控制故障时,由司机或被授权操作人员操作就地控制盘(PSL)控制站台门的开关。操作时信号系统被完全忽略。开门操作,插入钥匙,转动到开门位置,整侧站台门打开完毕。关门操作,转动钥匙到关门位置,整侧站台门关闭完毕。

3. 模式开关操作步骤

站台门的模式有自动、手动、隔离;全封闭站台门的模式开关在滑动门的门梁上,半高式站台门的模式开关在滑动门的固定侧盒里,将模式开关的专用钥匙插进钥匙孔转至规定位置即可。紧急运行模式优先于站台级控制,站台级控制优先于系统级控制。当某个门道出现故障不能关闭时,插入模式开关钥匙切换到隔离位置,隔离该档门,使 ASD 处于隔离模式。在隔离模式下,ASD 关到位或开到位后,将不再响应开关门及手动解锁指令,该 ASD 单元退出服务。排除故障后,将该门道的模式切换到自动位置,将门恢复到自动控制,站台门进行维护和调试时,将门切换到手动位置。

4. 端门（MSD）操作

在站台门系统正常运营状态下，端头活动门处于关闭和锁紧状态，是公共区和隧道区间的屏障。在正常情况下，端门作为车站工作人员进出隧道的通道。站台工作人员可推压轨道侧的应急推杆解锁同时推动端门，或站台工作人员在站台侧通过专用钥匙解锁同时拉动端门，可将其向站台侧旋转90°平开，且可定位保持在90°位置。当端门打开角度在0°～90°之间时，端门可在其上部的闭门器的复位力作用下自动关闭。地铁列车进入或驶离站台时，端门切勿处于打开状态，否则列车运行所引起的风压有可能将端门迅速打开或关闭而造成门扇的损坏。

5. 应急门（EED）/司机手推门（DSD）

部分站台的站台门系统需要延长到有效站台以外，延长段中对应司机室位置设置的开门为司机手推门。EED/DSD可向站台侧旋转90°平开，能定位保持在90°开度，不能自动复位，利于疏散乘客。EED/DSD设置有门锁装置，站台人员/列车司机可在站台侧使用钥匙开门。在门体轨道侧设有开门金属推杆，与门锁采用联动方式，站台人员/司机推压推杆，在轨道侧可将门打开。EED/DSD锁闭和解锁信号反馈到中央控制盘（PSC）和车控室PSA上并进行显示。应急门不设置门状态指示灯，其开关门状态通过邻近的滑动门状态指示灯反映：指示灯常亮，应急门打开/滑动门开到位。

6. 应急情况的操作

单个滑动门故障，导致列车不能正常发车，站台侧工作人员将此门的状态设为隔离，退出服务，不影响整个站台门系统工作。当系统级控制和站台级控制均不能操作站台门时在站台侧由站台工作人员用钥匙打开滑动门；在轨道侧由司机通过车内广播通知乘客使用滑动门上的手动解锁把手自行开启站台门。

当列车无法在规定范围内停车，且偏离量较大，而且乘客无法从滑动门进出时，站台工作人员在站台侧用钥匙打开应急门；或由列车司机通过广播指导乘客压推杆锁打开应急门。

当隧道内发生火灾、列车出轨等情况，需要在隧道内停车时，乘客将从车厢疏散到隧道；由隧道进入站台乘客压推杆锁打开端门，或由站台工作人员在站台侧用钥匙打开端门；乘客通过端门进入站台。

关键名称与概念

1. 道岔：是机车车辆从一股道转入或越过另一股道的线路设备，是轨道的重要组成部分，也是轨道的薄弱环节之一。

2. 道岔的左、右位：面向道岔尖轨，左手为道岔的左位，右手为道岔的右位。

3. 信号：是指示列车运行与调车工作开展的命令，它传达指挥者的意图，指示列车运行条件，表示有关行车设备的位置和状态等，是行车指挥的一种形式。

4. 联锁：为了保证列车运行及调车作业的安全，必须在有关的道岔、进路与信号三者之间建立一种互相制约、相互检查、相互依存的关系，这种关系叫联锁。

5. 进路：在车站、车场或规定停留地点的列车、车辆由一个地点到另一个地点运行中所经由的路径叫进路。进路可以分为列车进路和调车进路两种。

6. 敌对进路：指在联锁范围内的固定进路，如果不能以道岔的位置分开敌对关系的都是敌对进路。

7. 行车闭塞：为了确保列车运行安全，在组织列车运行时，通过设备或人工控制方式，使一个区间或规定的空间范围内在同一时间只有一列车占用，并使发出的列车保持一定的间隔距离安全行车的方法称为闭塞或行车闭塞法。

8. 轨道电路：是为了使列车、机车（车辆）的行动直接与车站或车场的信号设备发生联系，将一段轨道的钢轨作为导线，两端用绝缘节隔开，中间的轨缝用导线连接起来，一端送电，一端受电，这样构成的电路叫轨道电路。

复 习 题

1. 城市轨道交通车站的机电设备包括哪些？如何操作？（适合【初级工】）
2. 城市轨道交通通信系统包括哪些方面？各有哪些作用？（适合【初级工】）
3. 城市轨道交通轨道由哪些组成部分？（适合【初级工】）
4. 简述道岔的组成及使用规定。（适合【中级工】）
5. 简述信号的定义、作用及分类。（适合【中级工】）
6. 简述各种信号显示的意义。（适合【中级工】）
7. 简述联锁的定义、进路及敌对进路概念。（适合【高级工】）
8. 简述联锁关系的基本条件。（适合【高级工】）
9. 简述行车闭塞的定义、作用与目的。（适合【中级工】）
10. 简述轨道电路的概念及其作用。（适合【技师】）

第二章　车站行车组织

通过本章学习,使学员对车站行车组织工作有较全面的认识。要求学员掌握正常情况下和非正常情况下车站各岗位的接发列车作业程序和工作职责;熟悉列车运行图的相关知识;了解车站行车组织的各种要求和规定;达到熟练完成各种情况下车站接发列车工作的目的。

第一节　行车组织概论

一、行车工作的基本要求

车站日常运输工作的目标是确保运输安全,合理运用技术设备,按列车运行图接发列车,质量良好地完成客运任务。车站行车组织工作在实现上述目标的过程中起着核心作用。对车站行车工作的基本要求如下:

1. 执行命令听从指挥

严格执行单一指挥制,车站值班员应认真执行行车调度员的命令和上级领导指示。

2. 遵章守纪按图行车

认真执行行车规章制度,遵守各项劳动纪律。办理作业正确及时,严防错办和忘办、严禁违章作业,当班必须精神集中,服装整洁,佩戴标志,保证车站安全、不间断按列车运行图接发列车。

3. 作业联系及时准确

联系各种行车事宜时,必须用语规范、内容完整、简明清楚,严防误听、误解和臆测行车。

4. 接发列车要求

正常情况下,车站不需要接发列车。非正常时,车站接发列车要严肃认真,姿势端正。认真做好"看""听""闻",确保列车安全运行。

5. 行车报表填写齐全

行车报表包括各种行车凭证、行车日志和各种登记簿。填记时应严格按照有关要求及规定内容填写,保持报表的完整、整洁。

二、行车组织原则

在 ATC 正常情况下,客车采用 ATO 模式驾驶(当停车精度不能满足要求时,采用 SM 模式驾驶),根据列车运行图掌握在车站停开时间。司机需在客车出库时或交接班时输入乘务组号,在 ATS 有计划运行图时,客车出车场到转换车轨时自动接收行车信息,但在没有 ATS 计划运行图时,客车在出车场及正线运行车次变更时,行调输入或通知司机人工输入目的地码和车次号。

行车时间以北京时间为准,从零时起计算,实行 24 h 制。行车日期划分:以零时为界,零时以前办妥的行车手续,零时以后仍视为有效。

正线及辅助线属行调管理;转换轨由行调和车辆基地信号楼共同管理;车厂线及专用线属车辆基地信号楼管理。

空客车、工程车、轨道车、救援列车、调试列车出入车辆基地均按列车办理。

正常情况下正线上司机凭车载信号显示或行调命令行车,按运营时刻表和 DTI 显示时分掌握运行及停站时间。

调度电话、无线电话用于行车工作联系,须使用标准用语。

客车晚点统计方法:比照列车运行图单程每列晚点 2 min 以下为正点,2 min 及以上为晚点;排队晚点时则按统计的要求进行统计。行调应根据客车晚点情况及时采取措施,调整客车运行。

三、行车组织机构

1. 行车指挥执行层次

城市轨道交通行车指挥的执行层次如图 2-1 所示。

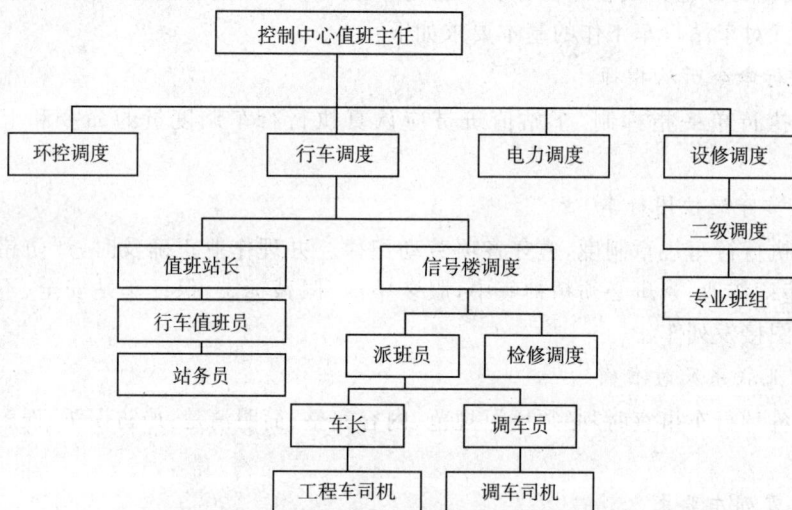

图 2-1　城市轨道交通行车指挥的执行层次

2. 运营指挥机构

(1)运营指挥分为一级、二级两个指挥层级;二级服从一级指挥。

(2)一级指挥为:行车调度员(简称行调)、电力调度员(简称电调)、环控调度员(简称环调)和设修调度(简称设调)。

(3)二级指挥为:车站值班站长、车辆基地信号楼调度、车辆检修调度、派班员、二级调度。

（4）各级指挥要根据各自职责任务独立开展工作，并服从 OCC 值班主任总体协调和指挥。

3. 运营控制中心（OCC）

（1）OCC 是地铁日常运营、设备维护、行车组织的指挥中心。

（2）OCC 是地铁运营信息收发中心。

（3）OCC 代表地铁公司总经理指挥运营工作，代表地铁公司与外界协调联络地铁运营支援工作。

（4）OCC 各调度员由值班主任协调统一指挥。在处理突发事件、事故时，各调度员有责任向值班主任提供本岗位的协助处理方案，并及时报告相关信息。

（5）行车工作由行调统一指挥

（6）供电设备运作由电调统一指挥。

（7）环控和防灾报警设备由环调统一指挥。

4. 设施维修调度（MCC）

（1）MCC 负责除车辆设备以外的设备计划性维修和故障维（抢）修的组织。

（2）MCC 主要负责物资设施部管理范围内的故障（事故）信息接收、传递、反馈和处理的组织、协调及统计分析工作。

（3）MCC 负责检修作业计划的审核、协调及作业的实施监控等工作。

5. 车辆检修中心

（1）车辆检修中心设有车辆检修调度员。

（2）车辆检修中心负责车辆日常检修、清洁、定修和临修工作控制，为运营及设备维修施工提供质量良好和数量足够的客车或工程车。

6. 车辆基地信号楼

（1）车辆基地信号楼设计算机联锁控制室，是车辆基地内所有线路信号设备的集中控制点，隶属乘务中心管理。

（2）车辆基地信号楼调度员负责车辆基地范围内的行车组织、维修施工管理，并和正线连接站共同组织列车进出车辆基地。

四、行车指挥原则

行车有关人员必须服从行调指挥，执行行调命令，行调应严格按列车运行图指挥行车。

指挥列车运行的命令和口头指示，只能由行调发布。车辆基地内不影响正线运行及接发列车的命令可由信号楼调度员发布。发布命令前应详细了解现场情况，听取有关人员意见。调度命令的发布规定如下：

1. 发布口头命令的内容

（1）临时加开或停开列车（包括客车、工程车及救援列车）。

（2）客车推进运行、退行，工程车退行。

（3）停站客车临时变通过。

（4）改变列车驾驶模式时（特殊情况司机可先改变模式但必须及时汇报行调）。

（5）列车救援时。

(6)列车中途清客。

(7)变更列车进路。

(8)反方向运行时。

2.发布书面命令的内容(可先用口头命令,事后补发书面)

(1)发布线路限速或取消限速。

(2)封锁、开通线路时。

(3)行调认为有必要记录的命令。

行调发布命令时,在车辆基地由派班员、检调或信号楼调度员负责传达,在正线(辅助线)由车站值班站长(值班员)负责传达,传达给司机或其他有关人员的书面命令应盖有车站(车辆基地)行车专用章。

同时向几个车站或单位发布调度命令时,行调应指定其中一人复诵,其他人核对,确保无误。书面命令填写"调度命令登记簿"。

行调应掌握工程车的运行,了解装卸作业进度,检查工程车进出工程领域的情况,确保安全。

行调、值班员须取消列车进路或关闭信号时,应先通知司机,在确认列车尚未起动时方可取消列车进路。

五、列车运行模式

1.客车基本运行模式

地铁线路采用双线单方向运行。例如,南京地铁1号线客车由奥体中心站经上行线至迈皋桥站,经折返线到下行线,再由迈皋桥站经下行线到奥体中心站循环运行。

2.客车出入车辆基地

客车存放在车辆基地,经转换轨进出正线。例如,南京地铁1号线运营开始前从转换轨经小行站进入奥体中心站(或经小行站直接开往迈皋桥)投入运营;运营结束后,从小行站经转换轨回车辆基地。

3.客车运行的准备和条件

(1)运营前30 min,行调检查各车站和车辆基地运营前的准备工作。各车站值班站长(值班员)、信号楼调度员、派班员应及时向行调汇报以下内容:

①运营线路空闲、施工结束、线路出清,接触网、供电系统正常。

②行车设备、备品齐全完好。

③道岔功能正常,站台无异物侵入限界。

④当日使用客车、备用客车安排及司机配备情况。

(2)首末班车必须按图定点开行,遇特殊情况行调必须及时通知车站,车站应做好广播和乘客服务,末班车比图定点早开时,必须得到主管副总的同意。

4.客车出入车辆基地的组织

(1)每天运营开始和结束后,行调、车辆基地信号楼、车辆基地正线连接站按列车运行图的要求及时组织电客车出入车场。

(2)运营时间需组织客车进出车场时,行调必须将有影响的客车扣在相邻车站后,方可组织列车进出车辆基地。

第二节　列车运行图

一、列车运行图的概念

1. 定义

列车运行图是用坐标原理表示列车运行状态的图解,它规定和包括了运用列车占用区间的时分、车站到发时分、终点站折返时分以及其他列车运用的相关内容。

列车运行图是一个综合性的运行计划和运营工作的操作工具,它比较完整地规定了运营中列车进行的时间要素、数量要素、相关要素相互协作、统一的状态。

2. 要素构成

（1）时间要素

①区间运行时分:指相邻车站之间的运行时分。

②停站时分:指列车停站作业（包括减、加速,开、关车门等）,乘客上、下车所需时间总和。

③折返作业时分:指列车到达终点站或在区间站进行折返作业的时间总和。折返作业时分包括确认信号时间、出入折返线时间、司机换岗时间等。

④出入车辆基地作业时分:指列车从车辆基地到达与其相接的正线车站或从正线车站返回车辆基地的作业时间。

⑤营运时间:指城市轨道交通运营线路运送乘客的时间,具体为每日首、末班车始发站开车点之间的时间。

⑥停送电时间:指每天营运开始前送电和运营结束后停电所需操作和确认时间。

（2）数量要素

①全日分时段客流分布:按客流的时间分布进行预测、调查分析,确定高峰、低谷时段客流量,从而对列车编组数或列车运行列数等相关因素进行合理安排,并作为开行不同形式列车的主要依据,如区间列车、连发列车等。

②列车满载率:指列车实际载客量与列车定员数之比。编制列车运行图时,既要保证一定的列车满载率,又要留有一定余地,以应付某些不可测因素带来的客流量波动,同时也要考虑乘客的舒适水平。

③出入库能力:由于车辆基地与线路车站之间的出入库线有限,加之出入库列车插入正线受到正线通过能力的影响,因此,每单位时段通过出入库进入运营线的最大列车数（即出入库能力）是编制列车运行图的一个重要因素。

④列车最大载客量:指一个编制列车按车厢定员计算允许承载的最大乘客数,分为定员载客量和超负载客量。

（3）其他相关要素

①与其他交通方式的衔接:包括大交通系统的铁路、港口、机场、公路交通枢纽等,城市交通需考虑的要素包括公交线路、车站布置、自行车停放、其他车辆停放等。

②与大型体育场所、娱乐、商业中心的衔接:这些场所会有突发性的客流冲击地铁,造成车站一时运力和人力安排的困难。

③列车检修作业：为保证列车状态完好，需均衡安排列车运行与检修时间，即使每个列车均有日常维护保养与检修时间。

④驾驶员作息时间：根据驾驶员作息制度、交接班地点与方式、途中用餐等因素，均衡安排各个列车的运行线。

⑤车站的存车能力：线路上的车站大多数无存车线，只有在终点站、区间个别车站设有存车线，可存放一定数量列车，在日常运行时可作为停车维护用，在夜间可存放列车减少空驶里程，均衡早上运营发车秩序。

⑥电客车的能耗：在计算、查定电客车的各区间运行时分时，要协调区间的运行等级、限速与给电时间的关系，尽可能使之达到最佳。同时也要使同一区段同时起动的列车最少。

3. 列车运行图实施的意义

(1)列车运行图规定了全部运行列车在各个车站、区间的运行时分和停站、折返时分。

(2)列车运行图规定了列车在正线运行的行车间隔、运行图周期、技术速度、旅行速度以及开行列车数等内容。

(3)列车运行图规定了列车在正线的运行方式和其他相关作业的要求。

(4)列车运行图是维持运行秩序，保证行车安全，协调各个部门运行工作的综合计划和基本依据。

(5)列车运行图的实施为确保提高运输效率和运输能力，完成客运任务起着保障作用。

二、列车运行图的基本要求

地铁运输的列车运行图在编制中确定了整个运行过程的基本要素，它对行车安全和提高运输效率起着非常重要的作用。

1. 列车在区间的运转时分

确定列车运行于两个相邻车站之间所需要的标准时间。

2. 列车在车站的停站时分

列车在车站的停站时分是列车在站进行乘客乘降和列车到发作业所规定的最小停站时间标准。

3. 追踪列车间隔时分

追踪列车间隔时分是一个站间区间内同方向有两列或两列以上列车运行时相互之间最小间隔时间（只有在 ATC 运行条件下方可实施列车追踪运行）。

4. 列车进行技术作业时间标准

它包括列车正线运行在终点站的折返作业时间标准、列车出入库技术作业时间标准和其他运行相关因素所需的时间标准。

三、列车运行图的基本格式及要素

1. 基本格式

列车运行图是列车在各区间运行和在各车站到达、出发或通过时刻的图解形式。在列车运行图上，将横轴按一定比例用竖线划分等分，竖线代表车站的中心线；将纵轴按一定比例用横线加以划分，横线代表一昼夜的小时时分（图 2-2）。

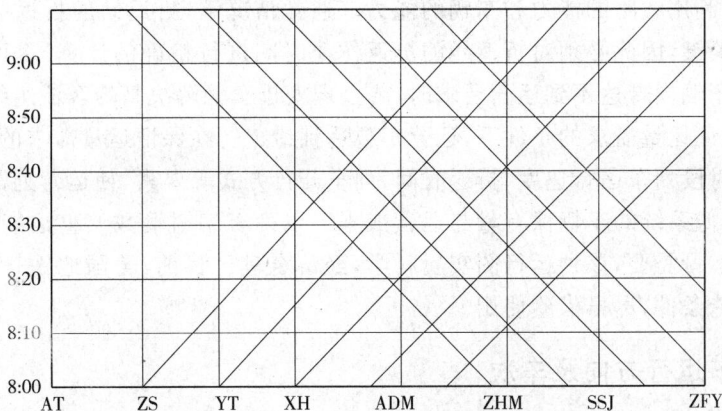

图 2-2　城市轨道交通列车运行图

2. 列车运行图要素

(1)纵坐标:表示时间变量,按要求用一定的比例进行时间划分。

(2)横坐标:表示距离分割,根据区间实际里程,采用规定的比例,以车站中心线所在位置进行距离定点(在实施设计运行图时,以区间运行时分来确定各车站中心线位置)。

(3)水平线:是一组平行的等分线,表示时间等分段。

(4)垂直线:是一族平行的不等分线,表示各个车站中心线所在的位置。

(5)斜线:列车运行轨迹(径路)线,一般以上斜线表示上行列车,下斜线表示下行列车。

(6)在列车运行图上,列车运行线与车站的交点即表示该列车到达、出发或通过的时刻。由于城市轨道交通列车停站时间较短,一般不标明到、发不同时间。

(7)在列车运行图上,每个列车均有不同的车号与车次。一般按不同的列车类别规定代号与列车号。如专运列车、客运列车、施工列车等;按发车顺序编列车车次,上行采用双数,下行采用单数。列车以 ATC 方式运行时,采用列车运行目的地站代号编制。

四、列车运行图的分类及编制原则

1. 列车运行图的分类

(1)按区间正线数分为:单线运行图和双线运行图。

(2)按列车之间运行速度差异分为:平行运行图和非平行运行图。

(3)按上下行方向的列车数分为:成对运行图和不成对运行图。

(4)按同方向列车运行方式分为:连发运行图和追踪运行图。

(5)按使用范围分为:日常运行图、节假日运行图、其他特殊运行图。

地铁系统的列车运行图因其系统特征所致,一般均为双线成对追踪平行运行图。

2. 列车运行图的编制原则

(1)在保证安全可靠的条件下,提高列车的运行速度,缩小列车的运行时分。在安全得到保证的前提下,通过提高列车运行旅行速度,压缩折返时间,减少出入库作业时间等方式,提高系统的运行效率和服务水平。

(2)尽量方便乘客。编制运行图时主要考虑列车发车间隔在满足运行技术前提下尽量选择最小值,从而减少乘客的候车时间。在安排低谷运行时,最大的列车运行间隔不宜过大。

（3）充分利用线路的能力和车辆的能力。通常情况下，折返站的折返能力是限制全线能力的关键，因此必须对折返线的折返作业时间进行精确的计算，尽可能安排平行作业。当车辆周转达不到运营要求时，要合理安排车辆解决高峰客流组织。

（4）在保证运量需求的条件下，运营车数达到最少。在保证运量需求的条件下，综合考虑高峰时段列车运行速度、折返时间、列车开行方式等要素，使运营列车数量达到最少，从而降低系统的车辆保有量与运营成本。以列车编组辆数调整运能，满足不同客流时段的运量需要，该种运行图实属科学，经济合理。目前，美国地铁普遍采用，国内地铁应创造条件，尽早借鉴使用。

五、列车运行方向及车次

1. 列车在区间的运行方向

地铁线路一般采用双线区段运行的方式，列车在区间内的行车采用右侧单向运行制，即列车在区间内运行时列车司机的位置及信号机的设置位置均在列车运行方向的右侧。

2. 列车运行线路

在双线区段单向运行时，上下行列车分别固定在右侧正线运行，上行列车在上行线运行，下行列车在下行线运行，列车违反常规线路运行方向的运行称为反方向运行。

3. 列车车次的规定

（1）客车识别号为 6 位数，前两位为目的地码，后四位为客车车次。客车车次前两位为服务号，后两位为序列号。序列号个位偶数为上行，奇数为下行，顺序编号，各种客车的服务号（运行图按系统自动生成的车次）为：

①客车服务号为 01～30。

②空客车服务号为 71～79。

③调试车服务号为 81～89。

④专列服务号为 96～99。

（2）工程车开行车次编号为 501～519。

（3）救援列车开行车次编号为 601～609。

（4）有关列车标志、编组的规定如下：

①客车标志包括列车的地铁徽记，客车服务号及标志灯等。

②工程车尾部必须挂有标志灯。当工程车按首尾机车编组时，应使用首端机车驾驶，当首端机车故障而使用尾端机车驾驶时，按推进运行办理。

③在列车中的机车和车辆的制动机，应全部加入列车的制动系统。具体规定如下：a. 客车。客车始发不准编挂空气制动系统故障的车辆，在运行途中发生制动系统临时故障时，允许切除一辆，到达终点站后退出服务或按《车辆故障应急处理指南》的要求处理。b. 工程车。编入工程列车的车辆不准有关门车，如在运行途中因自动制动机发生故障时，报告行调并按其指示办理。

（5）客车、工程车应按规定的编挂条件进行编组。下列车辆禁止编入列车：

①车体倾斜超过规定限度的。

②曾经发生脱轨或冲撞事故，未经检查确认的。

③装载货物超出限界，无挂运命令的。

④装载长轨货物的平板车,无跨装特殊装置的。

⑤平板车装载货物违反装载和加固技术条件的。

⑥平板车未关闭侧板的。

⑦制动系统故障的车辆。

⑧未按规定维护保养或清洁的客车。

4.行车标准用语

使用调度电话、无线电话联系行车工作时,遇到列车车次中的数字必须运用标准用语,行车标准用语见表 2-1。

表 2-1 行车工作标准用语

1	2	3	4	5	6	7	8	9	0
幺	两	三	四	五	六	拐	八	九	洞

第三节 正常情况下接发列车

车站的接发列车工作是行车组织的重要环节,也是保证列车按照列车运行图安全正点运行、保证地铁畅通的关键环节。接发列车工作是地铁车站,尤其是有岔站的重要任务之一。由于参与的人员多,作业环节复杂,在接发列车工作中的任何疏忽或差错都有可能造成列车晚点或行车事故,其影响会波及其他车站甚至全线。因此正确及时地进行车站接发列车作业,对畅通无阻、安全正点和质量完好地完成运营任务,具有十分重要的意义。

一、正常情况下的接发列车原则

车站行车组织工作由行车值班员统一负责,行车值班员必须服从行调的指挥,执行行调的命令。

正常情况下车站不办理接发列车作业,列车以规定速度进站,车站不显示接车信号。

二、正常情况下的接发车作业标准

正常情况下车站各岗位的接发车作业标准见表 2-2。

表 2-2 车站接发车作业标准

标准程序	岗位		说明
	行车值班员	站台安全员	
一、检查线路	1. 根据行调指示,与行调确认使用时刻表版本 2. 布置站台安全员检查站台、线路 3. 听取汇报:"人员线路清,设备正常"	1. 到岗后根据行车值班员指示,检查站台设备及线路无异常后向车控室行车值班员汇报:"人员线路清,设备正常" 2. 站在指定区域巡视站台	1. 遇时刻表变更时,行车值班员应将当天使用的时刻表版本及首末班车时刻等主要信息告知各个岗位 2. 站台设备包括线路站名牌、站台 DTI、PIIS、垃圾筒、坐椅等

标准 程序	岗位		说明
	行车值班员	站台安全员	
二、准备接车	4. 监控 LOW 和 CCTV	3. 当 PIIS 显示列车还有 1 min进站时,再次确认人员线路清、站台乘客全部站在安全黄线内后,鸣笛一长声,站在指定地点立岗接车 4. 如发现危及行车或人身安全情况时,应立即敲碎 ESB 玻璃按压紧急停车按钮并向车控室行车值班员汇报	原则上两名站台安全员应进行分工,分别负责上下行
三、接车	5. 通过 LOW 和 CCTV 监视列车进站和站台乘客动态。发现危及行车或人身安全情况时,立即按压 LCP 盘紧急停车按钮	5. 监视列车进站 6. 随时与车控室保持联系	1. 接车地点为黄线后第一块大理石,靠紧急停车按钮或电扶梯口附近 2. 接车时面向线路,左右兼顾
四、组织乘客上下车	6. 通过 CCTV 监控站台乘客上下车	7. 待列车停稳开门后,站在电扶梯或楼梯口,引导乘客有序上下车	站台安全员应随时注意发车计时器(DTI)的显示情况,发现异常应立即报告行车值班员
五、列车出发	7. 通过 LOW 和 CCTV 监视列车出发及站台乘客动态	8. 列车关门后站在紧急停车按钮附近监视列车出站 9. 如发现危及行车或人身安全情况时,应立即敲碎 ESB 玻璃按压紧急停车按钮并向车控室行车值班员汇报 10. 列车全部出清站台后继续加强对站台的巡视,注意乘客动态	1. 注意电梯旁边乘客动态,防止有人在列车关门时冲上车被车门夹伤 2. 列车启动后面向列车立岗接车,尾部通过身边时面送列车

说明:1.本标准为设备正常情况下的行车值班员和站台安全员的一次作业标准。

2.早班接班后、中班下班前站台安全员必须对站台区域进行一次全面检查,检查完毕后将检查结果报告车控室行车值班员:"人员线路清,设备正常"。

3.接车时必须严格执行接车"三步曲",即列车进站时站在紧急停车按钮附近;列车停妥开门后,站在电扶梯或楼梯口;列车出发后再次站在紧急停车按钮附近。

4.有岔站行车值班员在 LOW 站控时还须负责进路的排列。

三、车站报点的有关规定

受话者必须在对话前先报自己的岗位名称。对于交代的任务必须复诵,禁止用"明白"代替。

行车用语必须用普通话,吐字清晰,语速适中。

在 ATS 正常时,各站不向行调报客车到开点,加开列车时车站不向行调报点但需向邻站报点。标准用语：××站报点××次××分(通过、开)；晚点时：××站××次因××原因×时×分开(到、开)。

客车在任何车站停站时分增加或晚点 30 s 以上时,车站要向行调报告原因。

向行调报告的标准用语如下：

(1)列车在站内故障：××站××次车站内故障。

(2)列车在信号机前停车：××次××信号机前停车。

(3)LOW 故障：××站报告,××站 LOW 联锁区段出现×××故障。

四、工程车开行的规定

工程车可以牵引运行,也可推进运行,各站按正常列车办理。

工程车开行时装载有高度超过距轨面 3 800 mm 的货物时,接触网必须停电。

工程车在正线运行时,凭地面信号及调度命令行车。一个联锁区同一线路原则上只准有一列工程车运行,必须开行多辆工程车时应由控制中心值班主任同意,调度、司机、车站应加强联控,确保安全。工程车在区间、非联锁站及无信号机的车站作业后折返时,凭调度命令行车。

工程车进出正线的规定：

(1)工程车原则上必须在正线列车出清后方能进出正线,需要提前进入时必须和正线列车保持一定的间隔。例如,南京地铁 1 号线小行—迈皋桥区段工程车必须在本线路最后一列电客车之后运行,并保持四个站间区间的间隔,小行—奥体区段工程车必须在本线路最后一列电客车出清后上线。

(2)工程车必须在 4:30 前离开作业区并出清正线。

车站原则上不用接发列车,工程车在运行中司机、车长通过 400 M 电台加强与车站联系,掌握运行计划,确认运行进路。

五、行车类台账、报表的填记方法

1. 行车日志的填记

(1)表头中日期、班次、天气、交班人、接班人按实填记。

(2)列车运行计划栏填记该班次使用的运行图号及时段(一个班次涉及两个时刻表的要分别注明时间段)。

(3)路票栏填记车控室保存的路票起止编号及张数,如当班使用的还应注明已使用路票的起止编号和张数。

(4)钥匙栏填记车控室保存的钥匙数量及是否齐全,如有借出后尚未归还的一并在此栏中注清楚,要求有钥匙借出登记簿与之相对应。

(5)其他栏如实填记其他备品的状态(如备品齐全完好、电量充足),如有借出后尚未归还或损坏尚未修复的,一并在此栏中注清楚。

(6)上级重要指示及文件精神栏填记新收到要求记名传阅的文件编号及名称、上级领导指示要求、学习及会议通知等内容。

(7)交接班注意事项栏填记本班发生的重大事情以及有可能与下一班有关或需下一班处理、监督落实或重点防范的问题。

(8)开站后的头三趟载客列车及关站前的最后三趟载客列车、电话闭塞法办理运行的列车,要在"行车日志"上记录,其余正常载客列车可省略不记录。

(9)省略不记录的载客列车中,如发生晚点列车、专列、救援列车等非正常列车时必须记录,并向邻站报点(早晚点列车在备注栏中,用"－/＋"符号并注明早晚点时分)。

(10)夜间停止服务后开行的施工列车、调试列车,包括进入封锁区间的列车除两端站按"行车日志"的规定项目记录外其他站无须记录。

(11)对站停列车,要正确填写"本站到达"时间和"本站出发"时间,对通过列车,在"行车日志"上的"本站到达"栏内填写"/","本站出发"栏填写本站通过的时间。

(12)列车反方向运行时,上行列车填写在上行栏,下行列车填写在下行栏,在备注栏内填写"反"字。

(13)行车值班员接班后,填写"行车日志"时要另起一页。

(14)夜班时两日中间分别加盖日期章,章盖在上行或下行一栏中间。

(15)对电话记录号码及到发时间栏的填记做如下规定:

①分母栏一律填写收发时间,分子栏填记电话记录号码。

②到达栏中第一项填记本站同意发车站电话记录号码和时间,第二项填记本站给发车站解除闭塞的电话记录号码和时间。

③出发栏中第一项填记接车站同意本站电话记录号码和时间,第二项填记接车站给本站解除闭塞的电话记录号码和时间。

2."施工作业登记簿"的填记

(1)"施工登记内容栏"中"月日""作业代码""施工单位""施工负责人""施工内容""施工起止时间"等项目由施工负责人根据作业令内容如实填记;其中"月日"栏中月日间用"."分开,不得用"/"作为分隔标识。

(2)行车值班员在核对施工通告和作业令以及登记内容无误后签名确认,不得以盖章代替。

(3)站厅、站台施工中,"行调承认时间""行调承认代码""行调代码"等项填写"/",轨行区施工中,"行调承认时间""行调承认代码""行调代码"等项根据行调给定的内容填记。

(4)"施工注销内容"栏中,"注销时间""注销人签名""施工结果"等项由施工负责人填记,其中:

"注销时间"项以实际注销时车控室时间为准,如登记时间和注销时间非同一日应在时间前加注"次日"。

"施工结果"项施工结束,负责人在确认施工场地出清、设备正常、人员出清后填写"人员工具清、设备正常",若为异地注销,行车值班员须将注销人签名和施工结果栏合并填写"接××站行值×××电话注销,人员工具清、设备正常"。

(5)值班员在确认注销人和施工结果正确无误后签名确认,不得以盖章代替。

(6)站厅、站台施工中,"行调销点时间""行调代码"两项填写"/",轨行区施工中,"行调销点时间""行调代码"等项根据行调给定的内容填记。

(7)"备注"栏内填记车站认为有必要记录的情况(如销点时间填记不实、未注销等),轨行区施工异地销点作业时,施工负责人还应将销点车站名和作业人数在"备注"栏内注明。

3."设备故障登记簿"的填记

(1)"登记"栏中"日期"项填记要求每页首行或年份更换时"年、月、日"齐全,次行起可只填"月、日",年月日间用"."分开不得用"/"作为分隔标识。

(2)"时间"项填记以报修时车控室时钟为准,精确到分。

(3)"故障现象"项填记内容要求将故障现象描述准确即可,不得加入个人推测内容。

(4)"通知方式及部门"栏默认为电话通知,如以其他方式通知时须如实填记。

(5)"值班员签名"项要求报修人签字,不得以盖章代替。

(6)"销记"栏中"日期"项由维修人员填记维修当天的月、日。

(7)"维修人员到达时间"项由维修人员填记,精确到分,以车控室时钟时间为准。

(8)"设备修复状态"项由维修人员作业完毕后填记修复时间及是否修复,维修人员拒绝填写时,由车站值班员用红笔代为填记。

(9)"值班员签名"项要求当值人员确认实际情况后签名,不得以盖章代替。

第四节　非正常情况下接发列车

为保证列车运行安全,在组织列车运行时,通过设备或人工控制,使发出列车保持一定间隔距离安全行车的方法叫行车闭塞法。用于行车闭塞的设备叫做闭塞设备。闭塞设备必须保证在同一区间或闭塞分区内的同一线路上,在同一时间内只能允许有一个列车占用。

地铁通常采用自动闭塞法,自动闭塞是由运行中的列车自动完成闭塞作用的一种闭塞方式。在正常情况下,根据 ATC 系统原理自动控制列车运行,由 OCC 负责控制列车的安全间隔和运行,两列载客列车或载客列车在空车后运行时,必须保持一个区间及以上的间隔。当 ATC 系统发生故障或闭塞设备无法满足列车运行要求时,由相邻两站(车辆基地与正线连接站)行车值班员利用站间电话联系,以电话记录的方式办理闭塞的方法,均为代用闭塞法。

代用闭塞法包括电话闭塞法和电话联系法。正线各站之间采用站间电话闭塞法组织行车,车辆基地与正线连接站采用站间电话联系法组织行车。

一、电话闭塞法

在正线信号设备故障联锁失效的情况下,相关车站根据行调的调度命令,采用站间电话闭塞法组织行车,并遵守以下相关规定:

(1)相关车站值班站长要及时回到站控室负责组织车站行车作业,并根据行调发布的命令就地组织控制行车,安排车站值班员到站台接发列车,通知相邻车站采用站间电话闭塞法组织行车,并把调度命令内容通知司机。

(2)采用站间电话闭塞法行车时,同一方向相邻两个区间及站内线路内只允许一趟列车占用。

(3)按电话闭塞法组织第一趟列车运行时,发车站值班站长要与行调及接车站的值班站长共同确认区间空闲,接车站值班站长要与行调及接车站的前方站的值班站长共同确认区间空闲。

(4)接车站值班站长在收到同方向前次列车在前方站出发(折返站的后方站同意接车的条件是列车进入折返线,折返站同意接车的条件是列车完成折返作业)的电话报点记录、接车线路准备妥当后,方可同意闭塞(当变更固定接车线路并应说明接车线路)。

(5)单个联锁区故障时,非故障车站(故障区段的相邻车站)同意闭塞的条件是接车进路准备完毕、接车站台及前方区间空闲。

(6)发车站值班站长在查明区间空闲、发车进路准备妥当并取得接车站同意的电话记录号码后,方可通知站台值班员填发路票。站台值班员向司机交付路票后,方可显示发车信号。

(7)故障联锁站正线上的道岔均要开通正线,并使用勾锁器锁定;两端站的折返道岔在确认位置正确后,使用勾锁器但只挂不锁。列车进行折返作业时按调车方式办理,车站准备好进路后发车手信号通知司机,不办理路票,列车凭车站发车手信号进出折返线。

(8)发车信号显示时机:站台值班员接到站控室值班站长填写路票的命令并复诵正确,向司机交付路票后,确认乘客上下完毕后,向司机显示发车信号。车站显示发车信号的地点在站台适当位置(CCTV 能监控的地点),辅助线在原信号机适当位置。

(9)当列车动车时,立即向前方站报开点;当列车出清站内线路后,再向后方站报线路开通点(列车开点)。故障联锁区内的报点站(例如南京地铁 1 号线的奥体中心、小行、中华门、新街口、鼓楼、南京站、迈皋桥站)要向行调报点,其他站可不向行调报点,但停站时间增晚 30 s 及以上时要向行调报告。

(10)值班站长要通过 CCTV 加强对站台值班员工作的监控,防止错误办理发车手续。

(11)交接路票时必须核对的内容有:日期、车次、方向、电话记录号码、站印、签名等。

(12)值班员接车从司机处回收路票后须及时打"×"并上交。

站间电话闭塞法发车作业标准见表 2-3。

表 2-3 站间电话闭塞法发车作业标准

程 序	作业标准	
	值班站长	值班员
一、请求闭塞	1. 根据"行车日志"、调度命令确认区间线路空闲(第一趟列车与行调、接车站共同确认)	
	2. 向前方站请求闭塞:"××次请求闭塞"	
二、准备发车进路	3. 布置值班员:"准备××次×道(上/下行线)发车进路"	4. 复诵"准备××次×道(上/下行线)发车进路"
	6. 听取汇报,复诵"××站××次×道(上/下行线)发车进路好了(线路出清)"	5. 将进路上的道岔开通正确位置并加锁,确认正确后,向值班站长报告"××次×道(上/下行线)发车进路好了(线路出清)"
三、办理闭塞	7. 复诵:"电话记录××号,同意××次闭塞"	
	8. 填写"行车日志"	
	9. 布置行车值班员填写路票	10. 根据值班站长命令填写路票并向值班站长复诵
	11. 指示行车值班员向司机交付路票后显示发车信号	12. 向司机交付路票后,确认乘客上下完毕,列车车门关闭后向司机显示发车信号

程 序	作 业 标 准	
	值班站长	值班员
四、列车出发	14. 复诵"××次出发",填写"行车日志"	13. 列车出清站台区后,向车控室报"××次出发"
	15. 列车出发后,向前方站(接车站)(行调)报点,"××次××分开"。当列车尾部越过站台头端墙后,向后方站报点,"电话记录××号××次××分开"。开通区间	
五、开通区间	16. 复诵前方接车站"电话记录××号××次××分开",填写"行车日志",开通区间	

站间电话闭塞法接车作业标准见表 2-4。

表 2-4　站间电话闭塞法接车作业标准

程 序	作 业 标 准	
	值班站长	值班员
一、听取闭塞车请求	1. 听取后方站发车请求、复诵"××站××次请求闭塞"	
	2. 根据"行车日志"(或通过 LOW、CCTV)、调度命令确认站内线路空闲和区间线路空闲(第一趟列车与行调、发车站共同确认)	
	3. 根据"行车日志"确认后方站线路空闲和区间线路空闲(第一趟列车与行调、后方站共同确认)	
二、检查及准备进路	4. 布置值班员(站务员):"检查×道,准备××次×道(上行或下行线)接车进路"	5. 复诵"检查×道,准备××次×道(上行或下行线)接车进路"
	7. 听取汇报后,复诵"××次(×道,上行或下行线)接车进路好了(线路出清)"	6. 将进路上的道岔开通正确位置并加锁,向值班站长报告"××次×道(上/下行线)接车进路好了(线路出清)"
三、同意闭塞	8. 通知发车站"电话记录××号××点××分同意××次闭塞",填写"行车日志",准备接车	
四、接车	9. 听取发车站的发车通知复诵:"××次××分开",填写"行车日志",并向前方站请求闭塞	
	10. 布置值班员"××次开过来了,准备接车"	11. 复诵"××次开过来了,准备接车"。监视列车进站停车
	13. 复诵"××次到达",填写"行车日志",向行调报点	12. 列车对位停车后,向值班站长报"××次到达"
五、开通区间	14. 列车本站开出后,向发车站报点"电话记录××号××次××分开"。开通区间	

二、电话联系法

车场与正线连接站间信号故障时,车场与车站间采用站间电话联系法组织行车,并遵守以下相关规定:

(1)行调向车站/场发布执行站间电话联系法的口头命令后,车站或车场通知司机行调命令的内容,由车站值班站长/值班员与行调共同确认第一趟发出的列车运行前方的区段空闲。

(2)转换轨区段及车站(场)的接车线路内只允许一趟列车占用,列车进出场的行车凭证为电话记录号码。

(3)车站值班站长和信号楼值班员共同确认转换轨区段及车站(场)的接车线路空闲、准备好接车线路后,才可以发出同意接车的电话记录号码并说明接车线路。发车场(站)接到接车站(场)同意发车的电话记录号码,填写路票并核对无误后,将电话记录号码和接车线路通知司机。

电话联系法组织行车时车站发车作业标准详见表2-5。

表 2-5 车站发车作业标准

程序	作 业 标 准	
	值班站长	值班员(站务员)
一、请求闭塞	1. 根据"行车日志"(或通过 LOW)、调度命令确认转换轨线路空闲(第一趟列车与行调、车场共同确认)	
	2. 向车场请求闭塞"××次请求闭塞"	
二、准备发车进路	3. 布置值班员"准备××次发车进路"	4. 复诵"准备××次发车进路"
	6. 听取汇报,复诵"××次××道发车进路好了,线路出清"	5. 将进路上的道岔及防护道岔开通正确位置并加锁。经确认正确后,向值班站长报告"××次××道发车进路好了,(线路出清)"
三、办理闭塞	7. 复诵接车站发出的电话记录。"电话记录××号,××分同意××次闭塞"	
	8. 填写"行车日志",对照"行车日志",填写路票	
四、列车出发	9. 核对路票无误后将电话记录号码和接车线路通知司机	
	10. 指示值班员发车	11. 接到值班站长指示发车的指令后,向司机显示发车信号
	13. 复诵"××次出发",填写"行车日志"	12. 列车出清站台区后,向站控室报"××次出发"
	14. 列车出发后,向车场、行调报点,"××次××分开"	
五、开通转换轨	15. 复诵列车到达车场时刻及号码"电话记录××号××次××点××分到",填写"行车日志",确认转换轨开通	

电话联系法组织行车时车站接车作业程序见表2-6。

表2-6 车站接车作业程序

程序	作业程序及用语	
	值班站长(值班员)	值班员(站台安全员)
一、听取闭塞预报	1. 听取车场闭塞请求复诵"××次请求闭塞"	
	2. 根据"行车日志"(或通过LOW、CCTV)、调度命令确认站内线路空闲和转换轨线路空闲(第一趟列车与行调、车场共同确认)	
二、检查及准备进路	3. 布置值班员(站务员):"检查××道,准备××次接车进路"	4. 复诵"检查××道,准备××次接车进路"
	6. 听取汇报后,复诵"××次××道接车进路好了(线路出清)"	5. 检查线路空闲将进路上的道岔及防护道岔开通正确位置并加锁。经确认正确,向值班站长报告"××次××道接车进路好了(线路出清)"
三、承认闭塞	7. 通知车场"电话记录××号××点××分同意××次闭塞",填写"行车日志"准备接车	
四、接车	8. 听取车场发车通知复诵:"××次××分开",填写"行车日志"	
	9. 布置值班员"××次开过来,准备接车"	10. 复诵"××次开过来,准备接车"。监视列车进站停车
		11. 列车对位停车后,向值班站长报"××次到达"
五、开通转换轨	12. 复诵"××次到达",填写"行车日志",通知车场"电话记录××号××次××点××分到"。开通转换轨	
	13. 向行调报点"××次××到"	

三、使用路票的补充规定

使用路票办理接发列车作业时,还应遵守以下补充规定:

(1)已办妥闭塞因故不能接车或发车时,立即发出停车手信号进行防护,由提出一方发出电话记录号码作为取消闭塞的依据。

(2)列车由站间的途中退回发车站时,由发车站发出电话记录号码作为取消闭塞的依据,并须及时向行调报告。

(3)取消闭塞用语:请求取消×次闭塞,同意取消×次闭塞,电话记录×号,×分取消×次闭塞。

(4)路票作为行车凭证有一定严肃性,不得随意涂写、撕毁,作废路票需写明作废原因做成记录连同废票交接保管备案。

（5）路票填写如有增添字句及涂改，均应作废，须重新填写。

（6）路票必须按顺序逐张使用，路票由值班站长（行车值班员）亲自签发，并对路票的电话记录号码、车次、方向、站印、日期、当班行车值班员姓名进行确认。

（7）发车进路未准备妥当不准填写路票。

（8）如在办妥电话闭塞手续后，行车调度员临时下令因故取消站间电话闭塞时，对已填发的路票应打"×"注销。

（9）车控室应经常保持不少于 500 张加盖行车专用章的路票。

（10）车站必须设专人负责路票按顺序核对及保管和领取，打"×"作废的路票应集中保管 30 d 后自行销毁。

（11）电话记录号码自每日 0:00 起至 24:00 止，按日循环顺序使用。

（12）路票填写的日期以接车站承认闭塞时间为准，零时前办理的闭塞，司机如在零时后收到路票仍视为有效。

（13）号码一经发出无论生效与否均不得重复使用。

（14）每个车站使用的电话记录号码均有统一规定，例如，南京地铁 1 号线各站的电话记录号码见表 2-7。

表 2-7 南京地铁 1 号线车站电话记录号码

车站	车站编号	电话记录号	车站	车站编号	电话记录号
奥体中心	1	101～199	新街口	9	901～999
元通	2	201～299	珠江路	10	1001～1099
中胜	3	301～399	鼓楼	11	1101～1199
小行	4	401～499	玄武门	12	1201～1299
安德门	5	501～599	新模范马路	13	1301～1399
中华门	6	601～699	南京站	14	1401～1499
三山街	7	701～799	红山动物园	15	1501～1599
张府园	8	801～899	迈皋桥	16	1601～1699

四、人工排列进路

在使用电话闭塞法或电话联系法组织行车的过程中，需要人工排列接发列车的进路，人工排列进路的作业程序如下：

（1）值班员和站台安全员两人携带工具：信号灯/旗、手摇把、道岔钥匙、勾锁器、扳手、对讲机、无线调度电台、手电筒、着荧光衣、戴手套。

（2）下线路前须得到行调允许，人工准备进路必须从距车站最远的道岔开始，从远到近依次排列。

（3）现场确认道岔，需要转向时应一人操作，一人防护、确认。操作者用工具按正确程序打开盖孔板，手摇道岔，准备好进路，另一人确认道岔位置正确后加锁。

（4）确认进路上各道岔的开通位置时，相互用对讲机联络，同时用手信号显示正确情况。

（5）当上（下）行线路的进路准备妥当并出清线路后，报告站控室（对讲机工作盲区可由行调中转），再准备下（上）行线路进路。

(6)值班站长接到进路准备妥当、线路出清的汇报后,立即做好相应线路的接车或发车准备工作并报告行调。

手摇道岔工作必须严格执行"手摇道岔六步曲":

(1)一看:看道岔开通位置是否正确,是否需要改变位置。

(2)二开:打开盖孔板及勾锁器的锁,拆下勾锁器。

(3)三摇:摇道岔转向所需的位置,在听到"咔嚓"的落槽声后停止。

(4)四确认:手指尖轨:"尖轨密贴开通×位"并和另一人共同确认。

(5)五加锁:另一人在确认道岔位置开通正确后,用勾锁器锁定道岔尖轨。

(6)六汇报:向站控室汇报道岔开通位置正确。

五、接发列车的其他规定

特殊情况下接发列车时显示手信号的时机:

(1)接车时,在看见列车头部灯开始显示。

(2)通过列车,应待列车头部越过信号显示地点后方可收回。

(3)停站列车,应待列车停车后方可收回。

(4)发车信号(或好了信号)显示,必须在司机鸣笛回示后方可收回。

(5)引导手信号,待列车头部越过信号显示地点后方可收回。

客车进站停车,当未到停车标停车时,司机确认运行前方无异常后,迅速以 RM 模式动车对位。客车进站停车头部越过停车标时,如驾驶室后第一个客室门对着站台,按规定开门。客车停车位置越出站台 3 个车门以下时,司机切除该车门开关再打开其他车门或切除 ATP 然后后退对位开门上下乘客,列车在该站开出前恢复 ATP 并报告行调。

客车在站区内停车位置超出站台 3 个车门及以上时,报告行调,按行调的指示执行,如客车不开门继续运行到前方站时,行调应通知前方站,车站应及时对站台广播,作好乘客服务。

列车运行图中没有规定通过车站或无行调命令,司机不得驾驶客车通过车站。但当客车通过车站时,司机应及时广播通知乘客。

关键名称与概念

1. 列车运行图:列车运行图是用坐标原理表示列车运行状态的图解,它规定和包括了运用列车占用区间的时分、车站到发时分、终点站折返时分以及其他列车运用的相关内容。

2. 电话闭塞法:当 ATC 系统发生故障或闭塞设备无法满足列车运行要求时,由相邻两站行车值班员利用站间电话联系,以电话记录的方式办理闭塞,组织正线行车工作的方法,称为电话闭塞法。

3. 电话联系法:当 ATC 系统发生故障或闭塞设备无法满足列车运行要求时,由车辆基地信号楼调度员与正线连接站行车值班员利用站间电话联系,以电话记录的方式办理闭塞,组织列车进出车辆基地的方法,称为电话联系法。

复 习 题

1.行车工作的基本要求有哪些？（适合【初级工】）

2.运营指挥机构中一级指挥和二级指挥各指哪些岗位？（适合【初级工】）

3.调度员发布口头命令的内容有哪些？（适合【初级工】）

4.调度员发布书面命令的内容有哪些？（适合【中级工】）

5.请说明列车运行图的要素及其含义。（适合【初级工】）

6.请说明正常情况下接发车作业标准中站台安全员的作业程序。（适合【初级工】）

7.请说明正常情况下接发车作业标准中车站值班员的作业程序。（适合【中级工】）

8.请说明电话闭塞法接发车作业标准中值班员的作业程序。（适合【中级工】）

9.请说明电话闭塞法接发车作业标准中值班站长的作业程序。（适合【中级工】）

10.电话闭塞法和电话联系法的安全关键点在哪里？（适合【高级工】）

11.手摇道岔六步曲的内容有哪些？（适合【中级工】）

12.使用电话闭塞法组织行车的过程中人工排列进路的作业程序有哪些？（适合【中级工】）

第三章　车站票务组织

通过本章的学习,使学员对城市轨道交通自动售检票系统的终端设备、车站的现金管理、车票管理及车站票务事务处理有较全面的认识。要求学员掌握自动售检票系统概念及闸机、自动售票机、半自动售票机的结构组成及功能;掌握各种票卡的使用规定、保管等规定;掌握现金的保管原则与交接程序;掌握车站票务报表和台账的填写;熟悉闸机、自动售票机、半自动售票机等设备的操作;熟悉车站乘客事务的处理;了解自动售检票系统的内涵以及架构,达到熟练运用票务知识进行车站票务运作的目的。

第一节　自动售检票系统

一、自动售检票系统概述

目前,世界上城市轨道交通售检票系统主要有印制纸票的人工售检票系统、印制纸票的半自动售检票系统、一次性磁票自动(半自动)售检票系统,接触式智能卡自动(半自动)售检票系统、非接触式智能卡自动(半自动)售检票系统,由于城市轨道交通范围相对较小,线路关联度高,短途高密度的客流特点,并要求信息传递及时,同时信息处理量大,所以目前大部分城市采用自动售检票系统(AFC),大大提高了运营管理水平。

所谓城市轨道交通自动售检票系统是通过对计算机、统计、财务等专业知识的综合运用,来实现轨道交通的售票、检票、计费、收费、统计、清分结算、运行管理等全过程的自动化系统,英文名称是 Automatic Fare Collection,简称 AFC。

自动售检票系统直接面对乘客,与日常运营、票务收入、乘客的乘车费用密切相关。同时自动售检票系统主要用来处理大量的乘车交易和财务数据,必须保证这些数据的完整性和可靠性。因此自动售检票系统必须具备相应的可靠性、安全性、易用性、可扩展性和互联性。

(一)自动售检票系统的内涵

1. 个性化

城市轨道交通自动售检票系统为乘客设置了符合人体工程学的售票机和自动检票机,方便了乘客的购票和检票过程。

2. 客流导向

城市轨道交通自动售检票系统可方便地实现乘车路径和优惠票价管理,可以通过票价设定为乘客提供导向性服务,实现乘客自主对出行路径或时段的选择,合理调整客流分布。

3. 社会效益

一方面可通过城市轨道交通自动售检票系统形成区域交通客流状况的调整,对社会活动产生影响;另一方面通过自动化的设施影响人们的行为模式,克服票务工作中的舞弊行为。

4. 提供信息支持

城市轨道交通自动售检票系统能提供客流量、票务收入等统计信息,为城市轨道交通的运营、规划和管理决策提供信息支持。

5. 提高运行效率

城市轨道交通运营单位可根据自动售检票系统客流信息,及时调整运行组织,合理安排运能,提高运行效率。

6. 强化安全管理

借助自动售检票系统付费区的封闭条件,可对乘客在车站内的行为进行管理。紧急情况下,可通过自动检票机的禁行和放行措施疏导人群,实现安全管理。另外还可以通过自动检票机的关隘作用,协助社会治安管理。

7. 提升形象

通过自动售检票系统,增加了城市轨道交通与乘客的操作交互性和乘客的主动性,良好的运用效果可以提升运营企业和所在地区的形象。

(二)自动售检票系统的信息技术

自动售检票系统是涉及机电一体化、信息识别、信息处理、信息安全、信息管理、网络通信、数据库、智能卡、嵌入式、过程控制、测试、仿真、图像处理、操作系统和集成等多种技术的大型信息系统。

城市轨道交通自动售检票系统的技术基础是信息技术,如图 3-1 所示。

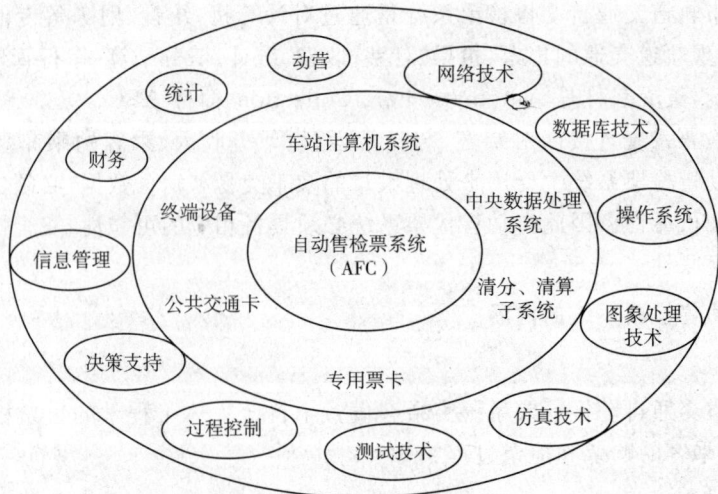

图 3-1 城市轨道交通自动售检票系统的信息技术

(三)自动售检票系统架构

城市轨道交通自动售检票系统是处理城市范围内众多轨道交通线路售检票业务的管理系统。涉及路网业务、线路业务、车站处理、终端处理和车票媒介方面的内容。根据业务和层次,城市轨道交通自动售检票系统架构的参考模型包含五个层次,如图 3-2 所示。

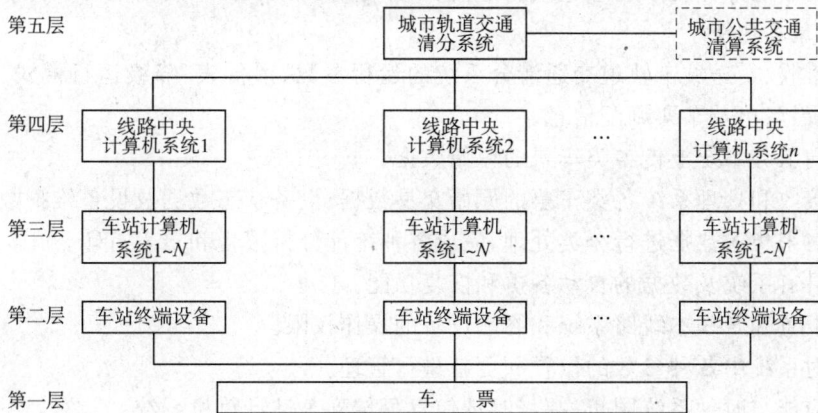

图 3-2　城市轨道交通自动售检票系统架构

1. 城市轨道交通清分系统

(1)构成

清分系统应包括服务器、工作站、网络设备、车票编码/分拣机、不间断电源和打印机等。

(2)基本功能

①设置和下发运行参数、票价表、降级运行模式、交易清分数据、黑名单及车票调配信息。

②向城市公共交通清算系统上传"一卡通"车票的原始交易数据,接收系统下发的黑名单等系统控制参数。

③车票的跟踪管理,并提供车票的交易和余额信息及黑名单管理。

④管理系统时钟同步。

⑤管理系统密钥。

⑥车票编码/分拣机具有对系统发行的车票进行初始化、编码、分拣和管理。

⑦接收和处理线路中央计算机系统上传的各类车票交易数据。

⑧数据分类处理,完成统计分析报告和报表打印。

⑨系统及数据的自动备份和恢复功能。

⑩对系统中各种参数的设置和更新进行管理。

(3)主要性能

①大型数据库应采用关系型数据库,符合 SAG.ODBC 工业级标准,支持 SQL-92 结构化查询语言和 RAC 集群及并行处理技术。

②应能保存不少于 13 个月的业务数据。

③支持系统 24 h 连续在线实时运行。

2. 线路中央计算机系统

线路中央计算机系统是城市轨道交通自动售检票系统负责线路运营管理的主要

信息管理系统,是 AFC 系统核心部分。通过线路中央计算机系统对地铁 AFC 系统内所有设备监控,实现系统运作、收益及设备维护集中管理,实现对系统数据的集中采集、统计及管理,实现与一卡通系统的数据交换及财务清算。

(1)构成

线路中央计算机系统应包括服务器、工作站、网络设备、不间断电源和打印机等。

(2)基本功能

①接收、发送城市轨道交通清分系统的运行参数、票价表、降级运行模式、交易结算数据、黑名单及车票调配信息。

②向清分系统上传各类车票的原始数据。

③接收和处理系统各类车票的原始交易数据、设备状态数据及设备维护数据等。

④对采集的数据进行分类处理,完成各种统计分析报告和报表打印。

⑤具有系统及数据的自动备份和恢复功能。

⑥设置和管理本线路系统和终端设备的操作权限。

⑦对系统中各种参数的设置和更新进行管理。

⑧应能与时钟系统同步,并将时钟信息下传到车站计算机系统。

⑨在无清分系统的情况下,线路中央计算机系统还应符合有关规定。

(3)主要性能

①大型数据库应采用关系型数据库,符合 SAG.ODBC 工业级标准,支持 SQL-92 结构化查询语言。

②应能保存不少于 4 个月的业务数据。

③支持系统 24 h 连续在线实时运行。

④具备每日处理不少于 400 万笔交易量和每秒能处理 5 000 条交易数据能力。

⑤实时查询车站设备状态及数据,在 5 s 内下达查询命令并返回查询结果。

⑥对保存的数据进行统计及报表查询,在 30 s 内显示并返回查询结果。

⑦在运营结束时,应能在 4 h 内完成当日运营作业程序的统计。

3. 车站计算机系统

(1)构成

车站计算机系统应包括服务器、工作站、网络设备、工作站、紧急按钮、不间断电源和打印机等。

(2)基本功能

①接收线路中央计算机系统运行参数、运行模式及黑名单等,并下传给车站终端设备。

②采集车站终端设备的原始交易数据和设备状态数据,并上传给线路中央计算机系统。

③对车站终端设备进行实时监控,并能显示设备的通信、运行状态及故障等信息。

④完成车站各类票务管理,数据处理、业务统计、时监控系统运营、接收和发送运营指令以及设备监控、时钟同步等。

⑤保存不少于 7 个运营日的业务数据和系统数据,并应有数据备份。

⑥记录审核与应用系统和数据库安全性有关的事件。

⑦接收线路中央计算机系统下传的设备更新软件。通过车站系统网络对车站终端设备的软件进行更新。

（3）主要性能

①车站计算机系统中的服务器应为工业级计算机。

②应能支持系统 24 h 连续在线实时运行。

③断电时应具有系统和数据自动保护功能。

④应具备每日处理不少于 30 万笔交易量和每分钟能处理 5 000 条交易数据的能力。

⑤应能实时查询车站设备状态及数据，在 5 s 内下达查询命令并返回查询结果。

⑥应能对保存的数据进行统计及报表查询，在 30 s 内显示并返回查询结果。

⑦车站计算机下达的系统命令应能在 5 s 内下达到车站所有设备。

⑧在运营结束时，应能在 15 s 内完成当日运营作业程序的统计。

4. 车站 AFC 系统终端设备

（1）构成

车站终端设备应包括售票机及相关配套设备。

（2）基本功能

①设备应具有正常服务模式、降级服务模式、维护模式、故障模式。

②正常服务模式时，设备处于自动运行状态，能实现售检票的功能。

③降级服务模式时，设备按系统要求，实现降级模式下售检票功能。

④在对设备进行检测和维护时，设备处于维护模式，在维护模式下宜使用测试用车票。

⑤设备发生故障时，应自动进入故障模式，并能向系统报告故障信息；故障消除后，设备应能自动恢复实现售检票的功能。

⑥当外部电源失电时，车站终端设备内部系统应不被改变或破坏，并能保存断电前的工作状态和内部数据。

⑦从车站终端设备读写区域的表面到最大读写距离范围内，应均能正确操作车票。最大读写距离：卡片型车票应不小于 60 mm，筹码型车票应不小于 400 mm。

⑧当两张以上的车票同时出现在车站终端设备的读写区域内时，车票读写器应能区分并能正确操作。

（3）物理特性

物理特性应符合表 3-1 的要求。

表 3-1　车站 AFC 系统终端设备物理特性

项　目		物理特性
振动适应性	初始和最后振动响应检查	频率范围（Hz）　10～55
		扫描速度（OTC/min）　<1（驱动振幅 0.15 mm，循环次数 5）
		驱动振幅（mm）　0.15
	定频耐久性	驱动振幅（mm）　0.75（10～25 Hz）　0.15（25～55 Hz）
		持续时间（min）　29～31
	扫频耐久性	频率范围（Hz）　45～65
		驱动振幅（mm）　0.15
		循环次数（次）　5

项　　目		物理特性
冲击适应性	峰值加速度（m/s）	300
	脉冲持续时间（ms）	11
	冲击波形	半争先波形或锯齿波或梯形波
碰撞适应性	峰值加速度（m/s）	300
	脉冲持续时间（ms）	11
	碰撞次数（次）	1 000

二、自动售检票系统业务

1. 工作方式

售检票系统是城市轨道交通运输组织的一个非常重要的环节，根据售检票作业的环境分为开放式售检票作业方式和封闭式售检票作业方式。

（1）开放式售检票作业方式是指车站不设检票口，乘客在上车前或在车上注销车票并随机查票。一般适用于客流量较小的轨道交通系统，它同时要求国民素质相对较好，并在运营收入低于运营成本时有政府的补贴。

（2）封闭式售检票作业方式是指乘客进出车站均要经过检票口检票。封闭式售检票作业方式能减少或杜绝无票乘车、越站超时乘车等现象，确保客运收入。

在封闭式售检票的作业环境下，售检票方式可以分为人工售检票、半自动售检票、自动售检票等三种。

2. 业务管理

城市轨道交通自动售检票系统业务管理的主要内容如图 3-3 所示。

图 3-3　城市轨道交通自动售检票系统业务管理

（1）票卡管理

票卡是乘客乘坐轨道交通的有效凭证，是自动售检票系统中不可缺少的信息载体和交互媒介。票卡管理是从票卡采购、循环使用以及回收、报废等整个过程进行的管理。

（2）规则管理

票务系统涉及多部门、多环节，要确保这些部门和环节的有效运作、高效联动，就必须依托一套科学、严密的规则和流程。规则管理就是为确保系统规范运作而制定出一系列规则和流程并加以实施，包括票价策略、收益分配、结算规则、权限管理和操作流程等。

（3）信息管理

城市轨道交通自动售检票系统是一个庞大的系统,它涵盖了乘客进站、出站、乘车费用、流向、流量等基本,同时为满足运营管理及相关各方的需要,必须对系统收集的基本数据进行深度挖掘、加工,开展统计分析并发布信息。信息管理就是对系统中的相关的信息进行收集、传递和处理,包括信息收集、信息传输、信息储存、信息统计和信息发布等。

（4）账务管理

城市轨道交通自动售检票系统中涉及票卡发售、票款汇缴、收入清分和资金划拨等一系列账务处理过程,账务管理就是对系统内的分配、入账等过程所进行的管理。

（5）模式管理

所谓模式,就是指在不同状况、条件下,为达到某些特定的效果所采取的方式方法。模式管理就是针对不同的运营状况、条件所做出的相应操作行为的选择和实施,包括正常运营模式、降级运营模式以及相配套的运营管理。

（6）运营管理

系统运营涉及通信、信号、列车、运营组织以及乘客、线路、车站等方方面面。城市轨道交通自动售检票系统运营监督就是通过本系统的设备以及所具有的完整、严密、及时的信息流对运营状况进行实时跟踪监督,以提高运营质量和服务水平,包括信息传输状况监督、客流状况监督、车票调配监督、收款监督和收益监督等。

3. 其他功能

其他功能有人机界面与契约关系。乘客乘坐轨道交通的过程是一个契约操作的完整过程。

乘客在非付费区的购票（TVM 或 BOM）可以视为契约订立,当乘客从非付费区通过闸机检票进入付费区时,也就是契约生效的时刻,在契约规定的时间内,必须履行契约规定的所有责任;乘客在付费区通过闸机检票进入非付费区时,契约履行完毕。自动售检票系统的操作过程就是契约的订立和执行过程。一个完整、友好、易操作的自动售检票系统的终端人机界面是非常重要的。

三、地铁 AFC 车站设备

AFC 车站设备包括下列组件:

（1）车站计算机,用于自动售票机（TVM）、半自动售票机（POST）等设备所在车站的控制和本地配置,还有每个车站的本地数据收集。

（2）自动售票机（TVM）,用于出售 Tiket,接受银行票据和硬币,如图 3-4（a）所示。

（3）半自动售票机（POST）,用于出售票卡（CSC 和 CST）,售票厅里接收用户咨询,如图 3-4（b）所示。

（4）自动检票机（GATE）,装备有票卡控制系统和扇门,在付费区和非付费区之间控制人流,如图 3-4（c）所示。

（5）便携式验票机（PVU）,用来控制付费区内的非接触式筹码和卡。PVU 是个移动设备,它能通过通信单元便携地连接到车站计算机上,如图 3-4（d）所示。

(a)自动售票机（TVM）　　　　　　(b)半自动售票机（POST）

(c)自动检标机（GATE）　　　　　　(d)便携式验票机（PVU）

图 3-4　AFC 车站设备

第二节　自动检票机

自动检票机简称闸机(Gate)，是实现乘客自助进出站检票交易（在非付费区和付费区间通行）的设备，对有效车票，检票机通道阻挡解除（门扇开启或释放转杆），允许乘客进出站。

一、自动检票机分类与功能

1. 自动检票机分类

自动检票机根据功能可以划分为进站检票机、出站检票机和双向检票机三种。进站检票机用于完成进站检票，检票端在非付费区；出站检票机用于完成出站检票，检票端在付费区；双向检票机既可完成进站检票也可以完成出站检票，在付费区和非付费区可分别按照进站和出站的处理规则完成检票功能。

自动检票机根据阻挡装置的类型可以分为三杆式检票机（图 3-5）、扇门式检票机（图 3-6）、拍打门式检票机，根据通道宽度可以分为普通检票机和宽通道检票机两种类型。

2. 自动检票机功能

（1）自动对车票进行有效性检验，对有效车票进行相应处理后放行乘客，对无效车票拒绝放行。

图 3-5　三杆式检票机

图 3-6　扇门式检票机

(2)对车票处理结果给出明确的提示信息。

(3)对通道的通行状态给出明确的指示。

(4)对特殊车票的使用给出明确的提示。

(5)对需要回收的车票执行回收操作。

(6)对各部件的工作状态进行自动监测,并向车站计算机系统上报工作状态。

(7)接受车站计算机系统下发的参数和控制命令,并执行相应的操作。

(8)存储并上传交易信息。

(9)接受紧急按钮信号并控制设备的操作。

二、自动检票机结构组成

地铁车站分为"付费区"和"非付费区",之间由自动检票机隔开。这些自动检票机被放置成各种阵列:进站阵列、出站阵列和双向阵列(图 3-7)。

每个乘客通道有两台自动检票机(图 3-8),每边一台。自动检票机内配有剪式扇门、光学传感器、智能票卡读写设备、票箱、电源和电子主控模块、乘客信息显示器等。

三、自动检票机的工作模式

自动检票机(闸机)的工作模式有"正常服务模式""暂停服务模式""故障模式""维护模式""紧急放行模式"和"车站关闭模式"等。

(1)"正常服务模式"对应于对自动检票机的通常的操作。

(2)"暂停服务模式"可以通过车站计算机发出的一个特定指令设置(可以对某通道或某阵列的自动检票机进行设置),或者可以由维护操作人员直接设置。该模式也可以在自动检票机故障、维护门被打开而自行设置。在该模式下,乘客不能使用自动检票机。

(3)"故障模式"是系统侦测到自动检票机有某模块故障无法自身修复,需要人工进行修复,此时乘客不能使用自动检票机。

(4)"维护模式"是当自动检票机维护操作人员在自动检票机操作进入的。在该模式下,乘客不能使用自动检票机。

(5)"紧急放行模式"下,扇门将打开,乘客可以自由地通过自动检票机而不用进行验票。该模式可以通过车站计算机设置命令对所有自动检票机实现,也可以通过紧急按钮或火灾报警系统产生。紧急打开模式具有最高优先级,可以覆盖其他的五种模式。

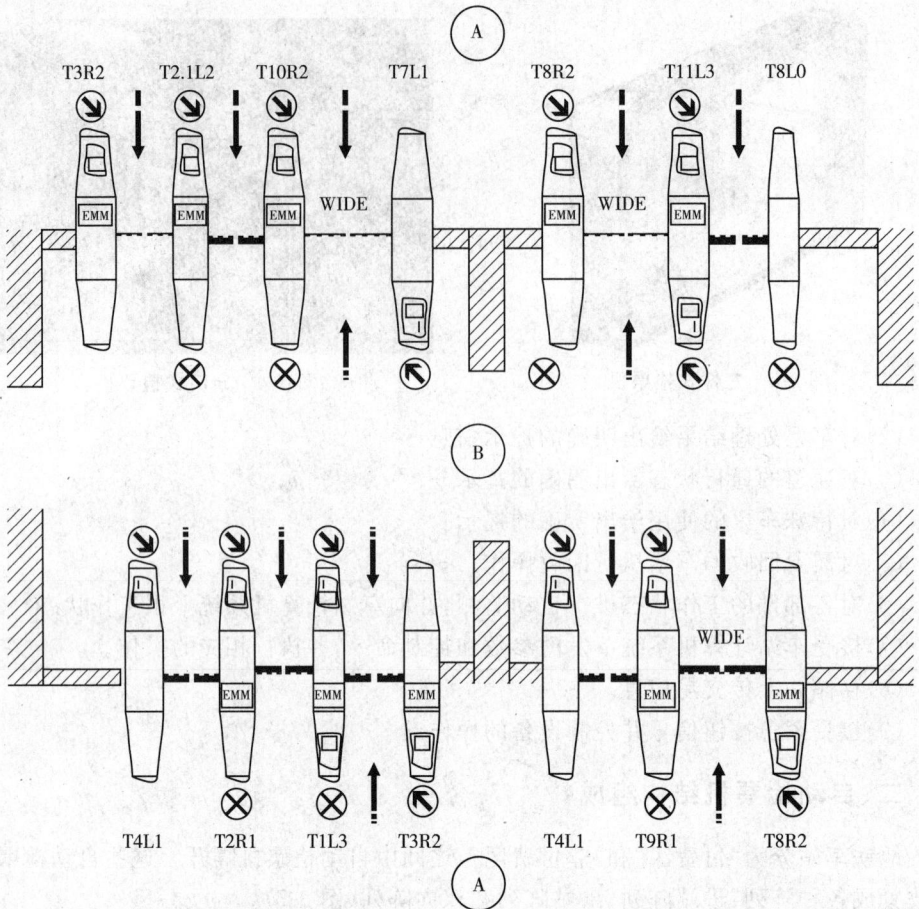

A.非付费区　WIDE：残疾人和婴儿通道
B:付费区

图 3-7　自动检票机的布置

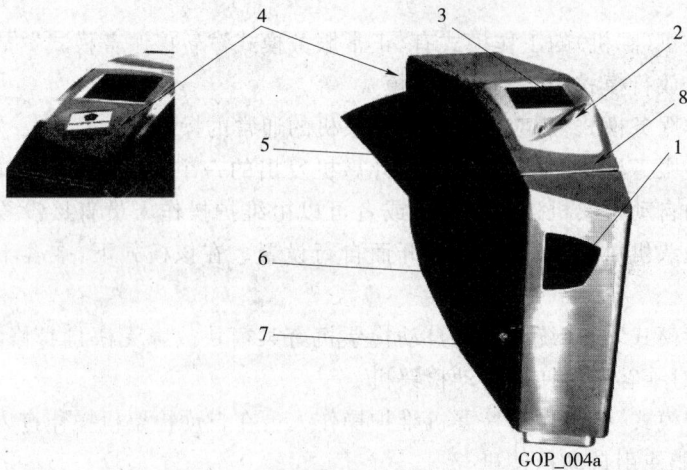

图 3-8　自动检票机外观结构
1—端末显示器；2—票卡处理装置（出站）；3—乘客信息显示器；4—票卡处理装置（进站）；
5—扇门；6—中门；7—维修门；8—顶盖

(6)"车站关闭模式"下,自动检票机仅能作为出站自动检票机使用(如果具备出站功能),进站方向是阻塞的。该模式可以通过车站计算机设置命令对所有自动检票机实现,或者通过维护操作人员设置,或自动检票机通过特定的时刻表自动设置。

四、自动检票机常见故障诊断与处理

1. 读卡器故障

(1)故障现象

读卡器读卡和票无反应。

(2)线路故障

①信号线:检查信号线是否连接良好或信号线是否损坏。

②电源线:检查电源线是否连接良好或是否有电压输出以及电源线是否损坏。

③天线:检查天线是否连接正确和良好或天线是否损坏。

(3)硬件故障

判断读卡器是否损坏并进行更换。

(4)软件故障

在确定不是线路故障和硬件故障之外且对读卡器断电、上电一次之后故障即消除,可将这种故障定义为软件故障。使用读卡器通信软件检查读卡器软件版本,如有需要,重新对读卡器进行软件下载。

2. 闸机末端显示器(GED)故障

(1)故障现象

GED不亮。

(2)检查保险丝

检查保险丝是否损坏。

(3)线路故障

①检查电压输出是否正常。

②线缆是否损坏。

(4)硬件故障

①电路板。

②LED。

3. 票箱部分故障

(1)故障现象

不识别票箱。

(2)线路故障

①检查线缆是否正确连接。

②线缆是否损坏。

(3)硬件故障

①检查票箱传感器位置是否恰当。

②票箱传感器是否损坏。

4. 传感器故障

(1)线路故障

①检查各传感器线缆连接是否良好。

②检查电压是否正常。

(2)硬件故障

检查传感器是否损坏并进行更换。

如出现传感器接收信号不佳时,可调整传感器位置使其达到信号接收最佳位置;如出现某些传感器反复故障,可适当调整这些传感器的灵敏度。

5. 可编程逻辑控制器(PLC)故障

(1)故障现象

扇门和传感器无法正常工作。

(2)线路故障

①检查 PLC 板各线缆连接是否良好。

②检查各电源线电压是否正常。

(3)硬件故障

①PLC 板。

②主控芯片。

③保险丝。

第三节　自动售票机

一、自动售票机概述

自动售票机(Ticket Vending Machine,TVM)设于车站非付费区,用于乘客自助购买地铁单程票(图 3-9)。

图 3-9　自动售票机站台布局图

二、自动售票机的功能与操作界面

1. 自动售票机的功能

自动售票机的基本功能是通过乘客的自助式操作完成自动售票。自助购票的基本过程包括购票选择、接收购票资金、自动出票及找零等过程。自动售票机可以接受硬币和纸币购买单程票。自动售票机主要实现如下功能：

(1)接受乘客的购票选择，并在购票过程中给出提示信息及操作指导。

(2)可以接受乘客投入的现金并自动完成识别，对无法识别的现金予以退还。

(3)自动计算乘客投入的现金数量及购票金额，自动找零。

(4)自动完成车票校验、车票发售及出票。

(5)对各部件的工作状态进行自动监测，并向车站计算机系统上报工作状态。

(6)接受车站计算机系统下发的参数和控制命令，并执行相应的操作。

(7)存储并上传交易信息。

(8)对本机接收的现金及维护操作进行管理。

2. 自动售票机的操作界面

自动售票机的操作界面如图 3-10 所示。

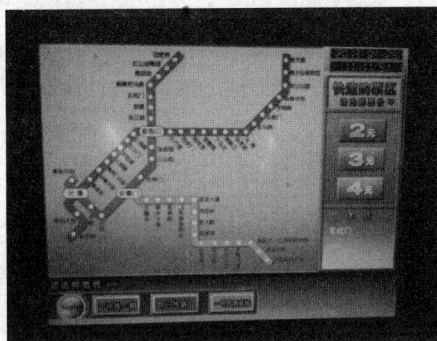

图 3-10　自动售票机的操作界面

三、自动售票机结构组成

自动售票机以主控单元为核心，辅以现金处理装置、车票处理装置、乘客显示器、打印机、电源等模块组成。根据需要，还可配置触摸屏、运营状态显示器、银行卡读写器及密码键盘等部件。自动售票机外观结构如图 3-11 所示，自动售票机内部结构如图 3-12 所示。

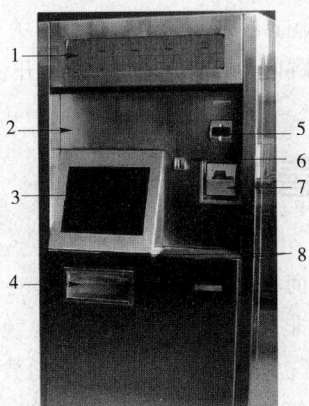

图 3-11　自动售票机外观结构

1—顶板显示器；2—召援按钮；3—触摸屏及显示屏；
4—筹码及硬币输出托盘；5—读写器卡座；
6—硬币投币口；7—纸币接受器；8—人体感应传感器

图 3-12　自动售票机内部结构

1—顶板显示器；2—筹码单程票发售模块；
3—乘客显示屏；4—工控机；5—维修终端；
6—备用找零钱箱；7—纸币接收器；8—硬币处理系统；
9—电源模块；10—不间断电源 UPS

四、自动售票机常见故障诊断与处理

（一）死机

1. 故障现象

TVM 由于软件原因造成应用程序无法使用，影响乘客使用。

2. 解决步骤

断电重启（重启步骤详见正确开关机）如故障仍无法解决则按流程报工班维修。

（二）操作卡无法登录

1. 故障现象

将操作卡放入非接触式智能读写器中，此时"乘客和维护员屏幕"上不显示操作员数字键盘。

2. 解决步骤

（1）拔插员工读卡器天线（图 3-13）。若不行，则重新安装 SIM 卡或更换安装卡槽，断电重启 TVM。

图 3-13　拔插员工读卡器天线

（2）SIM 卡更换卡槽：

①断开读卡器电源线（带电更换会烧毁芯片）。

②取下读卡器上的螺丝，更换插槽。

③将读卡器恢复，断电重启 TVM。

（三）乘客显示屏故障

1. 故障现象

黑屏。

2. 解决步骤

检查 TVM 电源空气开关是否跳闸，若跳闸则按照正确的步骤开机。

82

第四节　半自动售票机

半自动售票机（POST）是一种半自动出售和咨询机器。它的主体安装在站厅的票务室里。授权的操作员用半自动售票机手工出售非接触式智能卡和非接触式智能筹码给乘客。除了直接的售票任务外，半自动售票机也能用来分析票卡中的数据以检验合法性和余额，确认票卡操作正确，以及发售出站筹码给不能出站的乘客。半自动售票机不管理收款箱和计算金额。非接触式智能卡也保存在一个独立的盒子里，不受半自动售票机管理。

一、半自动售票机的功能

半自动售票机在车站中以人工方式为乘客提供服务的售补票设备，放置于车站售

票和补票室内。半自动售票机的主要功能包括售票、补票、充值、更新、替换、退票、车票挂失、车票分析、车票处理、车票查询、收益管理、设备操作等。半自动售票机的基本功能见表 3-2。

表 3-2　POST 基本功能表

半自动售票机基本功能	登录	以稽查员身份登录
		以维护人员身份登录
		以操作员身份登录
	乘客功能	单程票售卖
		计次票售卖
		储值票售卖
		期限票售卖
		出站票售卖
		储值票加值
		储值票退票
		储值票换票
		罚款
		交易取消
	轮班管理	轮班暂停
		轮班恢复
		轮班结束
		查看轮班信息
	监测	LC 读卡器状态监测
		打印机监测
		网络状态监测
		UPS 状态监测
		票箱状态监测

二、半自动售票机的结构组成

半自动售票机以主控单元为核心,辅以车票读写器、乘客显示器、打印机、电源等模块,还可配置触摸屏、车票处理装置、银箱等部件。半自动售票机的外部结构如图 3-14 所示。

三、半自动售票机常见故障诊断与处理

1. 乘客显示器故障

(1)无直流电源供应:检查电源,是否有松动。

(2)显示屏故障。

(3)连线错误:检查信号线连接。

2. 读写器故障

(1)连线错误：检查信号线连接。

(2)无直流电源供应：检查电源。

(3)智能票卡 CST/CSC 读头故障：

①插拔读卡器，重启。

②对调读头判断是否损坏。

3. 出票机故障

(1)筹码自动发售器的弹出器故障：

①弹票力度不够。

②清洁出票口。

(2)筹码自动发售器的电磁铁故障。

(3)筹码自动发售器单程票接收控制单元(IOTA)故障。

(4)筹码自动发售器电源供应卡故障：检查保险丝。

图 3-14 半自动售票机(POST)的外部结构

1—筹码自动发售器；2—乘客显示器；

3—操作员显示器；4—票据打印机；

5—鼠标；6—键盘；7—个人电脑；

8—多功能电源插座；9—CSC/CST 读/写模块

(5)筹码票箱传感器故障：

①检查票箱压传感器部分是否有缺损。

②使用万用表判断是否为传感器损坏。

第五节 车站计算机设备监控操作

84

一、车站计算机的用途

车站计算机用来管理车站的本地设备(POST、GATE、TVM)。

二、车站计算机的监控功能

1. 监控报警级别(表 3-3)

表 3-3 车站计算机的监控报警级别

级 别	描 述
Alarm 报警	报警表明设备的正常操作失败 监控程序接收到报警，会记录该报警 可以激活或者关闭接到报警时的报警声音
Warning 警告	警告表明如果设备不进行维修，正常操作将会失败 监控程序接收到警告，会记录该警告
Event 事件	事件是普通的信息 监控程序接收到事件信息，会记录该信息

2. 监控报警使用的颜色

这是监控界面使用的所有颜色,这些颜色作为符号用在屏幕上、设备图片上、图标上。以下颜色用来表示不同的状态(表 3-4)。

表 3-4　监控界面的颜色表示的状态

颜　　色	描　　述
绿色	表示没有问题,状态正常
白色	表示通信中断、失去联系或者未答复的报警(前景色)
黑色	表示已答复的报警(前景色)
蓝色	表示维修
黄色	表示警告
红色	设备在紧急状态时,该设备的符号为红色 在警告区域内,红色表示警告 在浏览窗口,红色表示至少有一个设备没有工作

3. 监控界面层次结构

监控控制台提供了各种界面来监视和控制 AFC 设备,基于以下界面层次(图 3-15)。

监控界面有三个主界面:车站视图、区域视图、详细设备视图。

(1)车站视图

"车站视图"是登录以后的第一个界面,界面可以访问两个子窗口:"SC 命令窗口"可以发送命令到该车站的所有设备,"客流信息窗口"显示每天的总进出人数和最近 15 min 的进出人数。

(2)车站区域视图

"车站区域视图"是在"车站视图"界面中选择了区域以后显示的界面,可以访问一个子窗口:"设备命令窗口",可以发送命令到该区域的指定设备。

(3)详细设备视图

"详细设备视图"是在"区域视图"界面中选择了设备以后显示的界面,可以访问两个子窗口:"设备命令窗口"可以发送命令到选中的设备,"详细状态窗口"显示设备各个组件的参数、报警和状态。

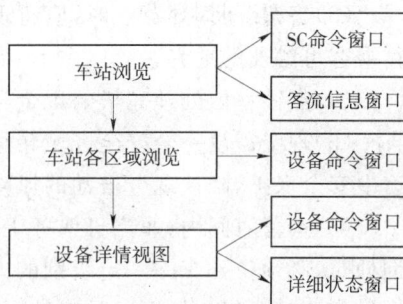

图 3-15　监控控制台界面层次结构图

第六节　车站现金的使用与管理

车站的现金主要有两个部分组成:一部分是车站的票款,另一部分是用于车站日常票务运作的备用金。车站的现金管理要严格执行财务管理规定,严禁坐支票款,挪用备用金和弄虚作假;票款和备用金要分区管理,避免备用金发生误解行的情况;备用金的交接必须双方当面清点和确认。

一、车站现金管理

(一)现金流程

车站的现金流程如图 3-16 所示。

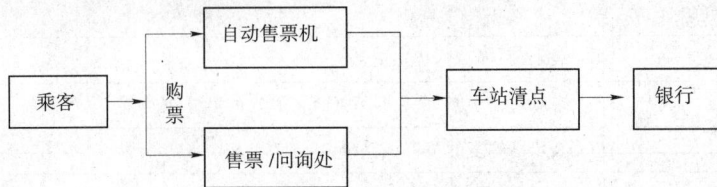

图 3-16　现金流程图

(二)现金日常安全管理

(1)车站现金只能存放在车站现金安全区域,如点钞室、售票/问询处、TVM 等。

(2)车站现金安全区域在操作时必须做好安全保护,非操作时必须处于安全锁闭状态。

(3)售票/问询处营业时,应将现金存放于专门的现金抽屉或器皿,不得将现金放在乘客可触及的地方。

(4)点钞室内处理完毕的现金,客运值班员应立即放入上锁的保险柜中。

(5)现金需从一个安全区域转移到另一个安全区域或者送银行解款时,必须做好途中安全保护,降低现金被劫的风险。

(6)运营时间内,非当班票务工作人员或非票务工作人员需进入点钞室和售票/问询处时,必须得到车站一定级别的人员(值班站长及以上人员)的许可,并由一名当班客运值班员或以上级别的员工陪同方可。

(7)除需在点钞室进行现金处理,在非运营时间任何人员不得进入点钞室(当班客运值班员除外)。

(8)点钞室摄像监控设备必须 24 h 开启,票款的清点、交接必须在监控下进行,票款在清点后应立即放入保险柜内保管。

(三)车站的现金运作处理

1. TVM 现金的处理

(1)钱箱的更换

①TVM 的钱箱分纸币钱箱和硬币钱箱。由客运值班员负责安排更换 TVM 钱箱。更换钱箱完毕后,须确认自动售票机已恢复正常服务状态。更换完毕后立即将钱箱送返点钞室。

②更换纸币钱箱。硬币钱箱打开 TVM 维修门(凭操作卡和 TVM 钥匙)时必须输入指定密码和操作员号码登录,严禁同时操作多台设备。

③更换纸币钱箱。纸币钱箱的操作由客运值班员和值班站长(站务员)共同完成。客运值班员负责具体操作,值班站长(站务员)负责监督和安全保护,同时须在"TVM 清点记录"记录设备相关数据。

④更换钱箱的时机:SC 提示 TVM 钱箱将满时;本站最后一列载客列车开出后的

规定时间内。

⑤更换钱箱的注意事项：更换钱箱的工作须在车站计算机设置的系统运营结束时间之前全部完成；每日运营结束后，必须更换所有投入服务的 TVM 的钱箱；各站结合本站具体情况制定的更换钱箱的固定线路。

（2）钱箱的清点

①由当班客运值班员和值班站长双人进行钱箱的清点工作，值班站长负责监督，客运值班员负责清点。清点钱箱时必须在点钞室监控状态下进行清点，由客运值班员填写"TVM 清点记录"及"站务员缴款单"，将票款封入专用封包。双方在封签上签名后由客运值班员放入保险柜保管。

②在清点过程中若发现钱款有明显的失真特征或可通过验钞机识别为伪钞的，值班站长确认后做好记录，与客运值班员双方签字确认加封后（加封内容为日期、车站名、设备号、伪币种类、金额、数量、值班站长与客运值班员签章），在当日"TVM 清点报告"上备注说明，按实际清点数目解行，并随当日报表一并上交票务中心。票务中心做好记录后每月上报计财部。

③纸币钱箱和硬币钱箱需分开并逐一清点。

④车站备用金换零工作必须在 TVM 清点完毕后进行，换零时由当班客运值班员和值班站长双人进行，值班站长负责监督。

（3）副找零器的更换

①TVM 的副找零器分为 1 元和 5 角，由客运值班员负责更换 TVM 副找零器。更换完毕后，须确认自动售票机已恢复正常服务状态。更换完毕后立即将副找零器送返点钞室。

②更换副找零器打开 TVM 维修门（凭操作卡和 TVM 钥匙）时必须输入指定密码和操作员号码登录。

③更换副找零器的操作由客运值班员和值班站长（站务员）共同完成。客运值班员负责具体操作，值班站长负（站务员）责监督和安全保护，同时须在"TVM 清点记录"记录设备相关数据。

④补充副找零器硬币的时机：每天运营结束后车站需进行副找零器的检查工作；运营期间，当 SC 上 TVM 设备状态显示找零器将空或车站工作人员报告 TVM 处于不找零模式时，需及时进行补币。

⑤更换副找零器的注意事项：更换副找零器的工作须在车站计算机设置的系统运营结束时间之前全部完成；各站结合本站具体情况制定的更换副找零器的固定线路。

（4）副找零器的加币

①当班客运值班员与值班站长负责副找零器的加币工作。由客运值班员负责具体操作，由值班站长负责监督和安全工作。

②客运值班员和值班站长应在点钞室监控状态下进行清点，并进行补币工作，由客运值班员填写"TVM 清点报告"及"TVM 补币记录表"，双方签字确认。

2. 收到的其他票款

一般情况下，值班员在收到 AFC 维修人员或站台安全员上交的现金后（在 TVM 出币/出票口或其他地方拾获），必须要求拾获人员在"车站营收日报"上备注并签名。严禁售票员收取 AFC 维修人员或站台安全员上交的现金。

二、备用金

车站票务运作的备用金主要用于自动售票机找零、乘客兑零、储值票和特殊情况下的退票款以及乘客异常事务退款。备用金的使用范围应严格控制，不得挪用，各站之间不得调拨和借用。车站备用金的保管要指定专人负责，每班进行交接。备用金的使用和借出要有登记备案。

一般地铁公司对备用金的操作如下：

1. 备用金的配发

(1)车站备用金由车站根据客流及其他相关情况提交配备需求，经中心审核报公司批准，由公司统一配发至车站。

(2)车站备用金为固定数额，分为票务备用金、TVM备用金、应急备用金。遇大型节假日可根据需要增配临时备用金，由车站根据预计客流情况确定各车站的临时备用金需求量，按规定提前10个工作日提出申请。大客流过后，车站须将领用的备用金在5个工作日内交还计财部。

2. 备用金的使用

(1)与银行的兑换硬币。

(2)补充到TVM，满足TVM找零需要。

(3)车站售票/问讯处的乘客兑零找零。

(4)特殊情况下站间借用。

3. 备用金的清点与交接

(1)车站票务备用金的清点与交接：备用金的清点交接须交接双方在点钞室内监控状态下进行。在交接备用金时，须双方当面清点，按规定填写交接台账（"车站客值与售检票员交接簿""车站客运值班员交接班簿"），双方签字确认。

(2)与银行兑换的硬币，必须双人（其中一名为客运值班员）确认封条正确完好后，开封共同清点。清点后若发现金额不符，应即报站长或值班站长到点钞室。开封人及站长或值班站长在"客运值班员交接班簿"备注栏注明并签名确认。

4. 备用金的保管

(1)车站站长为车站备用金的领用责任人，由值班站长和客运值班员负责保管和配发。

(2)车站员工因工作调动或其他原因离开本岗位时，应及时办理备用金缴还或移交手续。

5. 车站备用金的借用

(1)车站票务备用金的使用应遵循专款专用的原则，不准挪作他用。

(2)遇特殊情况下经站务中心主任同意，可以站间临时借用备用金，使用完毕后，应即时归还借出站。

(3)如遇其他特殊情况需借用时，须经财务部门批准方可借用。

(4)办理车站备用金借用手续时，由客运值班员填写"车站现金借出记录表"，借出时和归还时均须收齐一式两联，双方签字确认，双方留存。客运值班员在"车站客运值班员交接班簿"上须做相应的借还款记录。

（5）借用车站票务备用金的，应在规定期限内归还，逾期未归还的按相关财务管理制度处理。

6. 备用金的补还

（1）车站与银行兑零时发生差错由银行负责多退少补，可由财务部门与银行协商采取按次或按月（季）结算、补还。

（2）原则上车站在运作过程中不造成备用金的差额，若特殊情况产生备用金差额时，通过报告形式申请财务补还。

车站必须每半月对车站备用金进行自查一次，并在"客运值班员交接班簿"上做相应记录站务中心和计划财务部将对车站备用金情况进行不定期的抽查。车站备用金若出现差额情况，须及时将差额情况报站务中心，同时上报计划财务部，计划财务部将根据公司财务相关规定进行处理。

三、车站现金交接规定

1. 纸币交接

纸币交接需双方当面清点后签认。交接时发现数目有误，应及时上报上级主管部门，并调查处理此事。如差额原因无法查明，则所短款项由交班人当场补足，长款随当日票款上交。

2. 硬币交接

硬币交接需双方当面清点后签认。交接已加封的硬币交接时，接班人确认加封正确完好后可凭加封金额交接；对零散硬币按实点数交接。

3. 具体操作

（1）客运值班员之间的现金交接

①接班客运值班员应依据"客运值班员交接班簿"上的记录在监控范围内与交班客运值班员当面清点点钞室内所有现金、核对封包数量及金额等，确认无误后进行签收。

②交接时若发现数目有误，应立即报站长或当班值班站长到点钞室确认，同时按实际数量进行签收。站长或值班站长应及时上报站务、票务和安保部门并调查处理此事。若差额原因无法查明，则所短款项由交班人补足，长款随当天票款解行。

（2）客运值班员与售票员之间的交接

①结账时的票款交接：客运值班员与售票员在监控范围内当面清点所收款项后，以实点数填写"售票员结算单"的"解行金额"栏，双方签章确认，现金交由客运值班员保管。

②预收票款的交接：客运值班员向售票员收取预收票款时，双方应当面清点和交接所预收的款项后，客运值班员在"售票员结算单"上签收。

③备用金的交接：客运值班员与售票员交接备用金时，双方应当面清点确认后，在"车站客值与售检票员交接簿"的"备用金"栏填写金额，双人盖章确认。

四、票款交接与票款解行

1. 票款交接流程

（1）为确保票款安全，票款每日上午解行一次，由地铁总公司指定的银行到各车站收款。

(2)车站与银行的票款交接人员应相对固定,并做好记录。

(3)所有票款的清点、交接都需在监控下进行。

具体操作:

(1)售票员轮班结束后,到车站 AFC 点钞室清点所收票款,客运值班员进行监督。

(2)售票员清点结束后,按实点金额填写相关报表,将票款和报表交当班客运值班员。

(3)客运值班员在值班站长监督下取出 TVM 钱箱的票款,在 AFC 点钞室进行清点。

(4)客运值班员清点完毕后,填写"站务员缴款单",并将票款及"站务员缴款单"放入打包袋中封好,在封条上签字后,存入专用保险柜。

(5)客运值班员根据"站务员缴款单"汇总填写"封包明细表",当班值班站长审核签字后,在当班值班站长监控下,与银行进行交接。

2. 票款解行

车站票款主要有自动售票机售票收入、自动充值机储值票充值收入、票务处理机售票收入、临时处理处售票收入等。对于车站的票款收入,要求每日运营结束后进行清点、登记、系统录入、封装和解行。

票款收入一般要求每日按时解行,不得在车站过夜保管。解行方式由各个地铁视情况而定。

(1)解行方式

打包返纳或直接送行。

(2)解行时间

各站结合本站的特点及银行的服务时间,确定解行时间。

(3)解行负责人

一般由车站客运值班员和另一名车站员工负责,另一名车站员工负责运送途中的安全(也有规定解行负责人为车站值班站长和客运值班员,值班站长负责票款的安全)。

(4)解行流程

①核对确认解行人员的身份。

②当班客运值班员、值班站长与解行人员双方共同确认封包数量、金额与"封包明细表"的一致性,同时需确认"车站收入日报"的"解交银行款"与"封包明细表"的金额相一致。

③核对无误后,与解行人员办理交接手续。

注意事项:各站所有的隔夜票款,早班 TVM 钱箱收入以及 POST(或 BOM)收入(隔夜票款可视各站情况,尽量在上午解行),必须在每日下午银行停止营业时间前全部解行(或直接解行)。

五、收益管理

1. 伪钞的识别原则与处理程序

车站工作人员应认真学习中国人民银行发布的各版本人民币真伪的识别方法。对乘客交付的现金,均需经过人工及设备的识别,发现伪钞应交还给乘客,请乘客另换一张。对于设备及人工都不能识别真伪的钞票,请乘客另换一张。车站相关人员要严格把关,执行"谁收取谁补还"的原则,杜绝伪钞流入。

若员工收取假钞时,原则上实行收取假钞等价赔偿。如有特殊情况,可经站务中心和票务管理相关部门(如财务、票务和安保等)另行讨论决定。

某地铁公司的具体规定如下:

(1)售票员在进行票款清点打包时,发现钱款有明显的失真特征或可通过验钞机识别为伪钞的,由客运值班员以上人员共同确认,并作登记,由该售票员补足票款。

(2)客运值班员清点 TVM 钱箱时,发现钱款有明显的失真特征或可通过验钞机识别为伪钞的,值班站长确认后做好记录,与客运值班员双方签字确认加封后(加封内容为日期、车站名、设备名、伪币种类、金额、数量、值班站长与客运值班员签章),在当日"TVM 清点报告"上备注说明,按实际清点数目解行,并随当日报表一并上交票务中心。票务中心做好记录后每月上报计财部。

(3)银行清点票款时发现伪钞,由相关票款的封装人负责补足票款。

(4)同银行兑换的硬币必须当日由客值与值班站长共同清点,并加以辨识,发现假币,上报票务中心。清点结束后,所有原加封封条一同放入该袋(箱)中,保存至该袋(箱)硬币使用完毕为止。

2. 钱箱运送及回收规定

售检票终端设备中涉及现金交易的自助设备主要有自动充值机和自动售票机。在车站日常票务运作中或运营结束后需要回收设备内的钱箱,以便清点现金和票款解行。设备钱箱主要有自动充值机纸币钱箱、自动售票机纸币钱箱和硬币钱箱。为确保现金安全、操作员在钱箱回收和运输过程中需遵守如下规定:

(1)根据需要准备一定数量的空钱箱,以便回收售检票终端设备内钱箱时作替换用。

(2)回收设备钱箱需两人在场。同时要严格按照设备操作规程的要求进行操作。

(3)回收钱箱要详细填记记录表中的内容,包括日期、时间、设备号、钱箱号和经办人签名等。

(4)钱箱从设备上取下要立即放入运营小车中并上锁,并按操作规程要求装上空钱箱。

(5)运营小车应紧跟操作员身边,并避免无关人员接近。

(6)钱箱回收完毕后,设备后门要及时上锁。

(7)不要粗心大意,确保回收所有钱箱。

(8)将运营小车推回票务室途中要两人进行,并选择安全的路线且任何一人都不可擅自离开。

第七节　车站车票的使用与管理

一、车票的种类与使用规定

(一)车票种类

1. 营销类车票

(1)电子车票

营销类电子车票包括:有奖单程票、纪念单程票、广告单程票、计次卡、纪念卡、特种卡、委制卡、免费卡、期限票。

(2)纸质车票

营销类纸质车票包括：计次纸票、纪念纸票、特种纸票、免费纸票。

2. 非营销类车票

(1)电子车票

非营销类电子车票包括：单程票（预赋值单程票）、工作卡、外服卡、委外工作卡、培训工作卡、保安工作卡、临时卡、参观卡、操作卡、一卡通票、测试票、一票通储值票。

(2)纸质车票

非营销类纸质车票包括：应急纸票、团体票。

(二)各种车票的使用规定

1. 单程票(适合于所有乘客,如图 3-17 所示)

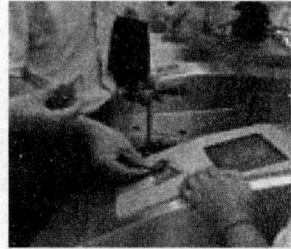

图 3-17　单程票

(1)购买

在 TVM、POST 或临时售票/问询处售卖。

(2)使用规定

只能在本站进、出闸一次,且当天有效。

(3)回收

出站时由出闸机回收。

2. 预赋值单程票

预赋值单程票是指为应对法定节假日及各种活动产生的可预见大客流而由票务中心提前预制的单程票,一般情况下不能使用,车站值班站长可根据车站现场客流情况决定是否使用预制单程票。预赋值单程票的管理应遵循单独制作、单独入库、单独配送、单独回收、单独注销的原则。

(1)购买

在 TVM、POST 或临时售票/问询处售卖。

(2)使用规定

只能在本站进、出闸一次,且当天有效。

(3)回收

①整装未拆封

未出售完的整装未拆封的预制单程票确认封装好,在当日库存日报上注明库存数量、车票使用期限(起始日期),票务中心 3 个工作日内(节假日顺延)回收预赋值单程票。

②已拆封未售完

未售完的已经拆封的零散预制单程票需按照不同票价、不同使用期限(起始日期)用票务专用袋单独封装,客运值班员与当班售检票员当场清点确认,并在票务专用袋上注明车票数量、车票使用期限(起始日期)、票种、封装日期、金额等说明后,在封条上双方签字确认,客运值班员在当日库存日报上注明库存数量、车票使用期限(起始日期)。

3. 储值票(图 3-18)

图 3-18 储值票

(1)购买

在售票/问询处售卖(储值票统一在编码机上预赋初始值)。

(2)充值

在售票/问询处可以对储值票充值。

(3)使用

车票有规定的有效期,使用该票可在任何地铁站进站乘车,由出闸机按规定票价扣除车费。出闸时车票不回收,可供乘客多次使用。

4. 一卡通

(1)由一卡通公司发行。

(2)在地铁的使用相同于地铁储值票。

5. 计次票

(1)购买

在售票/问询处售卖(计次票统一在编码机上预赋初始值)。

(2)使用

车票有规定的有效期,使用该票可在任何地铁站进站乘车,由出闸机扣取次数,不计站数。出闸时车票不回收,可供乘客多次使用。用完为止,不可重复充值。

6. 纪念单程票

(1)购买

在售票/问询处售卖。

(2)使用

车票规定的有效期,使用该车票在任何地铁站进站乘车,可乘坐全程,由出闸机按规定票价扣除次数。出闸时车票不回收,只可供乘客使用一次。

7. 纪念计次票

(1)购买

在售票/问询处售卖。

(2)使用

车票有规定的有效期,使用该票可在任何地铁站进站乘车,由出闸机扣取次数,不计站数。出闸时车票不回收,可供乘客多次使用。

8. 应急纸票(图 3-19)

图 3-19 应急纸票

(1)分类

纸票分为普通纸票以及通用纸票两种。

(2)使用要求

①普通纸票印有站名章,只可在本站售卖。

②通用纸票未印站名章,可在售卖车站加盖站名章后售卖。

(3)应急纸票使用范围

纸票一般情况下不使用,只有在下列情况下使用:

①车站自动售票机、半自动售票机全部故障或部分故障导致无法满足乘客正常进站需求时,可使用纸票。

②车站出现有预见或临时性大客流时票务系统无法应付等特殊情况时,可使用纸票。

③根据公司签发的大客流运输方案,可使用纸票。

④车站遇到大客流团体票时,经批准可使用纸票。

(4)应急纸票售卖

①纸票售卖采用与单程票相同的票价制。通用纸票发售时须加盖本车站的车站章和当日日期章(站名章可提前盖好,日期章在需售卖时加盖);普通纸票发售时须加盖当日日期章。纸票仅在日期章当日及售卖站使用。

②售票员应单独开窗售卖纸票,原则上须按配票序列号顺序连号售卖,不准倒售、不准跳号、不得拼票、不得借他人使用,直接从事票务管理和稽查人员不得售票。

二、车票管理

车票流程示意图如图 3-20 所示。

车票是 AFC 系统票务收益的载体,也是联系乘客与 AFC 系统的载体。因此车票需要进行妥善保管,以保证车票的安全。

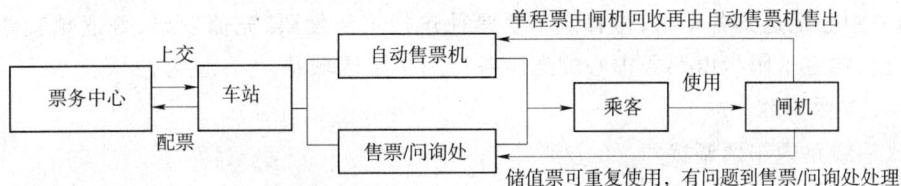

图 3-20　车票流程图

三、车票配送、回收管理

1. 安全规定

(1)车票出库须经布袋封装,封条上须注明加封内容(车票类型、数量)、加封人、加封日期,严禁拆开封条吧。

(2)车票配送途中,一律放在封条完好的布袋内。

(3)车票配送过程中,应有相对固定的人员。

(4)配送途中,严禁办理私事或与票务无关的业务。

2. 车站车票清点

(1)从闸机直接回收的车票原则上不需清点实际数量,按照设备显示数据进行台账登记,存放在车站点钞室固定位置,不得擅自打开票箱取票;若超过"车站车票保有量一览表"最高保有量需上交票务中心时,在监控范围内由双人负责(其中一人须为值班员)从出票箱中取出单程票,清点数量加封存放在规定区域或文件柜中。

(2)客运值班员负责每天运营结束后回收车站所有 TVM、GATE、废票箱中的废票,在监控范围内双人负责(其中一人须为值班员)清点废票数量,用布袋加封存放在固定的文件柜中。

3. 车站车票存放

(1)任何时间,车票只能存放于车站点钞室、售票/问询处、TVM、POST、出站闸机,除非特殊原因,不得在其他地点放置车票。

(2)对有值车票,均应根据票种及票面金额归类存放于上锁的专用文件柜或保险柜中。

(3)有效单程票不能零散存放,有效单程票用票箱存放时将票箱存放规定区域;有效单程票用布袋封装时存放于规定区域或文件柜,按每个布袋 1 000 枚标准进行加封,对不满 1 000 枚的零散有效单程票按照实际清点数量进行加封。

(4)废票用布袋封装存放在文件柜固定区域,不能零散存放,按每个布袋 5 000 枚标准进行加封,对不满 5 000 枚的零散废票按照实际清点数量进行加封。

4. 票卡配送

(1)票务中心、站务中心负责对车站各类车票库存数量的日常监控与管理工作。车站填写"_____站车票库存日报"上报票务中心,报送票种包括单程票、营销票以及应急纸票(库存发生变动时需报送)。每月 25 日盘点车站车票及备品的库存数量,将车站所有票种的库存数量填记"_____站车票库存日报"报票务中心,票务中心汇总并填写"线路车票库存月报",分别发送至票卡清分部和站务中心。

（2）有值车票票种包括预制单程票、应急纸票、金陵通记名卡、不记名卡、计次票，由票务中心配送到各车站；非有值车票票种包括定额发票、充值发票、普通单程票、充值收据、学生卡附卡由票务中心配送至各线路指定区域站。

5. 车票调拨

（1）线路内车票调拨

调拨票种仅限于非有值车票，区域车站内车票配送按照线路内车票调拨流程进行操作。

当 A 车站非有值车票的数量低于"线路保有量一览表"最低保有量，A 车站将调拨需求电话报票务中心票卡配送回收小组，票卡配送回收小组根据库存日报中各车站库存车票数量同意调拨 B 车站的车票。A 车站方可到 B 车站调配车票，调入车站填写"车站车票调拨明细单"，次日连同票务报表放入布袋上交票务中心，原则上车站需在工作日期间申请车票调拨且在本线路临近车站进行调拨。

（2）线路间车票调拨

当线路 A 车票的数量低于"线路车票保有量一览表"合计最低保有量，ACC 根据库存日报中线路库存车票数量确定调拨线路 B，票务中心票卡配送回收小组接收 ACC 调拨命令后到车站调拨车票，填写"车站车票调拨明细单"，双方清点无误后，签字确认。

6. 车票交接

（1）客运值班员之间的车票交接

接班客运值班员应依据"客运值班员交接班簿"上的记录与交班客运值班员当面清点点钞室内所有车票（纸票）的数量以及编号、当日的车票上交单、车票配送单，确认无误后进行签收。

对已加封的车票进行交接时，确认加封正确完好后交接。

接班客运值班员应检查每一包车票封装盒的封口是否完好，若有破封的情况或数量与实际清点有误时应立即报站长或值班站长，该包车票严禁使用，等站长或值班站长核查清楚后方可使用。

（2）客运值班员与车票配送员或车站调拨车票人员的车票交接

票务中心需双人共同将初始化好的有效单程票装入布袋中，按照每个布袋 1 000 枚进行封装。在封条上注明车票数量、加封日期、加封人签字盖章。

车站客运值班员与车票配送员或车站调拨车票人员对已加封的有效单程票进行交接时，确认加封正确完好后交接。

车站票卡及车站其他物品的配送及回收工作必须做好台账登记，车票配送员或车站调拨车票人员与客运值班员在点钞室监控范围内办理票卡及车站其他物品的交接，确认加封正确完好后进行交接，交接时对票卡种类、数量签字确认。

（3）其他票卡交接

①一卡通车票

一卡通车票用整盒进行配发，确认封装无误后办理签收交接手续。零散一卡通车票按照实际清点数量进行交接。

②计次票

计次票必须当面点清车票数量，确认车票信息无误后办理签收交接手续。

③预赋值单程票

车站客运值班员确认票盒加封正确完好后凭封条上的加封车站、加封数量、加封金额,确认车票信息无误后办理签收交接手续。

④纸票

对整包加封的纸票交接时,车站客运值班员确认加封正确完好后凭加封数量、纸票编号交接;对零散的纸票,车票配送员与客运值班员应当面清点纸票数量以及编号,确认纸票信息无误后办理签收交接手续;对纸票的存根联也应当面清点数量,确认信息无误后办理签收交接手续。

⑤发票

对整包加封的发票交接时,车站客运值班员确认加封正确完好后凭加封数量、发票编号交接;对发票的存根联也应当面清点数量,确认信息无误后办理签收交接手续。

7. 配送过程中出现意外规定

(1)如配送过程中发生抢劫和事故的情况下,配送人员应第一时间报警并维护现场,在确保人身安全的情况下保护车票的安全。

(2)如配送过程中发生车票损坏、遗失或数量不符的情况应由在场人员签名确认情况,同时根据情况报票务中心,并报备案票卡清分部,根据《票务稽查办法》处理。

四、单程票废票管理

1. 单程票废票类型

(1)与乘客事务处理相关的废票:POST、TVM 出售的无效票、乘客退票(授权后)、超时等单程票。

(2)AFC 设备产生的废票:TVM 废票、GATE 废票、编码分拣机废票。

(3)已拆封的预赋值单程票废票:票务中心预赋值未售完的单程票。

(4)其他废票:车站废票箱内回收的单程票及其他非正常情况回收的单程票。

2. 交接流程

(1)与乘客事务处理相关的废票、POST 产生的废票及已拆封的预赋值单程票废票,由当班售票员将车票分类封入票务专用信封,并在信封上注明设备编号、加封内容(废票类型、车票分析后显示的拒绝码、金额、张数)、加封车站、加封人和加封日期,当班结束后,随"售票员结算单"统一交客运值班员。

(2)除与乘客事务处理相关的废票外,其他所有的废票由客运值班员负责收集,与当班值班站长当面清点、核对后,分类封装。

(3)客运值班员根据信封封面的张数与售票员进行核对,确认无误后,在"车票库存日报"上做好记录。

(4)票务中心票卡组人员到各车站配发或回收车票时,当班客运值班员将车站的废票交票卡组人员,双方签字确认,并填写"_____线路_____站上交单"一式二联,第二联车站留存,第一联交票卡组人员。

(5)票务中心票卡组人员对回收上来的废票分车站清点,进行台账登记。

(6)票卡组车票分析员应及时对无效车票进行票分析,按本规定相关提交统计情况。

(7)严禁私自截留单程票及废票;严禁赋值未使用的废票不分析、不报告、不在相关部门监督下私自注销和初始化,否则按《票务稽查办法》相关规定进行处理。

3. 处理流程

(1)与乘客事务处理相关的废票、POST 产生的废票,次日连同票务报表一起上交票务中心收益组,其他废票由车票配收员一周回收一次。

(2)票务中心车票分析员应及时分析与乘客事务处理相关的废票、POST 产生的废票及已拆封的预赋值单程票废票,提交分析情况,分别交收益组和 AFC 工程师。

(3)收益组根据车票分析员提交的分析情况,及时核对车站赋值未使用废票的交易数据和"乘客事务处理单",形成正确的运营收入。

(4)AFC 软硬件、EOD 参数设置等原因产生的废票,AFC 工程师应进行进一步分析,对不能解决的问题,应及时提交 AFC 承包商,并督促整改。

(5)与乘客事务处理单相关的废票、POST 产生的废票及已拆封的预赋值单程票废票在计财部和安保部监督下,进行集中注销工作。

第八节　车站票务应急处理

一、票务应急处置类别

1. 线网级故障(全线网故障)

线网瘫痪是指整个线网内所有 AFC 系统因为某种原因不能提供正常服务的情形。线网 AFC 系统瘫痪的原因可能是 ACC 下发的参数、系统时间不同步、系统感染病毒、其他不明原因等。一旦在运营中发生线网瘫痪,将对所有乘客进出站服务造成严重的影响。

2. 线路级故障

单线路瘫痪是指在线网运营下某一条线或几条线 AFC 系统因为某种原因不能提供正常服务的情形。线路 AFC 系统瘫痪的原因可能是线路(LC)下发的参数、线路时间与 ACC 系统时间不同步、线路系统感染病毒、线路内某一类终端设备(如 GATE、TVM、POST)不能使用、其他不明原因等。一旦在运营中发生线路瘫痪,将直接影响到该条线路上的乘客正常进出站服务。

3. 车站级故障

车站级瘫痪是指在线网运营下某一个或几个车站 AFC 系统因为某种原因不能正常提供服务的情形。车站级 AFC 系统故障的原因可能是车站服务模式设置错误、车站系统时间与线路系统时间不同步,车站内某一类终端设备(如 GATE、TVM、POST)不能使用、其他不明原因等。一旦在运营中车站级瘫痪,将直接影响到该车站内的乘客正常进出站服务。

4. 设备类故障

设备类故障分为车站终端设备 GATE、TVM、POST 因为某种原因不能正常提供服务的情形。

二、应急处置程序

(一)POST 故障

POST 故障的处理流程如图 3-21 所示。

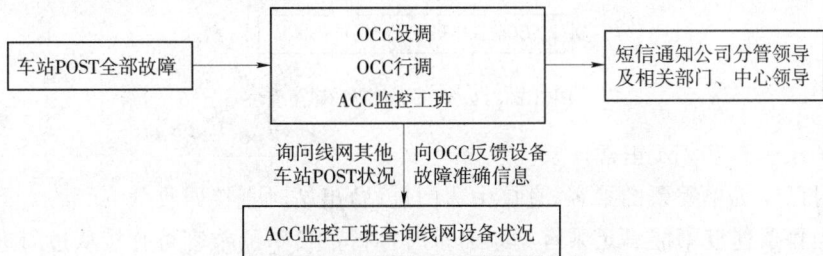

车站POST全部故障 → OCC设调 / OCC行调 / ACC监控工班 → 短信通知公司分管领导及相关部门、中心领导

询问线网其他车站POST状况 / 向OCC反馈设备故障准确信息

ACC监控工班查询线网设备状况

图 3-21　POST 故障处理流程

(1)故障车站对持单程票无法进站的乘客边门放行,出站时处理。对持单程票无法出站的乘客,直接回收单程票边门放行,人工回收的单程票需单独清点封存,次日由票卡组回收。

(2)故障车站对持 IC 卡无法进站的乘客边门放行,到出站车站处理。对持 IC 卡无法出站的乘客边门放行,请乘客下次乘车时付费更新处理。

(二)TVM 全部故障

TVM 故障的处理流程如图 3-22 所示。

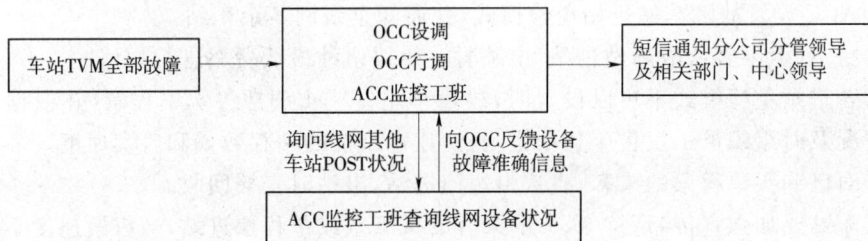

车站TVM全部故障 → OCC设调 / OCC行调 / ACC监控工班 → 短信通知分公司分管领导及相关部门、中心领导

询问线网其他车站POST状况 / 向OCC反馈设备故障准确信息

ACC监控工班查询线网设备状况

图 3-22　TVM 全部故障处理流程

(1)故障车站立即启动 POST 进行人工售票,并安排人员引导乘客到售票厅购票。

(2)当人工售票无法满足乘客购票需求时,立即组织当班员工开始发售应急纸票。

(三)GATE 故障

1. GATE 故障分类

GATE 故障按故障严重程度可分为:单站进站 GATE 全部故障,单站出站 GATE 全部故障,单线进站 GATE 全部故障,单线出站 GATE 全部故障,全线网进站 GATE 全部故障,全线网出站 GATE 全部故障,单线进、出站 GATE 全部故障。

2. GATE 故障处理

GATE 故障的处理流程如图 3-23 所示。

(1)单站进站 GATE 全部故障

①故障车站立即组织员工开始发售应急纸票。

```
┌──────────────┐     ┌──────────────────┐     ┌────────────────────┐
│ 车站GATE 全部故障 │ ──→ │   OCC设修调度     │ ──→ │ 短信通知公司分管领导  │
└──────────────┘     │   OCC行调        │     │ 及相关部门、中心领导  │
                     │   ACC监控工班     │     └────────────────────┘
                     └──────────────────┘
          询问线网其他↑        ↓向OCC反馈设备
          车站POST状况         故障准确信息
                 ┌────────────────────────┐
                 │ ACC监控工班查询线网设备状况  │
                 └────────────────────────┘
```

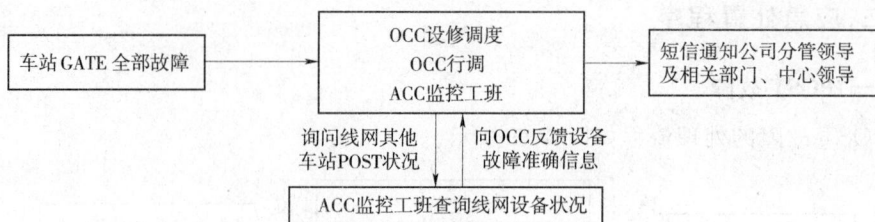

图 3-23　GATE 故障处理流程

②车站所有 TVM 正常售票。

③对已购买单程票的乘客,直接由边门进站,出站时直接回收。

④当售票速度不能满足乘客购票需求时,对持 IC 卡的乘客可直接从边门进站,出站时处理。

(2)单站出站 GATE 全部故障

①持单程票的乘客在故障车站出站时,对直接边门放行,人工回收单程票。

②对持 IC 卡的乘客在补票厅进行更新,不填记"乘客事务处理单",使用"紧急情况票务登记表"登记,报表随车站报表次日上交票务中心收益组。

③更新工作量较大时,可直接边门放行,告知乘客下次乘车时付费更新。

(3)单线进站 GATE 全部故障

①OCC 行调确认故障情况后通知全线网各车站,按单线进站闸机故障进行现场处置。

②ACC 设置故障车站进站免检模式,并通知全线网其余车站。

③持 IC 卡乘客从故障站进站,出站时一律按票种最低费率进行扣值。

④若进站免检模式不可以设置时,故障车站 TVM 正常售卖单程票,并根据实际客流情况及时组织员工发售应急纸票,密切注意纸票的站存数量和售卖速度。

⑤对已购买单程票的乘客,直接由边门进站,出站时直接回收。

⑥车站要加强宣传,请持 IC 卡的乘客购买纸票或单程票进站,当售票速度不能满足乘客购票需求时,对持 IC 卡的乘客可直接从边门进站,出站时处理。

⑦对持老人票、学生卡的乘客,直接由边门进站,出站时按照规定处理。

(4)单线出站 GATE 全部故障

①OCC 行调确认故障情况后通知全线网各车站,按单线出站闸机故障进行现场处置。

②全线网各车站立即启动销售故障线路车站的应急纸票,做好乘客广播,要求乘车前往故障线路车站的乘客购买应急纸票乘车。

③全线网各车站 TVM 正常售票。

④故障线路内各车站,持单程票出站的乘客直接边门放行,人工回收单程票。

⑤故障线路内各车站,对持 IC 卡的乘客在补票厅进行更新,不填记"乘客事务处理单",使用"紧急情况票务登记表"登记,报表随车站报表次日上交票务中心收益组。更新工作量较大时,可直接边门放行,告知乘客下次乘车时付费更新。

⑥故障线路内各车站,持老人票、学生票出站的乘客直接边门放行,下次乘车时按规定处理。

⑦故障当日运营结束后,由 ACC 统计故障当日无出站信息 IC 卡数量,判断次日是否设置日期免检模式。

(5)全线网进站 GATE 全部故障

①OCC 行调确认故障情况后通知全线网各车站,按全线网进站闸机故障进行现场处置。

②ACC 设置全线网车站进站免检模式。出站一律按票种最低费率进行扣值。

③当进站免检模式不可以设置时,车站 TVM 正常售卖单程票,车站根据实际客流情况及时组织员工发售应急纸票,密切注意纸票的站存数量和售卖速度。

④对持老人卡、学生卡等优惠票种的乘客,直接由边门进站,出站时老人卡免费放行,学生卡按规定处理。

⑤车站广播通知所有乘客到应急售票点购买应急纸票。

⑥对已购买单程票的乘客,直接由边门进站,出站时直接回收。

(6)全线网出站 GATE 全部故障

①OCC 行调确认故障情况后通知全线网各车站,按全线网出站闸机故障进行现场处置。

②全线网各车站立即启动应急纸票销售,做好乘客广播,要求乘客购买应急纸票乘车。

③全线网各车站 TVM 正常售票。

④持单程票的乘客直接边门放行,人工回收单程票。

⑤对持 IC 卡的乘客在补票厅进行更新,不填记"乘客事务处理单",使用"紧急情况票务登记表"登记,报表随车站报表次日上交票务中心收益组。更行工作量较大时,可直接边门放行,告知乘客下次乘车时付费更新。

⑥持老人卡、学生卡的乘客,直接边门放行,下次乘车时处理。

⑦故障当日运营结束后,由 ACC 统计故障当日无出站信息 IC 卡数量,判断次日是否需要设置日期免检模式。

(7)单线进、出站 GATE 全部故障

①OCC 行调确认故障情况后通知全线网各车站,按单线进、出站闸机全部故障进行现场处置。

②全线网非故障车站立即启动应急纸票销售工作,并做好乘客广播,要求乘车前往故障线路车站的乘客购买应急纸票乘车。

③全线网各车站 TVM 正常售票。

④ACC 设置故障车站进站免检模式,并通知全线网其余车站,IC 卡出站一律按票种最低费率进行扣值。

⑤若进站免检模式不可以设置时,故障车站 TVM 正常售卖单程票,并根据实际客流情况及时组织员工发售应急纸票,密切注意纸票的站存数量和售卖速度。

⑥故障线路内各车站,持单程票进站的乘客直接边门放行,出站时处理;持单程票出站的乘客,直接边门放行,人工回收单程票。

⑦故障线路内各车站,持 IC 卡进站的乘客,直接边门进站,出站时处理;对持 IC 卡的乘客在补票厅进行更新,不填记"乘客事务处理单",使用"紧急情况票务登记表"登记,报表随车站报表次日上交票务中心收益组。更新工作量较大时,可直接边门放

行,告知乘客下次乘车时付费更新。

⑧故障线路内各车站,持老人卡、学生卡进站的乘客,直接边门放行,出站时处理;持老人卡、学生卡出站的乘客,直接边门放行,并告知乘客下次乘车时处理。

⑨故障当日运营结束后,由 ACC 统计故障当日无出站信息 IC 卡数量(具体时间、人数),判断次日是否需要设置进站免检及日期免检组合模式。

(四)单线 POST、TVM、GATE 全部故障

(1)OCC 行调确认故障情况后通知全线网各车站,按单线 POST、TVM、GATE 全部故障进行现场处置。

(2)故障车站立即启动应急纸票销售,密切注意纸票的站存数量和售卖速度。

(3)当售票速度不能满足乘客购票需求时,对持 IC 卡的乘客可直接从边门进站,出站时处理。

(4)全线网其他非故障车站也需立即启动应急纸票销售工作,并做好乘客广播,要求乘车前往故障线路车站的乘客(包括持 IC 卡的乘客)购买应急纸票乘车。

(5)ACC 发布命令,网络广播通知全线网各车站 TVM 上禁止发售到故障线路车站的单程票。

(6)持老人卡、学生卡的乘客在故障车站进站时,直接边门放行,出站时处理;持老人卡、学生卡的乘客在故障车站出站时,直接边门放行,并告知乘客下次乘车时处理。

(7)持单程票的乘客在故障车站出站时,直接边门放行,单程票人工回收。

(8)持 IC 卡的乘客在故障车站出站时,直接边门放行,并告知乘客下次乘车时处理。

(五)其他特殊情况下的应急处理

1. 列车晚点,本站受影响的候车乘客要求退票时的处理

(1)车站接到控制中心通知列车晚点通知后,值班站长安排员工给需退票的乘客办理事务处理。

(2)凡涉及退款处理,从当日票款扣除,登记报表随车站报表次日上交票务中心收益组。

(3)现场办理退票流程:

①单程票在 POST 上分析余额,若为故障日当日出售的单程票,办理退票手续,并登记"紧急情况票务登记表"。

②IC 卡储值票在 POST 上分析进站信息,当日本站进站记录,且在故障时间 2 h 内,免费更新车票,登记"紧急情况票务登记表"。

③当日列车恢复运营后,车站应立即向控制中心报告退票及更新人数。

(4)非现场办理退票流程(7 d 之内):

①单程票在 POST 上分析车票出售日期和余额,若为故障日当日出售的单程票,办理手工退票手续,填写"乘客事务处理单"。

②IC 卡储值票在 POST 上分析进站信息,若在故障日进站,且在故障时间段前后 2 h 内,免费更新车票,填写"乘客事务处理单"。

2. 地铁发生运营故障,需要清客的处理

(1)车站接到控制中心需要清客的命令后,值班站长安排员工给需退票的乘客办

理事务处理。

（2）凡涉及退款处理，从当日票款扣除，登记报表随车站报表次日上交票务中心收益组。

（3）现场办理退票流程：

①单程票在 POST 上分析余额，若为故障日当日出售的单程票，办理手工退票手续，并登记"紧急情况票务登记表"。

②IC 卡储值票在 POST 上分析进站信息，若为故障时间 2 h 内，则免费更新车票，登记"紧急情况票务登记表"。

③当日列车恢复运营后，车站应及向控制中心报告退票及更新人数。

（4）非现场车票处理（7 d 之内）：

①单程票在 POST 上分析车票出售日期和余额，若为故障日当日出售的单程票，办理手工退票手续，填写"乘客事务处理单"。

②IC 卡储值票在 POST 上分析进站信息，若在故障日进站，且在故障时间段前后 2 h 内，免费更新车票，填写"乘客事务处理单"。

③车站在 7 d 之内可按非现场办理退票流程办理车票处理（操作同上）。

3. 车站出现火灾等紧急情况时的处理

（1）车站出现火灾等紧急情况时，立即向控制中心汇报，并根据火势情况，使用车控室 AFC 紧急按钮，打开车站所有闸机。

（2）车站关闭所有自动售票机、半自动售票机，停止售票/问询处的售票、兑零工作，同时打开边门放行。

（3）紧急情况处理完毕后，车站报控制中心。值班站长接到控制中心"可恢复正常运营"的命令后，由值班站长取消紧急模式，恢复正常运营模式，并上报控制中心。

（4）票务中心将故障日期设置在中央系统内，7 d 之内乘客可以正常持票（单程票、储值票）乘车。

（5）车站在 7 d 之内可按非现场办理退票流程办理车票处理（操作同上）。

4. 列车越站时的处理

（1）当列车越站时，车站及时告知乘客乘坐反方向列车到达目的地。

（2）若因为特殊原因或紧急情况，无法到达所越车站时，控制中心及时通知列车越站后运行前方的第一个站。车站接到控制中心通知后，客运值班员通过车站计算机设置"车费免检模式"。

（3）车站接到控制中心"列车运行恢复正常"的通知后，客运值班员通过车站计算机取消"车费免检模式"；恢复正常运营模式，并上报控制中心。

5."车费免检模式"的车票处理

（1）对于储值票，出站一律按票种最低费率进行扣值。

（2）对于单程票，乘客出闸时不检查车票余额，全部回收。

（3）当车费免检模式无法设置时，因超程原因无法出站的单程票直接回收，持 IC 卡乘客到票厅按需要乘坐的里程，进行付费更新，填写"紧急情况票务登记表"，若影响范围加大，无法及时更新时，告知乘客下次乘车前进行付费更新。

第九节　乘客票务事务处理

　　乘客票务事务处理是指乘客在乘坐轨道交通工具的过程中,因自身原因或其他特殊原因造成无法正常进出车站时引起的事务处理。

　　在实行计程票价制的轨道交通企业,常见的乘客票务事务处理主要有自动售票机卡币、卡票、找零不足、TVM发售无效票、TVM多找零以及车票超程、超时、车票进出次序错误等。

　　车站发生乘客票务事务时,现场车站人员接报后,及时报值班站长(站长),客运值班员与值班站长(站长)应立刻赶到现场。当班值班站长和客运值班员负责接报后现场调查、处置和后续工作,尽量减少处理时间,对一时无法界定的问题,车站应耐心地做好解释和劝导工作。

　　办理事务时,须由当班值班站长和客运值班员到现场确认并在"乘客事务处理单"或"退款申请单"双人签字。

一、票务设备异常交易情况的种类

　　(1)TVM卡币。

　　(2)TVM少出车票。

　　(3)TVM找零不足。

　　(4)TVM发售无效票。

　　(5)TVM多找零。

　　(6)出闸机扣费不对。

二、异常交易情况处理流程

　　1.TVM卡币、找零不足、少出票

　　(1)出现以上情况时车站人员询问乘客购票情况,客运值班员迅速到现场检查TVM。

　　(2)若TVM交易记录检查结果与乘客反映情况一致,则办理"乘客事务处理单"(未生成交易记录并且在设备中发现所卡现金的可以不办理"乘客事务处理单"),客运值班员在"乘客事务处理单"注明TVM查询详情及处理结果,车站用备用金退还相应款额给乘客(若TVM交易记录已生成且在设备中发现所卡现金须在"乘客事务处理单"上注明),当晚从TVM票款收入中扣除退款金额,并在"TVM清点报告""吞币"栏中注明金额,并在备注栏中注明"乘客事务处理单"编号。

　　(3)若TVM交易记录检查结果与乘客反映情况不一致,办理"乘客事务处理单"。

　　①晚班客值填写"退款申请单",说明原因,并备注当天办理的"乘客事务处理单"编号,客值和值站签字确认,若有现场证明人(必须是本站员工、公安、保安、志愿者),需附当时现场情况说明,证明人签字,当班值站签字确认,次日随报表一并上交票务中心收益组。

　　②乘客来取卡币金额时车站用备用金退还乘客,在当日的运营收入总金额中扣除

退款金额,填写"乘客事务处理单",并填写在"收入日报""残损款"栏中的"退款"项。将办理退款的"乘客事务处理单"与当日"收入日报"装订起来,次日随报表一并上交票务中心收益组。

(4)乘客退款时,须由当班值班站长和客运值班员到现场确认并在"乘客事务处理单"双人签字。

(5)"退款申请单"处理流程。

①票务中心收益组收到"退款申请单"后,通知中央维护工班进行数据查询,并在填写数据查询结果说明,票务中心主任签字确认。

②票务中心收益组根据查询结果发送"退款通知书"电子档回复给车站及站务中心邮箱是否办理退款,要求在收到"退款申请单"3个工作日内。如有记录证实确实发生 TVM 卡币、少出票、找零不足,出闸机扣费不对等现象,或具有现场证明人签字说明,则同意退款,否则不予以退款。

③车站接收到"退款通知书"当日通知乘客凭"乘客事务处理单"办理退款。乘客来取卡币金额时车站用备用金退还乘客,在当日的运营收入总金额中扣除退款金额,填写"乘客事务处理单",并填写在"收入日报""残损款"栏中的"退款"项,并在"备注"栏中注明当日"退款通知书"总数量及总金额。将办理退款的"乘客事务处理单"与当日"收入日报"装订起来,次日随报表一并上交票务中心收益组。

④如不同意退款,车站需耐心向乘客做好解释工作。

(6)特殊情况。

①当乘客反映未出票、未找零。

②现场未发现钱款和交易记录。

③已办理过"乘客事务处理单"。

④后期经维修取出了所卡钱款。

必须全部满足以上四个条件,晚班客运值班员填写"退款申请单"时备注说明此钱款已取出,票务中心填写"退款通知书"通知车站退款。

2. TVM 发售无效票

车站人员询问乘客购票情况和查询 TVM 的机器交易记录。

若 TVM 交易记录与乘客反映情况一致,则回收该无效车票,并根据乘客需要在POST 上发售同等面值车票(填写在"售票员结算单"普通单程票栏中"免费有值票")或退还相应款额给乘客,办理"乘客事务处理单"。

3. TVM 多找零

车站人员发现 TVM 多找零、多出币情况下,询问乘客购票情况和查询 TVM 的机器交易记录,将该台故障 TVM 设为"暂停服务"模式,同时需将事情概况通知票务中心中央维护工班。

乘客将现金交给售票员,由售票员通知客值回收多找零数目,并在"客运值班员交接班簿",注明设备号码、金额、币种,将钱币封包保存,交给接班值班员解行,计入"收入日报"其他票款收入的"其他钱款",并备注说明。

4. 出闸机扣费不对

(1)车站人员询问乘客乘车和车票扣值情况,同时在 POST 上查询车票使用记录。

（2）车站经过分析后，办理"乘客事务处理单"，并填写"退款申请单"，注明卡号等。将该台故障闸机为"暂停服务"模式，同时需将事情概况通知票务中心中央维护工班。

（3）次日票务中心中央维护工班根据车站提供的 IC 卡卡号查询交易记录，打印该卡交易报表。

（4）票务中心收益组根据卡交易报表查询结果发送"退款通知书"回复车站是否办理退款。

（5）车站接收到"退款通知书"后通知乘客凭"乘客事务处理单"办理退款，用备用金将闸机多扣值的金额用备用金退还乘客，在当日的运营收入总金额中扣除退款金额，填写"乘客事务处理单"，并填写在"收入日报""残损款"栏中的"退款"项，并在"备注"栏中注明当日"退款通知书"总数量及总金额。将"乘客事务处理单"与当日"收入日报"装订起来，次日随报表一并上交票务中心收益组。

三、车票无法通过闸机时的处理

当乘客拿着一张车票刷卡进站或刷卡出站，而车站闸机始终不开，可能是由于车票超程、车票超时、车票进出站次序错误等造成的。

（一）车票超程的处理

1. 车票超程的含义

车票超程是指按路程计价时，付费区乘客所持车票余额不够支付按标准计算所得的起点站至终点站之间的单程车费，车票不能正常通过出闸机的情况。

2. 车票超程的处理办法

（1）单程票超程

补足票款，更新车票给予在本站出站。对无法更新车票：原单程票回收，发售付费出站票（与补收所超车程票款相对应），乘客凭付费出站票出站。

（2）储值票超程

乘客所使用的车票，不足以支付所到达车站的实际车费时，须到客服中心办理出站手续：对储值票因余额不足无法从卡内扣值，须根据车票上所显示的进站名，按照所持车票计费金额收相应车费（现金）并更新 IC 卡，发售免费出站票，填写"乘客事务处理单"。乘客凭免费出站票出站。

（二）车票超时的处理

1. 车票超时的含义

车票超时是指乘客验票进入付费区后，在付费区逗留时间过长，导致车票使用时间超过了系统规定的有效时间，车票不能正常通过出站闸机的情况。

2. 车票超时的处理方法

（1）单程票超时

乘客在付费区（出站），车票分析结果超时，原单程票回收，按全程票价发售一张付费出站票，乘客凭付费出站票出站。

（2）储值票超时

①乘客在非付费区（进站），车票分析结果为尚未出站：

若乘客上次出站未刷好，根据乘客所报的上次出站点补收相应车费（现金）并更新

IC 卡,填写"乘客事务处理单"。

②乘客在付费区(出站),车票分析结果为超时,只乘坐一次(一次超时):

填写"乘客事务处理单",收取现金,更新车票,发售免费出站票,乘客凭免费出站票本站出站。

③乘客在付费区(出站),车票分析结果为超时,乘坐两次(两次超时):

根据乘客所报的第一次出站点按所持车票计费金额补收相应车费(现金)并更新IC 卡,再按计费金额收取本次乘车费用发售付费出站票,填写"乘客事务处理单",乘客凭付费出站票出站。

(三)车票无出站信息

对这种情况,售票员应视乘客所处的位置来处理,具体处理办法如下:

(1)乘客持车票上次进站是本站,且使用时间为当日,出站未在自动检票机上刷卡或刷卡不成功未扣值,再次进站时会被拒绝,须到客服中心按实际车程费用(按所持车票的计费方式)补交现金,并对该车票进行更新,方可正常使用;若分析车票显示"无错误"或"尚未出站",确认进站代码为本站且发生时间在 20 min 以内,让乘客从边门进站。

(2)乘客持车票上次进站时间非当日或非本站,再次进站时会被拒绝,原单程票回收,须重新购票;储值票须按实际车程费用(按单程票计费方式)补交现金并对该车票进行更新,方可正常使用。

(四)车票无进站信息

对这种情况,售票员应视乘客所处的位置来处理,具体处理办法如下:乘客持车票进站未刷卡或刷卡不成功,出站时会被拒绝,须到客服中心办理手续。储值票须以实际车程费用(按所持车票的计费方式)补交现金,凭出站票本站出站。单程票若为当日车票则直接进行更新,凭原单程票出站;若为非当日车票,按实际车程费用补购出站票后给予本站出站,原单程票回收。

(五)车票无效

1. 车票无效的含义

车票无效是指车票在使用过程中,因轨道交通设备原因或乘客自身人为原因造成车票异常,无法正常通过进、出闸机,且无法通过半自动售票机进行更新处理的情况。

2. 车票无效的处理办法

(1)非付费区

当非付费区乘客持无效车票要求乘车时,站务员需判断造成车票无效的原因是轨道交通设备原因还是乘客自身原因,如果属于乘客自身原因造成,则回收乘客手中的无效车票,乘客需重新购票;如果属于轨道交通设备原因造成(例如是自动售票机发售的无效车票),则回收无效票,按规定办理乘客事务处理单,在半自动售票机上免费发售一张等值的普通单程票。

(2)付费区

当付费区乘客持无效车票不能出站时,站务员通过判断原因,如果属于乘客自身原因造成车票无效,则回收乘客手中的无效车票,请乘客按规定补款后,在半自动售票机上发售一张有效车票供乘客出闸;如果属于轨道交通设备原因造成,则回收无效车票,并在半自动售票机上发售一张有效车票供乘客出闸。

四、其他票务事务的处理

1. 车票遗失

因本人原因在付费区内遗失车票,按全程票价补购出站票后给予本站出站。

2. 清客处理

由于地铁运营原因造成清客,乘客在 7 d 之内可免费在客服中心更新储值票或办理单程票退票手续。

第十节　票务报表、台账的填记

一、票务报表

车站票务报表包括手工填写和计算机打印出来的报表。报表是了解车站票务收入和车票售卖情况的重要依据,也是进行票务收益核对的重要依据。车站票务报表种类较多,根据岗位不同,需要填写不同的报表。由于各个城市轨道交通公司的管理模式和要求不同,故票务报表的类型也有所不同。

1. 票务报表的种类

一般情况下,报表分为以下几种:

(1)售票员结算单。

(2)车站收入日报。

(3)乘客事务处理单。

(4)钱箱清点报告。

(5)自动售票补币记录表。

(6)车票、现金借出记录表。

(7)车票上交单。

(8)车站售票、存票日报。

2. 票务报表填写要求

报表填写必须真实、准确、完整、及时。报表填写是一项细致而又严肃的工作,填制人员必须严格执行票务规章制度。

真实:报表必须由指定人员填写且如实反映票务情况,不得捏造事实,弄虚作假。

准确:报表填写前认真核对实际情况,以正确无误的数据排列,并要仔细复核。

完整:必须按报表所列事项填写,不得遗漏。且每日上报报表必须连号(报表号码按票务管理部门配发的报表号码)。

及时:报表必须在规定期限内填制完毕,并按规定时间交票务中心,无特殊原因,不得故意延迟时间。

属于复写的报表,一定要复写清楚,要求上下一致,并可辨认。报表的各项内容必须按要求填写,不应随便空格不报,若因客观原因不产生数字的空格用"—"符号表示。

报表填写的文字不得使用红色笔填写,必须用蓝色或黑色笔填写,字迹必须清晰、工整,不得潦草。属于复写的报表用圆珠笔填写,属于非复写的报表用钢笔或签字笔填写。填写人员必须签章。

报表中使用的数字应使用阿拉伯数字,报表填写的数字必须一个一个填写,不得连笔书写。对金额一项,小数点后无数时,应写"00"或"—"表示。

3. 票务报表更正要求

报表填写发生错误时,不得刮擦、挖补、涂抹或用化学药水更改字迹。更改数字必须用"划线更正法",应用"划线更正法"更正时,在报表中错误文字或数字上划一红线,以示注销,要求划去整个错误数字,然后在该处盖上更改人员名字修正章以示负责;若更改次数过多导致报表不清时,应另填写一份,该报表作废。

4. 票务报表作废要求

报表在写坏作废时,应当加盖"作废"戳记,全部保存,不得撕毁,并随当日报表于次日交票务中心。

5. 票务报表的交接

报表的交接要按规定时间、地点、方式进行交接。各站客运值班员将车站的报表归整后放入文件袋中,做好报表交接的准备,由票务中心人员按既定时间和既定方式收取车站报表。

6. 票务报表的管理

报表应分类归整,检查报表是否齐全。报表均应按月装订成册。装订时要加具专用封面、封底,封面注明加封车站、加封报表名称、加封时间及装订人姓名、员工号。

车站所有报表的保管年限为 1 年。报表必须放在点钞室内保管(期限满半年以上的报表按月份打包加封后存放于车站备品库)。报表保管期满由车站按年份打包,并列出清单,同时由站务中心统一回收,经客运部、安保部等相关部门会签后,可以进行注销、销毁。严禁私自对票务报表进行注销、销毁。

二、票务台账

一般情况下,票务台账分为以下几种:
(1)客运值班员交接班簿。
(2)客运值班员与售检票员交接班簿。
(3)TVM 补币记录表。
(4)车站票据登记簿。
(5)客运值班员与售票员纸票交接登记簿。
(6)票款差异记录表。
(7)IC 卡充值售卡台账。
(8)充值员与客运值班员交接班记录。

关键名称与概念

1. 自动售检票系统:通过对计算机、统计、财务等专业知识的综合运用,来实现轨道交通的售票、检票、计费、收费、统计、清分结算、运行管理等全过程的自动化系统。英文名称是 Automatic Fare Collection，简称 AFC。

2. 自动检票机：自动检票机简称闸机（GATE），自动检票机是实现乘客自助进出站检票交易（在非付费区和付费区间通行）的设备，对有效车票，检票机通道阻挡解除（门扇开启或释放转杆），允许乘客进出站。

3. 自动售票机：自动售票机简称 TVM 机，TVM 机设于车站非付费区，用于乘客自助式购买地铁单程票。

4. 半自动售票机：半自动售票机是在车站中以人工方式为乘客提供服务的售补票设备，放置于车站售票和补票室内。半自动售票机的主要功能包括售票、补票、充值、更新、替换、退票、车票挂失、车票分析、车票处理、车票查询、收益管理、设备操作等。

复 习 题

1. 自动售检票系统的概念？（适合【初级工】）

2. 车站 AFC 设备主要包括哪些？（适合【初级工】）

3. 车票余额不足如何处理？（适合【初级工】）

4. 客值与售票员之间有哪些现金交接，并说出交接流程？（适合【高级工】）

5. 车站 TVM 发售无效票时，应如何处理？（适合【初级工】）

6. 一卡通在付费区内显示"超时"时，应如何处理？（适合【中级工】）

7. 简述票务违章和票务事故定性原则。（适合【中级工】）

8. 单程票在非付费区内显示"尚未出站"时，应如何处理？（适合【中级工】）

9. 一卡通在非付费区内显示"尚未出站"时，应如何处理？（适合【中级工】）

10. 简述纸票使用的规定。（适合【初级工】）

11. 车站清点钱箱时的流程和注意事项有哪些？（适合【高级工】）

12. 请简述普通单程票的配送流程。（适合【高级工】）

第四章 车站客运服务

通过本章学习,使学员对车站客运服务工作有较全面的认识。要求学员掌握服务的含义、服务的特点;掌握客运服务质量的含义及服务质量的要素;掌握车站客运服务的基本要求。熟悉车站客运服务流程;熟悉常规客流、特殊情况下客流的组织方法;达到运用客流组织的理论做好车站的常规客流组织和特殊情况下的客流组织的目的;达到能够运用客运服务的理念为乘客提供优质的服务的目的。

第一节 服 务 理 论

一、服务的含义

服务是满足顾客需要的行动、过程与绩效,具有无形特性和交互作用的过程,通过与顾客"合作生产"而使顾客得到利益和满足感。即顾客也参与了服务的过程。服务是一种行为和过程及其造成的结果,而非实物形态,是一种运动形态的使用价值。

二、服务的特性

服务具有无形性、不可分割性、不可储存性和异质性等四个明显不同于实体产品的特性,这些特性是服务运营的基础。

1. 无形性

服务是一种过程、概念,它虽然可以借助实物或在实物中得以实现,但服务本身是无形的,这是服务相对于一般物质产品有形性的最显著特性。

2. 不可分割性

对大多数服务而言,服务的生产过程和消费过程同时进行、不可分割,服务人员将服务提供给顾客的过程,就是顾客消费、享用服务的过程。

3. 不可储存性

服务通常不能储存下来以备将来使用,也不能在空间上转移后使用。若不及时消费服务,就会造成损失。

4. 异质性

服务的构成要素和质量水平难以统一、规范,从而导致每次服务带给顾客的效应和顾客感知的服务质量可能不同。服务的异质性由以下三方面共同决定:服务提供者的异质性(不同服务人员的技术、服务态度和努力程度不同);顾客的异质性(顾客的素质、个性化需求差异等);服务人员与顾客之间交互作用的差异。

三、服务质量要素

服务质量是一个复杂的概念,它是指服务满足一定需求的全部特征和性质。对服务质量的定义需要五个方面的要素:可靠性、响应性、保证性、移情性、有形性。

(1)服务质量要素中的可靠性,指员工可靠、准确地执行所承诺服务的能力。

(2)服务质量要素中的响应性,指服务企业的员工根据顾客需要帮助顾客并提供快捷服务的自发性。

(3)服务质量要素中的保证性,是指员工具有的为顾客提供服务所需的自信、知识与能力。

(4)服务质量要素中的移情性,指员工给予顾客关心和提供个性化的服务。

(5)服务质量要素中的有形性,指服务企业有形的设施、设备和人员外表等。

四、顾客满意

顾客满意是指消费者将其需要或期望与实际服务过程的感知进行比较而对产品或服务的评价。当顾客对服务的期望高于实际的感知时,表现为对服务质量的不满意;当顾客对服务的期望等于实际的感知时,表现为对服务质量的满意;当顾客对服务的期望低于实际的感知时,表现为对服务质量的惊喜。

第二节　车站客运服务基本要求

地铁作为城市公共交通系统中的一种速度快、运量大、行车间隔小的电动有轨客运系统,作为城市公共交通系统的一个重要的组成部分,对缓解城市地面交通压力,减轻城市地面交通拥挤起着十分重要的作用。所以要求地铁车站能安全、快速、方便地组织乘客乘降,为乘客乘坐地铁提供良好的服务。

地铁客运服务是指为乘客乘坐地铁提供的服务,地铁运营服务人员是直接从事地铁客运服务的工作人员。由于乘客乘坐地铁由"进站—购票—进闸—候车—乘车—下车—出闸—出站"八部曲组成,所以在地铁运营服务中,地铁客运服务人员相应的按以下六点基本程序来服务的:进站服务→引导购票/应急售票→检票→引导乘车→监护列车→出站服务。

车站的对外客运服务工作可主要划分为售票服务、问询服务、检(验)票服务、站台服务、广播服务等几个功能,其基本要求如下:

一、售票服务

在地铁车站中,售票服务是帮助乘客用有效的货币换取价值等同的车票,以便于乘客进入车站的付费区。由于地铁运营的自动化程度较高,所以车站的售票服务主要由自动售检票(AFC)系统来完成。虽然自动售检票的自动化程度很高,但是人工售检票方式在特殊情况下仍适用。因此掌握各种状态下的售票作业内容,是每个服务人员应有的技能。

1. 人工售票服务

售检票员在上岗前要备足零钱、发票等票务用品，整理好内务，用个人密码登录POST，在需要时开窗售票。收款、操作POST、找零由同一售检票员完成，在出售单程票（TOKEN）时必须由售检票员提醒乘客确认金额，报销凭证按实领取。售票时严格执行"一收、二唱、三操作、四找零"的作业程序（表4-1）。

表4-1　售票作业程序

步骤	程序	内　　　容
1	收	收取乘客购票的票款
2	唱	讲出票款金额，重复乘客要求的购票张数和车票类型，如未听清乘客的要求，应主动礼貌地询问
3	操作	正确、迅速地操作： A. 检验钞票真伪，如钞票为伪钞，则要求乘客重新更换钞票 B. 在半自动售票机上选择相应功能键，处理钞票
4	找零	清楚说出找赎金额和车票张数，将车票和找赎的零钱一起礼貌地交给乘客

2. 自动售票服务

车站工作人员应经常对AFC设施进行巡视检查，保证设备正常运转，对于不会使用TVM的乘客应该积极主动的进行引导，当TVM不足以应对乘客的购票需求时，在确保站台安全的前提下可采取人工售票进行补偿服务。

二、问询服务

当车站工作人员遇到乘客问询时，应注意倾听乘客所提的相关问题，做到"首问负责、有问必答"。对于涉及票务政策的内容应耐心、清楚地予以解答；对于乘客的问路，应详细告之，当自己也不清楚时要帮助向其他工作人员询问，力争给予乘客满意的回答。而对于乘客的反映意见和投诉，工作人员必须认真听取，并根据乘客的要求给予合理的解释。

三、检（验）票服务

检（验）票服务是为了维护正常的站、车秩序，保证乘客的安全，对乘客所持的车票进行确认，使乘客按规定乘车。

1. 人工检（验）票服务

在车站发售纸票或相应人员从边门进出时，售检票员要在边门处认真核对乘客所持车票或相关证件，纸票严格执行"一人一票"（团体票除外），售检票员在核对纸票无误并按要求撕口后，开放边门让乘客通过。出站乘客的纸票予以回收。对于符合边门出入条件的乘客应按要求在"边门进出登记本"上登记签名后开放边门通过。在正常情况下售检票员应保证边门处于上锁状态。

售检票员同时要负责检查乘客是否携带超限物品或易燃、易爆、有毒等危险品乘车，对于醉酒、精神病患者、1.3 m以下儿童单独乘车等特殊乘客，要及时劝阻其进站乘车。

2. 自动检(验)票服务

由于目前地铁车站 AFC 设备较多,车站工作人员应随时对设备情况进行监督,保持 AFC 设备的正常运转。要指导乘客按要求正确使用单程票以及储值卡,对不能正常进出闸机的票卡进行分析,正确办理补票、更新等业务。必要时,应及时采取人工检(验)票进行补偿服务。同时要阻止携带易燃、易爆、有毒等危险品的乘客进站乘车。对于醉酒、精神病患者、1.3 m 以下儿童单独乘车等特殊乘客,也要及时劝阻其进站乘车。

四、站台服务

站名服务主要是为候车乘客提供各种乘车信息,确保乘客在站台候车时的安全,使车站有一个良好的乘车环境。

对候车乘客要做到热情服务,有问必答。对于老、弱、病、残、孕等特殊人员重点照顾。注意乘客候车动态,及时发现乘客异常,防止乘客跳下站台,进入区间。候车乘客拥挤时要积极疏导宣传,维护车站正常的候车秩序。

列车进站前,做好乘客的疏导工作,监控有关安全事项,引导乘客站在黄色安全线内候车。

列车进站后,组织乘客先下后上,照顾重点乘客。人多拥挤时,积极进行人工宣传,确保乘客安全上下车。

列车关门时,密切注意列车车门状态。如有车门关闭不上或者夹人夹物,应及时处理或通知司机并协助司机迅速查明原因,争取在最短时间内排除故障。

列车起动后,注意乘客候车动态及列车有无异声、异味、异态。如有异常要及时通知行车值班员,并及时向有关部门汇报。

遇到有清客列车或其他站不停站通过列车到达本站时,对需要继续乘车的乘客,要做好解释劝说工作,动员乘客乘坐下次列车。

遇有车站发生伤亡事故,应及时向有关部汇报,找寻目击证人,疏导围观乘客,不扩散事态,并协助公安人员清理现场,把影响降至最低。

五、广播服务

广播服务也是车站客运服务的一个重要组成部分,也是客运服务的一个重要宣传工具。由于其影响面较广,一定要把好关,确保广播内容准确、及时。

车站应不间断向乘客进行导向广播,如列车到、发情况,换乘介绍、疏导乘客等。

车站应广播乘车规定,乘客须知、通告、公告等。

车站的电视应按规定播放有关内容,宣传车站设施的使用方法及有关内容。

第三节　车站客流组织

地铁的客运组织工作大体上可以分为正常情况下的客运组织和特殊情况下的客运组织两类。

一、正常情况下的客运组织

(一)客流

乘客是地铁运输的主体,正确有效的客流分析会对合理的安排客运组织工作起到重要的作用。

1. 客流的分类

目前,对于客流的分类方法很多,而最直观的是对乘客按出行目的进行分类:即劳动性客流和文化生活性客流。

(1)劳动性客流包括:职工上、下班出行;事物性、业务性出行以及学生上、下学出行。一般情况下此类客流是地铁运输的主要群体,也是最有稳定性和规律性的群体。

(2)文化生活客流包括:来往娱乐场所的出行;到文化和教育机关的出行;商业购物出行;日常生活的出行等。这类客流一般集中出现在节假日,具有突发性和不稳定性。

2. 影响地铁客流量的因素

(1)地铁网络涉及面的大小。地铁线路越多,选择性多,客流的增长也就越多。

(2)地铁车站在整个城市公共交通网络中所处位置。地理位置的合理与否直接影响到地铁潜在消费者的选择。一般地铁车站都会设在交通线路交汇或居民密集的地方。

(3)地铁列车的运送速度、安全性、舒适性、方便性等。这些因素往往也是地铁相比其他城市交通工具的优势所在。

(4)地铁的票价及其在市民负担交通费用中的比例。很简单,地铁票价越低,在市民负担的交通费用中比例越低,那么对于乘客的吸引也就越大。

(5)与地铁走向相关的其他交通工具的运输能力。两者互为替代,与地铁走向相关的其他交通工具的运输能力直接影响地铁的客流,运力越差则地铁对客流的吸引越大;反之亦然。

(6)列车的间隔时间长短。间隔越短,乘客等待的时间也越短,对乘客的吸引也就越大。

(二)客运计划

在对地铁客流的组成进行分析的基础上,为了满足乘客乘车的要求,并保证经济合理地使用技术设备和运输能力,就必须制定客运计划,做到有计划有组织地运送乘客。

客运计划按时效性可分为:年度计划、季度计划、月度计划以及特定任务运输计划。

(1)年度计划是根据客流预测和历年统计资料以及客流调查分析而制订的。年度客运量既与国家的方针、政策有关,又与城市经济的发展、特别是地铁沿线的发展有关。因此要综合考虑各方面因素,但运输计划不能超过地铁的运输能力。

(2)季度计划是根据年度计划,在年底计划的框架内具体考虑每季度的特点而制订的。

(3)月度计划是根据季度计划,但考虑到本季度内节假日和日常客流特点而确定。

(4)特定任务运输计划是针对特定的运输任务而制订的,它是在日常运输任务基础上分析特定运输任务特点而确定的,具有专门性。

(三)车站客流组织

1. 车站客流分析及特点

在对地铁全线乘客分析以及制订出相应的客运计划后,还应该根据各地铁车站的客流组成的实际情况进行具体的预测和分析。比如,南京地铁 1 号线新街口站地处南京 CBD 商业圈,周边写字楼和购物休闲场所比较多,再加上该站是换乘车站,故客流在全线网名列前茅,在节假日更容易出现大客流。工作日新街口站 7:30~9:30 为客流早高峰时段,17:00~19:00 为客流晚高峰时段;节假日则没有明显的早晚高峰时段。截至 2014 年 4 月,1 号线新街口站的历史客流最高纪录是 2011 年 12 月 24 日,当日进站 133 019 人,出站 127 241 人。

2. 组织领导及人员安排

(1)车站客流组织工作坚持集中领导、统一指挥、逐级负责的原则。

(2)组织分工:

①当班值班站长:处理本站的客流组织,合理安排人员,做好乘客的疏导工作。

②其他岗位人员根据各自岗位安排,做好各自本职工作,确保乘客绝对安全,展现地铁员工的美好形象。

(3)人员安排:

①原则上以当班人员为主,不安排休班人员加班。

②遇节假日、重大节点活动等可遇见性大客流,在征得站务中心同意的情况下,可安排人员到站参与大客流组织。

③遇突发性客流,仅凭当班人员难以应付时,当班值班站长可视具体情况启动应急预案,通知突击队员到场,同时向 OCC、中心站长及站务中心等汇报工作。

④结合每次客流特点定制《××大客流组织实施细则》。

3. 具体客流组织

(1)出入口开放及客流控制情况

应该根据日常统计数据将每个车站具体出入口的情况、站厅站台的乘客容纳情况以及客流走向等情况加以分析,并制订出一览表,以便对出入口开放及客流情况进行控制,示例见表 4-2。

表 4-2 客流分布情况表

项目 位置	面积 (m²)	可容纳人数(人)		
		按 2 人/m² 计	按 3 人/m² 计	按 4 人/m² 计
1 号口通道	360	720	1 080	1 440
3 号口通道	60	120	180	240
4 号口通道	45	90	135	180
站厅付费区	855	1 710	2 565	3 420
站厅非付费区	1 073	2 146	3 219	4 292
站台	1 420	2 840	4 260	5 680
合计	3 813	7 626	11 439	15 252

（2）常见情况以及处理方法

①当非付费区拥挤，而站台不拥挤的情况：

a. 当 TVM 前面排队的人数达到 8～10 人时，值班站长通知售票员开窗人工售票，并报 OCC 备案。

b. 加强广播宣传，对进站乘客进行购票引导。

②当站台拥挤，而站厅付费区不拥挤的情况：

a. 站台保安应及时向车站控制室汇报站台拥挤情况，并时刻与车控室保持联系。

b. 通知警务室加派人手加强对站台秩序的维护。

c. 加强广播宣传、解释工作，加强对站台出站乘客的疏导。

d. 通知售票员减缓售票速度，必要时停止人工售票。

e. 对闸机实行控制，双向闸机全部设置为出站闸机，关闭部分进站闸机，限制进站客流。

f. 通知护卫保安引导出站乘客快速出站。

g. 行车值班员监视列车到、发，注意站内客流变化，及时向行调报告。值班站长根据具体客流情况，向行调请求加开列车。

③站厅、站台都拥挤的情况：

a. 行车值班员监视列车到、发，注意站厅客流变化，及时向行调报告。值班站长报告行调，报告相关信息，根据具体客流请求加开列车。

b. 关闭部分入站闸机，限制进站客流，双向闸机全部设置为出站闸机，必要时打开员工通道门。

c. 护卫保安引导出站乘客快速出站，并配合站务人员回收单程票。

d. 地铁公安、站台保安在站台维持秩序，加快客流出站的速度。

e. 加强广播宣传、解释工作，加强对站台乘客的疏导。

f. 与地铁公安协调，根据需要请求地铁公安在出入口维持秩序，必要时临时关闭车站部分出入口，同时张贴安民告示。

二、特殊情况下的客运组织

在某些特定的条件下，地铁设施遭到损坏，正常的营运秩序被打乱，乘客的出行时间被扰乱或人身安全遭到威胁，此时要求客运服务人员保持清醒的头脑，在站长或值班站长的领导下，按照应急处理办法有步骤地解决问题，在最短时间内恢复车站正常的运营秩序。

在关键时刻保持良好的心理状态，将乘客安全放在首位，除了有全心全意为乘客服务的思想，还要有扎实的业务基础，下面介绍在几种特殊情况下的客运组织措施，具体的可以参阅《南京地铁技术文件汇编（站务中心）》的相关内容，但遇到实际情况，仍需随机应变，寻找最佳处理方案。

1. 客流突然大量激增时

（1）在列车运行正常情况下，遇有大量集中乘客购票时，要立即委派专人维持售票窗口旁的秩序。售票窗口处要设专人宣传，除尾处设人理顺队伍，如有需要可以增加售票员，加开售票口。

（2）在人工售检票情况下，要增加检票通道，售检票员出室站立检票。若售票口秩序混乱有发生危险的可能时,站务员及公安人员来不及补充与调动时,经值班站长批准,可出售纸票,并报 OCC 备案,待售票处稍有缓和,立即恢复凭车票进站正常售、检办法。

(3)在自动售检票情况下,每台双向闸机都调整为可进可出状态。若检验票口秩序混乱有发生危险的可能时,可改为人工售票、或者不计里程票价进站,出站口人工回收单程票。

2. 列车运行秩序不正常造成长时间无车时

当有列车在运行中出现问题,造成正线列车晚点 10 min 以上时,车站应立即进行"因特殊原因,地铁列车将有较长时间延误,有急事者请乘坐地面交通车辆"的广播宣传,并减少 TVM 的工作数量,降低售票速度。站务人员要在车站出入口和进站闸机处进行宣传和安全巡视,并做好解释工作。若大厅或站台乘客拥挤不堪难以出入时,马上采取派人把口节流和分批进站方法,或上报上级领导要求停止售票,临时关闭出入口,引导乘客只出不进。

3. 列车到达乘客密集下车,造成站台拥挤、出站困难时

立即在车站咽喉处设人疏导迅速出站,对进出口分开的车站,如进口客流不大或进出比例在3:7以下的岛式车站,可临时用进站口疏导乘客。利用车站广播进行宣传并监视站台边缘乘客动态,当站台出乘乘客不得不处在安全线以外时,不能再由车上下人,行车值班员与调度联系,经同意后立即采取后续列车在机外一度停车,在本站通过或通知到达列车司机,暂缓开启车门的办法。

4. 遇到已知的重点运输情况时

提前做出客运组织方案。确定临时售票地点,张贴各种标志,售票地点要与进站口拉开距离 5 m 之外,进站口要分开,售票点设维持秩序人员(队头、队中、队尾),进站口外要用护绳、围栏隔开,等候买票的乘客要劝阻在护栏之外。站台、大厅、出口要有接力传递信息人员,随时对售票速度进行灵活掌握和控制。遇有晚间重点运输时,站外要装有足够照明。

5. 车站进行临时清客时

站台安全员、值班站长、行车值班室无作业时的行车人员要全部出动进行清客,并及时要求驻站警务人员予以协助。车站对乘客既要做好宣传解释,又要使之有紧迫感,对下车乘客应主动劝慰,确保清客工作顺利进行。

6. 因特殊原因造成群众不满,在站集结闹事时

除请公安人员协助外,应将个别领头人带到僻静地点进行教育,如确因地铁原因造成的,可主动与其单位联系,讲明情况或开具证明,或给其退。对大多数乘客进行耐心说明工作,对与司机纠缠的乘客应主动进行劝解工作,缩小事态,让司机及时开车。

7. 车站照明全部熄灭时

应立即通知行调及有关部门,同时利用广播进行宣传,用以安定乘客的心理,引导站厅乘客出站,并立即停止售票,派人至车站出入口提示乘客停止进站。站台安全员携带喇叭和电筒,引导站台上的乘客缓慢疏散出车站。行车值班员及时通知调度,使上下行列车在站通过,如有少量事故照明时,售票处理要控制售票,必要时采取派人值守出入口,引导乘客分批进站的措施。

8. 遇有大风、雪、雨出入口和通道堵塞时

在出入口处增派人员防止大量涌入,对下车乘客引导出站,工作人员对乘客进行宣传,组织乘客在出入口和通道两侧待避,疏通出中间通道,电梯暂停使用。大厅混乱时,要着重维持售、检两处的秩序,出现危急情况时,应得到调度同意后,列车在本站不载客通过。

9. 车门在站发生故障时

列车在站,车门发生故障,在司机处理故障时,站务员一方面注意乘客安全,另一方面作好跟车护送的准备,并及时与行车值班员和司机联系,在行车值班员请示调度后,果断跟车护送终点站或直至有人替换。岗上抽人跟车后及时补充,无多余人员时,由客运值班员代岗。如两个门以上故障,确已无人护送,要及时向行调说明情况,听从上级安排。

10. 发生地外伤亡事故时

列车在站内或区间发生乘客伤害事故时,除按公司规定的处理确保对运营影响最小以外,站务人员还要及时疏散围观乘客,注意他们的动态,防止再发生事故。此外,站务人员要积极配合相关部门的调查和善后处理工作,不得声张事态情况,更不得离岗躲避或离岗观看。处理结束后应及时对事故地点清迹复原。

11. 列车区间、隧道内停车时

列车在区间或隧道内由于线路,设备故障无法运行时,值班站长接到通知,应立即组织人员,做好应急措施的准备工作,听候行调命令。如一旦无法恢复牵引动力,列车需在区间、隧道内停留较长时间时,车站接到行调命令,安排工作人员携带荧光衣,应急灯,喇叭等备品下线路赴现场救援。列车上应加强安全宣传,稳定乘客情绪,采取有效措施流通车内空气,必要时疏散乘客。

12. 车站发生火灾时

车站行车值班员接到火情报告后,应立即向119、120、OCC等部门汇报,并广播宣传提醒乘客保持镇静。车站值班站长应立即组织站务人员、驻站工班人员并携带灭火器具赶往火情现场,进行初期灭火。当初期无法扑救时,应及时汇报并疏散乘客出站。车站应打开所有的疏散通道引导乘客在最短时间内离开,应安排人员在出入口劝阻其他乘客进站,并注意观察,待消防救援人员赶到后引导其去火灾现场。当火灾被扑灭后,车站应尽快清理现场,恢复运营。

第四节　客运服务规范

客运服务人员每天面对着成千上万的乘客,一举一动、一言一行都体现着城市轨道交通的形象。除了城市轨道交通车站环境整洁优美,列车安全正点运行外,所有客运服务人员的举止言行是构成城市轨道交通一流服务质量的重要因素。

为展现城市轨道交通企业职工的训练有素的风采,树立城市轨道交通良好的窗口形象,客运服务人员要从仪容仪表、言谈举止等一点一滴的小事做起。

一、基本要求

1. 制服

(1)上班时间应按规定整齐统一穿着制服,佩戴领带(丝巾)、肩章、工号牌等;制服在穿着之前应当熨烫整齐,领带长度适宜。

(2)穿春秋制服外套应配硬肩章,衬衫佩戴软肩章;夏季制服一律佩戴软肩章。

(3)穿制服时,应衣装整洁,不缺扣、不立领、不挽袖挽裤;穿防寒大衣时,应穿好扣好,不披着、盖着、裹着。

(4)凡着工作制服时,必须穿着工作鞋。工作鞋损坏未补发时,应着黑色皮鞋,前不露趾,后不露跟,并保持光亮、整洁;女员工必须穿低跟、坡跟或平底皮鞋,不得穿高跟、细跟皮鞋上岗。

(5)女员工配穿肉色无花纹丝袜;男员工配穿深色袜子,不可穿白色或浅色袜子。

(6)佩戴标志要清洁平整,肩章佩戴于肩上,工号牌和党徽佩戴于衣服左胸上方,党徽佩戴于工号牌的中上方;在车站站厅、站台等公共区域当班的员工(含在此范围内巡视的员工)当班时需佩戴帽子。在办公区域、票厅等封闭空间内,可以不戴帽子,但女员工仍需要按规定将头发盘起并束于头花网内。

(7)原则上只能在工作地点、工作时间穿着工作制服,参加总公司或公司组织的重大活动时必须按要求着统一工作制服。

(8)各站应该根据公司相关规定,在规定的时间内统一换穿相应季节的制服。

2. 发型

(1)女员工发型:留长发的女员工身着工作制服时,必须将长发盘起并束于头花网内,短发以简单大方为主,不染、不烫夸张的颜色和发型。

(2)男员工发型:不留长发、大包头、大鬓角和胡须,两侧头发必须露出耳朵,后面头发不得超过衬衫衣领上边缘,也不可剃光头,不得染、烫夸张的颜色和发型。

3. 其他要求

(1)员工上岗时只能化淡妆,不能化浓妆,不可用颜色过于夸张的唇彩、眼影、腮红。

(2)女员工穿着制服时,只能佩戴样式简洁大方的项链(不可露出制服)、戒指(只可带一枚)、耳钉(无坠,只可在耳垂上带一副),其他饰品和款式夸张的项链、戒指,一律不允许佩戴。

(3)员工在正常上岗时,必须保持十指指甲干净,女员工不允许涂有色指甲油,涂无色指甲油时,必须保持指甲油完好,不缺损。

(4)给乘客做手势指时,应手势规范,五指并拢,手臂伸直,掌心斜向上,身体向前微弓。

二、对乘客服务的礼貌和禁忌

(1)用微笑来面对乘客,回答乘客问题的时候,"知之为知之,不知为不知",向别人请问后再向乘客解答。

(2)同事之间不当乘客面说家乡话和争吵。

（3）不许在乘客的背后做鬼脸，不许相互做鬼脸，不能讥笑乘客不慎的事情。

（4）交给乘客物件应双手送上。

（5）主动帮助老弱和残疾乘客。

（6）处理投诉时努力记住乘客的姓名。

（7）十字文明用语：您好，请，谢谢，对不起，再见。

三、电话礼仪标准

1. 接电话

（1）电话铃响后第二声接电话，保证不超过三声。

（2）对于办公场所的人员，铃声就是噪声，因此应该尽量降低音量。

（3）如果你耽误了时间，请你务必说"让您久等了，对不起。"

（4）拿起听筒，先道"您好"，并报出部门，然后听取来电人的要求。标准用语："您好，××部门（中心、车站或班组）。"

（5）如遇到难以理解的事情，需礼貌询问。重复来电人的要求是非常必要的。例句："对不起，您是找王部长吗？我们部门没有姓王的部长。请您打到人力资源部问问。人力资源部的电话是……"

（6）平时准备好笔和笔记本，必要时，马上记录。例句："请您再说一遍。好的，我把地址记下了，等他回来我一定转告。"

（7）不能马上回答来电人提出的问题时，应礼貌挂上电话，调查清楚后立即给予答复。例句："对不起，等我请示领导后再答复您，好吗？……再见。"

（8）挂电话时，必须听到对方切断电话声音后，方可放下电话。标准用语："好的，再见。"稍后放下电话。

2. 留言

（1）需要捎口信时，正确记下来电人的姓名和内容，不要传错。

（2）放电话前，清楚地报出你的部门和姓名。例句："您贵姓？让他下班后务必和您联系一下，好的，我一定转告。我是××部门（中心）的×××。再见。"

3. 传达

（1）接到不是自己责任范围内的电话时，在充分确认此事基础上，传达给正确的承办人。例句："好的。这事小张负责，等她回来后我转告他。"

（2）如果不清楚谁是承办人时，先礼貌地挂上电话，确定了承办人以后，请承办者回电话，绝不可重复滥打电话给来电人。例句："对不起，我不清楚这事谁负责。等我问清楚后让他给您回电话。"

4. 打电话

工作中严禁打私人电话或使用电话进行从事与工作无关的活动。

5. 语调标准

（1）讲话礼貌、清楚。要注意声音的大小和讲话的速度，应避免声音过大、速度太快或太慢，不使用过快或阴郁的言语。

（2）不要使用来电人不懂的专用语和含糊不清的言语。要特别重复数字、日期、固定名词，直到对方清楚为止。

四、服务流程表

乘客从进站到出站的过程中,各流程的服务要求见表4-3。

表 4-3　服务流程表

流程	服务项目	操作指南	备注
1. 进站	1.1 乘客进站	(1)确认本站各出入口的地面导向标志指引是否清晰、正确,是否能正确地指引乘客找到地铁进站口,若地面导向标志损坏,指示错误或不明晰,车站员工应及时上报 (2)确保各出入口在该站首班载客列车到站之前 10 min 开启完毕 (3)确认出入口公告栏信息(票价、时刻表等)、地下导向标志的指引是否正确,若有误,同第一点的处理方式处理 (4)确保通道、站厅处的乘客乘车守则等宣传清晰、齐备 (5)确保通道照明设施状态良好,有足够的光亮度 (6)确保各种悬挂设施牢固稳定、完整,非悬挂设施完整无缺,没有伤及乘客的危险 (7)水浸出入口时,车站员工应该做到:关停出入口处的电扶梯;在出入口与地面、站厅交界处放置告示牌"小心地滑";在出入口设置挡水牌(木板、沙袋等),并通知保洁人员清扫积水 (8)确保通道、站厅卫生清洁,无杂物、纸屑,无积水,若发现地面不清洁或有积水,立即通知保洁处理,并在有积水处放置"小心地滑"的告示牌 (9)有乘客询问如何乘车或厅巡在巡视时发现有不明确乘车程序的乘客,应主动耐心地上前询问:"您好,请问有什么可以帮您的?"	应该多巡站
	1.2 乘客携带大件行李进站	(1)当乘客携带超长、超重的行李时,向乘客解释:"对不起,您不能携带超长(超重)的物品进站,请您改乘其他交通工具。" (2)必要时协助携带允许的大件物品的乘客进站	发现乘客携带行李,应主动引导
	1.3 乘客携带气球(宠物)进站	及时制止,并向乘客解释:"对不起,为了您的安全(保持车站的环境),请不要携带气球(宠物)乘车,多谢合作。"	
	1.4 乘客进站时乱扔乱吐	(1)及时制止,并解释:"对不起,按市政府规定,在公共场所乱扔乱吐,将处以罚款,请您下次注意。" (2)立即通知保洁进行清扫,不得影响车站的美观环境	
	1.5 当乘客询问你不熟悉的乘车线路	按服务标准,对乘客的问题做到有问必答,如果出现你不熟悉的地址或乘车线路,不能主观臆断地告之乘客,应告诉乘客"对不起,我不清楚,我帮你询问其他工作人员";立即询问车站其他员工。若车站其他员工都不知道时,此时应礼貌地向乘客解释	
	1.6 当乘客要求找人、找物时怎么办	真正树立"想乘客之所想,急乘客之所急,帮乘客所需"的主动服务意识。车站记录乘客的找人、找物信息,立即向行调或服务热线汇报,将此信息通报各站,发动各站进行寻找,并请乘客留下地址、联系电话,以便联系	

流程	服务项目	操作指南	备注
	2.1 当乘客询问如何购票时	(1)当乘客询问如何购票时,车站工作人员耐心回答:"如果您需要买单程票,请您先在售票厅兑零,然后到自动售票机处购买,如果您需要买 IC 卡,可直接在代办点购买。" (2)对老人、小孩应给予积极主动的服务	应该多巡视,主动指引乘客到自动售票机购买单程票
	2.2 当乘客使用的设备不良时	(1)当乘客使用的 TVM、GATE 等设备不良时,应该立即将该设备设为"暂停服务",并请乘客使用另一部机器 (2)同时报车控室设备故障,及时通知相关人员维修	应及时巡视,确保 TVM、等状态正常
	2.3 乘客兑换硬币	售票员严格执行"一收、二唱、三操作、四找零"的程序,当排队的乘客超过 5 人以上,售票员要立即站立服务	
	2.4 开启人工售票	售票员严格执行"一收、二唱、三操作、四找零"的程序,确认无误后,说:"找您××元,一张××元的车票。"	
	2.5 如何处理乘客在票厅前排长队	(1)排队超过 5 人时,售票员立即站立服务,加快兑零速度,排队超过 8 人时,请示值班站长加人实施双人兑零方案,或者加设临时兑零点 (2)在出售及分析车票时尽可能使用功能键,使操作准确而快捷	加强引导,尽可能使两端票厅乘客数均衡
2. 购票	2.6 当找不开零钱时	售票员应有礼貌的询问乘客:"请问您有零钱吗?"或者说:"对不起,这里的零钱刚刚兑完,请您稍等,我们马上备好零钱或麻烦您到对面票厅或银行去兑换。"	车站必须尽量避免出现零钱储备不足的情况
	2.7 如何处理硬币不足的情况	(1)向乘客耐心解释:"对不起,这里的硬币刚好兑换完了,麻烦您稍等。" (2)立即通知客运值班员增配硬币	值班员科学配币,及时巡视,避免出现售票员硬币不足的情况
	2.8 如何面对兑换大量硬币的乘客或商铺人员	售票员耐心向乘客解释:"如果您不乘坐地铁,请到银行兑换硬币,否则会给我们的工作带来不便,影响了对其他乘客的服务。"	
	2.9 如何缩短办理乘客事务的时间	(1)值班站长或值班员接到处理乘客事务后 3 min 赶到站厅处理 (2)通过海报、各种警示牌等形式加大对票务政策的宣传力度,同时在办理前,车站员工应耐心向乘客解释我们的票务政策,让乘客明白办理的程序,避免让乘客感到不满,造成投诉而耽误的时间	各岗位加强服务意识,对闸机多巡视
	2.10 如何面对不排队兑零、购票的乘客	售票员应该礼貌地向乘客指出应该排队等候购票,不给予其超前办理	应该做好相应的引导工作,维持好排队秩序

123

流程	服务项目	操作指南	备注
2. 购票	2.11 如何处理乘客付给的假钞、残钞	(1)除缺损四分之一以上、破旧辨认不清面值的纸币不收外,其余都应按规定收取 (2)售票员发现乘客使用假钞,应耐心向乘客解释:"您这张是假币不能使用,请您另外换一张人民币。" (3)如解释仍无效,可报告值班站长或请求公安出面处理 (4)若遇到面值较大或数量较多的假币,应立即报告值班站长或请求公安出面处理	
	2.12 因票款不符而与乘客产生纠纷	(1)车站工作人员向乘客解释:"对不起,我们的票款是当面点清的,请您再确认一下,您的票款是否正确,如果确实有误,我们立即进行封窗查票。" (2)乘客认为票款确实有误时,值班员以上人员立即进行封窗查票,若查出售票员长款,车站员工应马上把钱退还给乘客,并向乘客解释:"对不起,由于我们工作的疏忽给您带来的不便,希望得到您的谅解,我们一定会避免下次再发生这类事件。"若售票员的票款吻合,我们的工作人员要耐心向乘客解释,做好安抚工作:"对不起,经我们查实,售票员的票款没有差错,请您谅解。"乘客故意为难员工,可找公安配合	在票厅显眼处张贴"票款当面点清"的告示;要求售票员遵守"一收、二唱、三操作、四找零"的原则
	2.13 如何处理乘客卡币(票)	(1)检查设备状态,如显示卡币,则按规定办理 (2)如显示正常,则填写相关表格,并向乘客解释:"对不起,我们目前无法核查,按我公司的票务政策规定,需经夜间清点确认后才能办理。"留下乘客联系方式,次日回复	
	2.14 乘客要求退票	按照公司票务规定办理乘客退票	
3. 进闸	3.1 乘客进闸	(1)对第一次使用车票进闸的乘客,特别是老年乘客,应协助他们使用车票,耐心告诉乘客:"请按将车票防置在读卡区,然后拿回车票通过扇门,并妥善保管好车票。" (2)对携带了大件行李而不便进闸的乘客,可以让乘客读票并待扇门关闭后(以防其他无票乘客进站),为该乘客打开通道门进站,并告诉乘客保管好车票	
	3.2 处理超高小孩逃票、成人逃票或违规使用车票的乘客	(1)发现无票的超高小孩或故意逃票的成年人,应马上上前制止,并要求重新到售票厅买票:"对不起,您超过了 1.3 m(或您好,成年人应该买票),请您购票,请配合我们的工作。" (2)若发现违规使用车票的乘客(特别是成人使用学生票、年轻人使用老人票或老人半价票等有意逃票的行为),可按执法程序执法,必要时找公安配合	在进闸机、票厅处设立明显的 1.3 m 标尺;加强对进闸机的巡视
	3.3 乘客进闸时正在饮食	应该马上制止,并向乘客解释:"为了保持车站及车厢的卫生,请勿在入闸后饮食,谢谢合作!"	加强对进闸机的巡视

流程	服务项目	操作指南	备注
3. 进闸	3.4 乘客乘坐电梯	乘客进闸后乘坐电梯到达站台,通过电梯扶手处张贴的宣传画、乘电梯守则和站厅广播等向乘客宣传"右侧站稳,左侧通行",车站员工要多加强引导	广播至少每20 min播放一次
	3.5 残疾人下楼	及时安排并帮助残疾乘客乘坐残疾人专用电梯	
	3.6 老年乘客坚持乘扶梯而拒绝走楼梯	(1)进闸后,劝老人走楼梯或由家人陪同下到站台,或由工作人员陪同老人一起下楼梯,送至站台 (2)利用广播宣传"老人乘坐扶梯请由家人陪同"	
	3.7 如何处理摔伤乘客	(1)发现乘客摔伤,立即由车站工作人员搀扶到车控室,若乘客伤势严重,立即报120,若伤势较轻,可由车站提供外伤的药品 (2)当时立即寻找两位目击证人,若因地铁原因造成的乘客摔伤,通知保险公司,按地铁有关规定处理;若因个人原因造成,则安抚乘客下次小心,有必要时,通知其家人	
4. 候车	4.1 如何确保乘客候车的良好环境	确保站台卫生清洁,无杂物、纸屑,无积水,若发现站台不清洁或有积水,立即通知保洁处理,并在有积水处放置"小心地滑"的告示牌	当班的值班站长应该多巡站,每班不得少于3次
	4.2 乘客站在黄色安全线边缘或蹲姿候车如何进行安全教育	(1)通过车站固定录音广播、人工广播不断向乘客宣传,强调指出:"为了您的安全,请在黄色安全线内候车(请勿蹲姿候车),请勿靠近站台安全门。" (2)站台岗员工不断加强巡视,发现有乘客越出黄色安全线或蹲姿候车,应立即制止 (3)发现身体不适,或年龄较大的乘客,可指引他们到候车椅上休息	车站应至少15 min播放站台安全广播一次
	4.3 乘客候车时吸烟	站台岗员工发现有乘客吸烟,立即制止乘客行为,有礼貌的解释:"对不起,为了安全,地铁站不允许吸烟,请您灭掉烟头,谢谢合作!"	
	4.4 如何处理小孩在站台追跑的情况	站台岗员工特别提醒家长带好自己的小孩,不要让他们随意在站台上奔跑,及时上前制止正在追逐打闹的小朋友,用人工广播强调:"地面很滑,容易摔跤,请家长带好小孩,不要在站台追逐、打闹、奔跑。"	
	4.5 当站台有老人、精神异常等特殊乘客时	(1)发现有老人、小孩候车,应重点留意并指引他们到座位上等候 (2)发现有精神异常的乘客,立即通知车控室处理,并重点留意他们的动态,同时加强维持站台的秩序 (3)发现有身体不适的乘客,应主动上前询问情况,并指引他们到座椅上休息,若乘客感到很不适,立即通知车控室处理	站台岗员工应加强观察站台候车乘客的动态

第四章 车站客运服务

左侧竖排：城市轨道交通车站值班员

CHENGSHIGUIDAOJIAOTONGCHEZHANZHIBANYUAN

126

流程	服务项目	操作指南	备注
4. 候车	4.6 乘客有物品掉下轨道	（1）站台岗员工应立即提醒并安抚乘客："请勿私自跳下轨道，我们的工作人员将会尽快为您拾回物品，多谢合作！" （2）站台岗员工再用对讲机通知车控室处理，同时要确保乘客不能有跳下轨道的行为	站台岗员工应对携带大件物品、推车、球类和在站台打手机的乘客多提醒，多留意
	4.7 列车晚点，延误乘客时间	（1）值班站长在列车晚点 5 min 以上，应立即采取措施，通知各岗位列车晚点，做好对乘客的解释工作 （2）按列车故障、晚点规定，在 SC 上设置列车故障模式 （3）用标准广播，向乘客播放相关票务政策，为乘客提供全面的服务让乘客满意	
5. 乘车	5.1 列车开门	要求注意力集中，保持良好的站姿，发现有异常情况，马上用对讲机报告车控室并协助司机处理	
	5.2 乘客上车	在车门即将关闭时，阻止强行上车的乘客，以防被车门夹伤，请其耐心等待下一趟车	
	5.3 车门夹人	乘客被车门夹有两种情况： 一是乘客未被夹伤，要求有个说法：要耐心认真听乘客叙述事情经过，并进行分析；如因乘客抢上抢下被夹应向其说明有关注意事项，希望乘客今后乘坐地铁应提前做好上下车准备，避免再出现此类现象；确因地铁原因造成乘客被夹，应向其表示歉意 二是乘客被夹伤，要求去看病：安慰被夹伤的乘客，并向乘客讲明自己正在当班，不能擅自离岗，通知值班员/值班站长处理。若因地铁原因造成的乘客夹伤，上报安保部，按地铁有关规定处理	
6. 下车	6.1 乘客下车	（1）通过站台广播向乘客宣传："乘客下车时，请小心站台与列车之间的空隙，车门和站台门即将关闭时，请不要强行下车，谨防被夹伤。" （2）对下车的老人和小孩，用广播宣传："请老人、小孩走楼梯或由家人陪同乘坐电梯。"	
	6.2 列车关门	（1）由司机掌握好关门时机，准确关门，发现有乘客抢上抢下时，要及时采用重开门按钮开门，避免夹伤乘客 （2）车门关好后，马上呈立正姿势再次确认列车所有车门黄色指示灯灭，所有乘客离开黄色安全线，才进入驾驶室	
	6.3 乘客乘坐电梯	乘客下车后乘坐电梯到达站厅，通过电梯扶手处张贴的宣传画、乘电梯守则和站厅广播等向乘客宣传"右侧站稳，左侧通行"	广播至少每 20 min 播放一次

流程	服务项目	操作指南	备注
6. 下车	6.4 残疾人上楼	车站站厅、站台安全员及时安排并帮助残疾乘客乘坐残疾人专用电梯	
	6.5 乘客下车后逗留在站台时	站台岗员工注意下车乘客的动态,若发现有逗留在站台不出站的乘客,应主动上前询问情况,礼貌地告诉乘客不要逗留在车站,应该尽快出站	站台岗员工要提高警惕,避免发生逗留的乘客跳轨追车或跳至另一个站台等紧急情况的发生
7. 出闸	7.1 有秩序地组织乘客出站	加强对出闸机的巡视,并通过广播的形式向乘客进行"关于单程票回收和一张票只能一人通过闸机"的宣传	
	7.2 如何处理超高小孩逃票、成人逃票或违规使用车票的乘客	(1)发现无票的超高小孩或故意逃票的成年人,应马上上前制止,解释:"对不起,您超过了1.3 m(或您好,成年人应该买票),请您补票,按地铁票务政策规定,补票是补全程×元,请您配合我们的工作。" (2)若乘客态度不好且不愿补票,应耐心地向他们解释地铁的票务政策;若乘客故意为难工作人员,可找公安配合 (3)若发现违规使用车票的乘客(特别是成人使用学生票、年轻人使用老人免费票或老人半价票等有意逃票的行为),可按执法程序执法,必要时找公安配合	加强对出闸机的巡视
	7.3 携带大件物品的乘客	对携带大件物品且不便出闸的乘客,应马上为乘客开边门,对需要买行李票的行李,应向乘客收回车票,并将车票放入出闸机回收	
	7.4 如何处理乘客卡票(含如何辨别是否真为卡票)	(1)在车站计算机上或到现场看闸机状态,发现确实卡票可按照规定办理 (2)找到车票后,向乘客询问有关车票的信息,确认车票是否为该乘客的,并做好相应的解释工作 (3)若车站计算机无报警,打开闸机时也没找到车票,请AFC维修人员到现场确认,情况属实,则对乘客做好解释工作	
	7.5 乘客手持的车票出不了站	向乘客做好解释工作:"对不起,您的车票已超乘,按规定补交超乘车费××元。"或者:"对不起,您的车票已超时,按规定须补款××元。"或者:"对不起,您的车票有问题,我现在为您办理。"	
	7.6 售票员处理补票口车票	(1)当付费区与非付费区均有人时,要向乘客做好解释工作,首先处理付费区内的乘客;并向非付费区的乘客解释:"请稍等,马上帮您处理。" (2)将车票分析后,通过显示器告诉乘客,需要补票或者车票过期等信息	

127

第四章 车站客运服务

流程	服务项目	操作指南	备注
8.出站	8.1乘客出站	(1)确认站厅的出入口导向牌等标志信息是否正确、是否完整,若导向标志损坏,或指示出错,车站员工应及时通过运营日况、书面报告、口头报告等形式报到站务室 (2)若乘客不确定自己出站的方向,车站员工应给予主动、热情的指引,不能欺骗或敷衍乘客	车站员工熟悉地铁站连接的各大建筑物、商场、学校、医院等场所,以及采取的换乘方式
	8.2 如何处理乘客在地铁站逗留	及时发现有乘客在地铁站逗留时间较长不出站,或坐在站厅的地上时,应及时问清乘客逗留的原因,礼貌地请乘客不要坐在站厅地面,请乘客尽快出站,以免影响车站的正常客运	
	8.3 如何面对有投诉倾向的乘客	(1)全体站务人员应具备预防服务冲突的两种优质品质,即:宽容大度、与人为善 (2)处理问题时应注意方式方法,采用"易人、易地、易性"的方式,耐心地做好乘客解释工作。寻求最佳的处理时机,避免投诉事件的发生: 易人处理:必要时,交给其他站务人员处理 易地处理:将乘客请到房间内或僻静处处置,给乘客留面子 易性处理:原则性和灵活性有机结合	处理投诉尽量避免在乘客聚集的场所

第五节　客运服务技巧

一、各岗位服务技巧

1. 站厅巡视时服务技巧

(1)巡视时要多看、多听、多巡、多引导。多看:有无异常情况,看有无需要帮助的情况和需要处理的设备故障;多听:多听乘客对我们服务的意见、建议;多巡:即多走动、巡视了解站厅客流情况;多引导:引导乘客到乘客较少的站厅一端 TVM 或临时售票点购票乘车。

(2)多名乘客同时求助时,根据实际情况分轻重缓急依次处理,必要时报告车控室,不得对乘客不理不睬。

(3)受到乘客的责骂、殴打应做到"打不还手、骂不还口",同时注意自我保护;若乘客行为危及员工人身安全,及时报警处理。

(4)要及时查看 AFC 设备中的钱箱、票箱情况,以便及时更换。

(5)当所有 TVM 前乘客排长队时,请示值班站长开启人工售票。

(6)能自己解决的问题要及时、果断处理,避免处理时间过长,不能处理的问题及时通知值班站长。

2. 站台顶岗时,站台岗位服务技巧

(1)"四到":

心到:精神高度集中,随时应变异常。

话到:提醒乘客按排队箭头候车,不要越出候车线,礼貌疏导客流,向违章乘客解释制止。

眼到:三步一回头,密切注视乘客情况及列车运行状态。

手到:主动处理问题,如发现地面有水,及时设置"小心地滑"牌,设备故障放"暂停服务牌",地面有脏物时及时找保洁工清除。

(2)"四多":

多监控:密切监督站台乘客情况,必要时采取控制措施。

多提醒:提醒乘客看管物品、看好小孩、不得跑闹、追逐,到人少的一端候车等。

多联系:发现异常情况及时与车控室及其他岗位联系。

多巡视:在每次列车到达间隙巡视站台一遍,巡视时"三步一回头"。

(3)站台发现乘客伤亡事件或其他异常情况时,及时寻找目击证人并记录。

(4)遇蛮横不讲理的乘客及时与车控室联系,不与乘客发生正面冲突。

(5)站台客流不均匀时,及时引导控制,防止乘客拥挤和扒门。

3. 售票员岗位的服务技巧

(1)排队超过 8 人,并维持 3 min 以上,请示值班站长开启人工售票。

(2)在出售及分析车票时尽可能使用功能键,使操作准确而快捷。

(3)在兑零空余时间尽可能把硬币盘摆满硬币。

(4)所兑硬币不散放,而是垒成柱形,使乘客取用方便、快捷,不得有丢、抛的动作。

(5)充分利用点币盘兑零,同时台面适量放置几个硬币。

(6)减少售票厅交接班时对乘客服务的影响,如:交接班时间安排在车站非高峰期;交班前做好有关准备;接班人先准备好一盘硬币。

(7)应优先处理付费区内乘客,并要礼貌地让非付费区内乘客稍等。

(8)应预备充足的零钱和车票,掌握存量,及时通知值班员追加,保证兑零工作顺畅。

二、乘客沟通技巧

城市轨道交通的乘客,可以分为持有"一卡通"的乘客,购买单程票的乘客,老人、学生以及持有效证件免费乘坐地铁的乘客,购单程票的乘客有的熟悉轨道交通系统,有的不熟悉轨道交通系统(如外地乘客、游客、很少搭乘轨道交通的乘客),对不熟悉轨道交通系统的乘客就要求能提供咨询等服务。

对熟悉轨道交通系统的乘客,他们乘坐地铁可以通过熟悉轨道交通车站的导向系统,自助完成旅程。为这类乘客提供服务时,沟通的语言宜简洁明了,最好直奔主题。

对不熟悉轨道交通系统的乘客提供服务时,服务人员要注意采用规范用语和语音语调,力求语言亲切,采用商量的口气、言辞委婉、恰到好处,留有余地、语言幽默、注意自责、顾全大局。

首先,注意掌握和分析乘客的心理需求,满足乘客及时进站上车、安全方便换乘、快速顺利出站或特殊服务的需求。

其次,服务环节中必须规范用语,讲究语言技巧。

语言是为乘客服务的第一工具,服务人员与乘客的交流沟通主要借助语言进行,语言对做好服务工作有十分突出的作用。得体的语言会使乘客倍感亲切,反之会截然不同。俗话说,一句话让人笑,一句话让人跳。因此客运服务人员在工作中应做到:亲切和蔼、语言文雅,使用普通话。

1."十字文明用语"

请托语:"请"。

问候语:"您好"。

致谢语:"谢谢"。

道歉语:"对不起"。

告别语:"再见"。

2. 各岗通用用语

(1)当乘客询问时,应面带微笑:"您好,请讲!"

(2)对问路的乘客:"请走×号口。"(并配有五指并拢的指路动作)

(3)对重点乘客:得体的称呼+"我能帮助你吗?"

(4)纠正违章乘客:"对不起,请⋯⋯"

(5)工作失误、对乘客失礼:"对不起,请原谅。"

(6)受到乘客表扬时:"这是我们应该做的,请多提宝贵意见。"

(7)受到乘客批评时:"对不起,谢谢。"

(8)乘客之间发生矛盾时:"请不要争吵,有问题我们可以商量解决。"

(9)对配合工作的乘客:"谢谢。"

(10)当乘客人多,要穿行时:"对不起,请让让路,谢谢。"

3. 检验票岗用语

(1)对出示证件的乘客:"谢谢。"

(2)为特殊乘客开边门(或专用通道)放行:

①"请。"

②"对不起,请稍等。"

(3)对持票、卡却无法进/出闸机的乘客:

①招呼语:"请⋯⋯"

②接卡分析:"请稍等。"

(4)分析处理后:

①"对不起,卡已过期,请重新购票。"

②"请进/出站。"

③"请补/加×元。"

(5)发售免费出站票:"麻烦,请签字。"(同时递上签字本和处理好的车票)

(6)对不会使用磁卡的乘客:"请按箭头方向插入。"

4. 站台岗用语

(1)检查危险品时:"对不起,请您将包打开,谢谢。"

(2)安全宣传:

①"请站在安全线内候车。"

②"请不要拥挤，分散上车。"

（3）维持秩序："请先下后上，排队上车。"

（4）对问询乘客："你好，请讲"或"请……"

5. 售票岗用语

（1）售票窗口拥挤时："请大家按顺序排队，不要拥挤。"

（2）对所购车票有异议的乘客："对不起。请稍等。"

（3）对处理好车票："请拿好。"

（4）对充值及购储值票的乘客："请确认面值。"（并用手指向显示屏）

6. 城市轨道交通服务人员必须杜绝服务禁忌

（1）服务人员应做到：不讲有伤乘客自尊心的话；不讲有伤乘客人格的话；不讲怪话、埋怨乘客的话；不讲粗话、脏话、无理的话和讽刺挖苦的话。

（2）服务人员忌用：撞语、冷语、辩语。

（3）服务人员忌用：责难的语言、侮蔑的语言、冷漠的语言、随意的语言。

（4）坚决杜绝客运服务中忌讳的五种服务态度：不热情的态度、不耐烦的态度、不主动的态度、不负责的态度、不尊重的态度。

7. 端正态度，全心全意为乘客服务

（1）端正态度

客运服务中只有端正了态度，才可能做到全心全意为乘客服务。因此全体客运服务人员应做到：主动、热情、诚恳、周到、文明、礼貌。

（2）全面服务

①接待乘客要文明礼貌，纠正违章态度要和蔼，处理问题要实事求是。

②接待乘客热心、解决问题耐心、接受意见虚心、工作认真细心。

③主动迎送、主动扶老携幼、照顾重点、主动解决乘客困难、主动介绍乘车常识，主动征求乘客意见。

（3）重点照顾

对老弱病残孕及怀抱婴孩或其他有特殊困难的乘客应重点照顾。

满足乘客的特殊需要。

解决乘客的特殊困难。

以上内容看似平凡，但要真正做到亦不容易，服务人员只有发自内心真诚地去为乘客服务，才能收到预期的效果。

三、投诉处理技巧

车站员工服务行为优劣将直接影响着地铁公司的整体形象，一名优秀的员工应具有与公司身份相适应的职业素质，应具备无可挑剔的服务礼仪和相应的并且合乎规范的与乘客交往的工作技巧。

1. 有效处理投诉的重要性

（1）使处理投诉者增强自信心。

（2）提高处理投诉者对工作的满足感。

（3）维持乘客对地铁良好印象使乘客再次光临。

（4）保持地铁服务良好声誉。

2. 乘客的类型和服务方法

（1）普通型：服务人员采用正视的服务方法。

（2）自大型：服务人员首先做到不卑不亢，其次在处理乘客投诉时不能生乘客气，不能跟乘客斗气，按照公司合理的要求去做，并及时向乘客说明问题、解决问题。

（3）寡言型：这类乘客以中年学者为多，他们知识面广，对事情很有主见。在处理乘客投诉时应征求乘客的意见，处处表示出对他们的尊重。

（4）性格急躁型：这类乘客反应快，做事讲究效率，遇事易发火，以青年为多，在处理乘客投诉时应保持镇静，耐心解释公司的规定，及时解决问题。

（5）社交型：这类乘客善于攀谈，容易沟通，比较通情达理、善解人意。在处理乘客投诉时，讲清楚事情的来龙去脉，解释清楚公司的相关规定，及时解决问题。

（6）固执型：这类乘客以老人为多，在处理乘客投诉时，应耐心倾听，弄清事实，适当做出回应，不宜与乘客辩解、争论。

（7）啰嗦型：这类乘客以中年人为多。对待这类乘客不宜与之长谈，反之会影响工作。

3. 乘客投诉的心理分析

（1）生理需求：基本生理需要：衣、食、住、行。在车站内要求舒适的环境和出行的便捷。

（2）安全需求：乘客财物不会受到损失，保证人身安全不受到威胁。

（3）群体需求：乘客需要得到服务人员礼貌接待有受欢迎的感受，就如同家人的关心和朋友和蔼的帮助一样。

（4）自尊需求：人需要得到别人的尊重，觉得受到重视。

4. 通过对乘客的观察识别投诉

（1）怒形于色的乘客特征：面目表情严肃表现出愤怒甚至敌视态度语调迫切，声调强硬，说话用命令语气。

（2）将愤怒隐藏的乘客：不停作小动作，如手不耐烦敲打、涨红脸、皱眉甚至咬牙切齿、声调不高、但说话短促讥讽粗俗。

5. 乘客投诉处理方法

（1）当发生投诉时，应当去勇敢地面对该起投诉。实事求是，尽量得到投诉人的理解。尽量大事化小，小事化无。

（2）处理投诉可以采用"易人、易地、易性"进行处理。

易人处理：必要时，交给其他站务人员处理。

易地处理：将乘客请到房间内或僻静处处置，给乘客留面子。

易性处理：原则性和灵活性有机结合。

6. 乘客事务处理的一般流程

倾听—道歉—同情—调查—提出解决方案—磋商—达成共识—执行解决方案—再次道歉—检讨。

7. 乘客事务处理的六大原则

原则一：接到异议时，首先要假定我们的工作存在问题。

原则二：出现异议，一定要及时向上反映信息。

原则三：面对重大的异议问题，车站站长（值站）要负责亲自处理。

原则四：在处理异议的过程中，应正确把握好与新闻媒体的关系。

原则五：在满足乘客的要求时，应遵循公司的原则办理，若乘客的要求违背了公司的原则，则应寻求相应的轨道交通管理条款援助。

原则六：将异议事件及时编成案例分析，列入岗位培训教材。

8. 避免投诉的技巧

(1)避免投诉的发生，就需要做到时刻做好服务的关键性。尤其在服务第一线的车站售票员、值班员需要注意做好服务。

(2)顺从乘客意愿、首问负责、十字文明用语常挂于口。

(3)票亭内或周围时刻有肩章的工作人员提供服务。

(4)服务要热情、周到、仔细、认真，切莫说不知道。

9. 服务禁语

(1)"这种问题连三岁的小孩都懂。"

(2)"不可能，绝不可能发生这种事。"

(3)"这种问题不关我的事，请去问某某。"

(4)"这个问题不太清楚。"

(5)"这是我们公司的规定。"

(6)"这事儿没法办。"

(7)"没看我正忙着吗？一个一个来。"

(8)"别人觉得挺好呀！"

(9)"我们一直都是这么做的。"

(10)"你先听我解释。"

(11)"你也有不对的地方。"

(12)"你怎么这么讲话？"

(13)"你爱告哪儿告哪儿。"

(14)"你去找服务热线吧，这是他们的电话。"

10. 提高服务的技巧

一线工作人员是受理和处理顾客投诉的主体，南京地铁的服务理念和服务质量通过他们得以实现。因此，应从四个方面来提升工作人员的服务技能。

(1)"看"的技巧

无论是在受理乘客的投诉还是在处理乘客的投诉，我们都要与乘客进行沟通，而沟通的重要环节就是察言观色。要通过乘客的表情、神态、语言和动作等细节来观察和判断乘客的心理活动。眼神的沟通往往能够向乘客传递关注、尊重等非语言的信息和起到稳定情绪的作用，并通过运用"看"的技巧可以对乘客的性格、需求、喜好等做出一个基本的判断，及时调整沟通的策略。

(2)"听"的技巧

"听"是了解乘客经历和需求的重要手段，也是尊重乘客的重要表现，一个不会"听"乘客说话的人，不可能成为一个优秀的工作人员。对于工作人员来说，掌握了

"听"的技能能够很融洽地与乘客建立良好的沟通氛围,同时也是缓解紧张气氛的润滑剂。

(3)"说"的技巧

"说"是工作人员需要掌握的一项非常重要的技能,在受理和处理乘客投诉时,工作人员如果说得恰当,不仅可以平息乘客的愤怒和抱怨,制造一种融洽的沟通氛围,同时也有利于乘客更容易接受解决方案。说话有说话的技巧,假如出口不够谨慎,没有顾虑到乘客立场,就很容易在无意中伤害乘客,使投诉升级,产生一些不必要的误会。

用顾客喜欢的句式说话:用"我理解您这样的感受……",平息顾客的不满情绪;用"我会……""我一定会……""我马上……"表达服务意愿;用"你能……""您可以……吗?"提出要求。

(4)"动"的技巧

身体动作和姿态是一种比语言更重要的语言,它显示出工作人员的涵养、身份、公司的对外形象和对人对物的态度。同时工作人员的一举一动也能反映出服务的态度是否热忱,服务水准够不够专业,乘客是否感受到对他的尊重,是不是真诚地在为乘客解决问题,作为工作人员对这项技巧需要重点掌握和运用。

工作人员应避免的身体语言:搔痒或抓痒、乱弄头发或伸手梳头;手指不停地敲或咬指甲、剔牙;腿或脚不停地抖动、当众化妆;坐立不安、表情烦躁、打哈欠;嚼口香糖或吃东西。

四、案例分析

【案例1】

乘客刘先生持"伤残军人证"出站,车站的工作人员将"伤残军人证"误说成"烈士证",并且查完乘客证件后很不礼貌地把证件扔到一边,帮乘客登记后就急着帮他开边门让其出站,结果疏忽了将证件礼貌递还给乘客。乘客随后向服务热线进行了投诉。事后了解,当班员工对所持证件的真伪有所怀疑,故服务态度就不够礼貌。

(1)上面的案例中站务员存在的问题

①站务员业务知识不熟悉,用语随便。

②没有按照服务规范进行服务。

(2)指导意见

①提供服务应专心,回答问题不能随意。采用规范的服务用语。

②遵守服务规范和标准,避免服务的差异性产生。

③未经证实的现象,就算有怀疑的态度,也不能影响服务的规范。

【案例2】

2006年3月20日,乘客王先生于早上8:00左右在玄武门站站台候车,在列车尚有4 min才进站的时候,他用手机在拍摄站台照片,脚踩在黄线上了,这时,站台安全员动手拉了他一下,王先生对安全员说:"即使我脚踩黄线,你也不该用手拉我,这是很不礼貌的。"该安全员说:"废话,到一边去。"

(1)这个案例中乘客存在的问题

①未经允许在地铁车站拍照。

②没在安全线内候车。

（2）对服务人员的肯定

①制止在地铁车站拍照。

②及时提醒乘客在安全线内候车，符合作业标准。

（3）服务人员存在问题

①与乘客有肢体接触。

②服务语言不规范。

【案例3】

2006年5月某日中午11:40左右，因火车站列车到站，客流骤然增大，南京站四号口的一排共6台TVM机前排满了购票的乘客(6台TVM机，其中1台TVM机未开、1台TVM机暂停服务、1台TVM机卡币)，当班客运值班员和值班站长及时赶到现场进行了乘客事务处理，但在场的记者拍下了当时的照片，并在第二天见了报，给公司形象造成了一定的负面影响。

（1）上面案例中南京站在工作中存在的问题

①设备故障和人为因素造成乘客购票时间过长。

②服务意识不强。

（2）注意点

①除了已经报修或正在维修的TVM，其他的TVM要全部开启供乘客使用。

②车站出现大客流时，应根据客流情况，及时采取应急措施，开窗售票。

③设备故障，应第一时间及时报修，并在"故障登记簿"上登记。

【案例4】

某站，一名女性乘客持一卡通无法出站，到票亭进行问询，当班售检票员正在接听内线电话，不耐烦地说了一句："等会儿"。乘客比较着急，敲了敲窗口，售检票员才放下电话，分析车票为进站码未录入，便对乘客说："你从哪个站进的，进站时没刷卡，用现金补一下吧。"乘客提出异议："凭什么说我没刷卡，我倒问问你，不刷卡怎么进站。"售检票员态度生硬回答："我电脑上是尚未进站的记录，你就是要补票。"乘客很生气，向服务热线进行了投诉。

（1）上面的案例中站务员存在的问题

①对乘客的问询，回应不及时。

②对乘客的事务发生，判断原因太果断，业务知识解释不委婉、不到位。

（2）案例给予的启示

①上班不能接私人电话。

②跟乘客接触、沟通一定注意态度和说话的语气。

关键名称与概念

1. 服务：是满足顾客需要的行动、过程与绩效，具有无形特性和交互作用的过程，通过与顾客"合作生产"而使顾客得到利益和满足感。

2. 城市轨道交通客运服务质量：是城市轨道交通运输服务满足旅客明确的或隐含需要能力特性的总和。

3. 顾客满意:是指消费者将其需要或期望与实际服务过程的感知进行比较而对产品或服务的评价。

复 习 题

1. 请简述"首问负责制"的内容。(适合【初级工】)

2. 简要叙述人工售检票作业的程序。(适合【初级工】)

3. 简述服务的含义及特点。(适合【初级工】)

4. 简述服务质量的含义及构成要素。(适合【中级工】)

5. 简述处理投诉采用"易人、易地、易性"处理原则的含义。(适合【初级工】)

6. 简述站厅巡视服务技巧"多看、多听、多巡、多引导"的主要内容。(适合【中级工】)

7. 简述站台岗位服务技巧"四到""四多"的主要内容。(适合【中级工】)

8. 什么叫做大客流?车站遇到大客流时的组织措施有哪些?(适合【高级工】)

9. 请简述办理边门进出的步骤。(适合【中级工】)

第五章　车站日常运作与管理

培训目标 ◀◀◀

　　通过本章学习,使学员对车站值班员在车站日常工作的内容有较全面的认识。要求学员掌握车站值班员的一日作业标准和车站安全管理的途径与内容;熟悉车站施工(检修)工作的组织管理程序;了解事故预防与处理的方法;达到能够熟练处置车站各类突发事件,并运用各种方法对车站班组进行有效管理的目的。

第一节　车站值班员作业流程

　　城市轨道交通车站值班员的日常作业流程主要分行车值班员一日作业标准和客运值班员一日作业标准,车站值班员在日常工作中需严格按作业标准进行操作。

一、行车值班员一日作业标准

(一)通用标准

(1)按规定统一着装,挂牌上岗。

(2)上岗时精神饱满、举止规范、态度和蔼。

(3)遵章守纪、坚守岗位、服从车站管理。

(4)认真负责、履行岗位职责、遵守职业道德。

(5)扶老携幼、遵守公德、服务为本、不损害乘客利益。

(6)服务语言文明,讲普通话,使用"十字文明用语"。

(二)岗位技能

(1)车站突发及紧急情况下处理方法。

(2)熟悉列车时刻表,并严格按照列车时刻表办理行车。

(3)掌握 LOW 工作站的操作使用,CCTV、BAS、FAS 等系统的监控。

(4)熟练使用车站广播系统,能够做到及时广播。

(5)做好对现场施工及施工过程的监控。

(6)其他需要掌握的技能。

(三)岗位职责

(1)执行分公司、部、中心、车站的有关规章制度,做到有令必行,有禁必止。

(2)在值班站长的领导下,负责车站行车工作。

(3)服从行调指挥,执行行调命令,严格按列车运行图组织行车。

（4）严格执行一次作业程序，熟悉行车设备的性能，掌握操作方法。

（5）控制车站广播，密切关注监视屏，掌握站台乘客动态，并视情况及时广播。

（6）LOW 停用时负责现场人工排列进路。

（7）非运营时间做好巡道、设备维修的登记和注销手续。

（8）保管使用行车设备备品，正确填写各种行车日志，字迹清楚。

（9）值班站长不在车控室时代理其职责。

（10）完成上级领导临时交办或外部门需协办的其他工作。

（四）作业流程及标准

行车值班员班分为早、晚两班，早班时间为 8:00～20:00，晚班时间为 20:00～次日 8:00。

1. 早班

（1）交接班

①7:30 前到车控室在"车站工作人员签到簿"签到，参加交接班会议，学习重要文件、上级指示精神及本班重点工作等。

②与上一班行车值班员进行交接，详细了解当前运作情况；查看"行车值班员日志""技术工作联系单""消防巡查记录""设备故障登记簿""周施工计划""施工登记簿""调度命令登记簿"及相关文件通知。

③检查、清点钥匙，检查行车备品柜内物品是否齐全，状态是否良好。

（2）班中

填写相关台账、处理日常事务及交班需完成的工作：

①监控 CCTV，播放广播，处理相关事务，负责车站各岗位人员调配，传达相关重要信息。

②列车进出车站时，监控列车运行状态、站台乘客上下车情况。

③监控站台岗，发现险情或危机行车及乘客人身安全时及时采取应急措施。

④做好施工登记，加强对现场施工及施工过程的监控。

⑤协助当班值班站长处理一些简易事务。

⑥吃饭替班：

a. 11:00～12:00 顶替站台安全员就餐；12:00～12:30 就餐。

b. 17:00～18:00 顶替站台安全员就餐；18:00～18:30 就餐。

⑦做好交接前准备工作，把当班未完成须下一班完成的工作交接清楚，补充交班记录，填写各类台账，准备交接班。

⑧19:30 与下一班行车值班员交接，强调注意事项，交接清楚、完整后签名。

（3）班后

参加交接班会议，到车控室在"车站工作人员签到簿"签走。

2. 晚班

（1）交接班

①19:30 前到车控室在"车站工作人员签到簿"签到，参加交接班会议，学习重要文件、上级指示精神及本班重点工作等。

②与上一班行车值班员进行交接，详细了解当前运作情况；查看"行车值班员日

志""技术工作联系单""消防巡查记录""设备故障登记簿""周施工计划""日补充计划""施工登记簿""调度命令登记簿"及相关文件通知。

③检查、清点钥匙,检查行车备品柜内物品是否齐全,状态是否良好。

(2)班中

填写相关台账、处理日常事务及交班需完成的工作:

①监控 CCTV,播放广播,处理相关事务,负责车站各岗位人员调配,传达相关重要信息。

②列车进出车站时,监控列车运行状态、站台乘客上下车情况。

③监控站台岗,发现险情或危机行车及乘客人身安全时及时采取应急措施。

④做好施工登记,加强对现场施工及施工过程的监控。

⑤协助当班值班站长处理一些简易事务。

(3)运营结束前

①上/下行尾班车开出前 10 min 开始广播。

②上/下行尾班车开出前 5 min,通知停止售票和进站检票工作,并广播。

(4)运营结束后

①尾班车开出后按时广播、关闭一般照明、广告照明、协助值班站长清客关站。

②做好各项施工请销点登记手续,做好施工和工程车开行的安全防护措施。

③检查、管理对讲机、应急照明等设备的充电情况。

④按要求关闭部分环控设备并检查运行情况。

(5)次日运营开始前

①运营前 30 min 组织检查线路出清情况并及时报告行调(如红闪灯有无撤除等)。

②按要求模式打开环控设备并检查运行情况。

③首班载客列车到站前 15 min 打开车站照明。

④确认首班载客列车到达前 10 min 出入口、闸机、TVM 等开启。

⑤全面负责车站行车组织、负责车站广播播放、文件收发。

⑥做好交接前准备工作,把当班未完成须下一班完成的工作交接清楚,补充交班记录,填写各类台账,准备交接班。

⑦7:30 与下一班行车值班员交接,强调注意事项,交接清楚、完整后签名。

(6)班后

参加交接班会议,到车控室在"车站工作人员签到簿"签走。

二、客运值班员一日作业标准

(一)通用标准

(1)按规定统一着装,挂牌上岗。

(2)上岗时精神饱满、举止规范、态度和蔼。

(3)遵章守纪、坚守岗位、服从车站管理。

(4)认真负责、履行岗位职责、遵守职业道德。

(5)扶老携幼、遵守公德、服务为本、不损害乘客利益。

(6)服务语言文明,讲普通话,使用"十字文明用语"。

(二)岗位技能

(1)能够处理简单的 AFC 设备故障。

(2)掌握相关的票务报表、账册的填写。

(3)掌握车站 SC 的有关知识,能够熟练操作车站 SC。

(4)按照公司规定掌控车票、钱款的操作,确保车票、现金安全。

(5)处理与乘客相关的票务事宜。

(6)掌握车站的客流动态,协助值班站长合理安排售检票员岗位。

(7)其他需要掌握的相关技能。

(8)掌握车站周边的地理环境及交通状况。

(三)岗位职责

(1)执行分公司、部、中心、车站的有关规章制度,做到有令必行,有禁必止。

(2)在值班站长的领导下,主管车站客运管理,组织站务员从事客运工作。

(3)负责车票的收发、回收和保管工作。

(4)本班组售票组织及车站营收统计工作,各种票务收益单据填写及保管。

(5)车站收益解行的实施和安全。

(6)协助值班站长组织管理安全员、售票员,处理乘客问题,提供优质服务。

(7)监督售票员、安全员在岗行为。

(8)在非运营时间值守车站,统计汇总当日的客运量和营收情况报行调。

(9)每班巡视车站两次,维护车站安全防止意外事件发生。

(10)完成上级领导临时交办或外部门需协办的其他工作。

(四)客运值班员一日作业标准

1. 岗前准备

提前半小时到站,更换制服,到车控室签到。

2. 参加交接班会

(1)交接班前由接班的值班站长组织召开交接班会,会前由值班站长负责检查员工着装。

(2)听取值班站长介绍最近几班存在的问题,做好预想工作,落实防范措施,防危杜渐。

(3)听取值班站长传达重要文件、相关指示精神以及重点工作安排。

(4)参加规章学习、普通话朗读练习、触摸屏交接班抽考、服务礼仪操等。

3. 岗位交接内容

(1)上级命令指示,班中注意事项,本班未完成需下一班继续进行的事项。

(2)备品备件是否充足完好,库存各类报表数量是否充足。

(3)与客运相关钥匙、备品借出及使用情况。

(4)清点车站备用金、票箱、纸票及废票数量及上一班的封包情况。

(5)了解所有 AFC 设备的使用情况、故障报修情况及修复情况。

(6)交班前发生的重要乘客事务处理情况。

(7)对机币和卡币等特殊情况的交接。

(8)票务室定置管理及卫生情况。

(9)各项台账报表填记情况,接班人应检查督促交班人按要求填记相关记录。

(10)其他领导交办须逐班传达的事项。

4. 解行

(1)客运值班员与值班站长应在解款前充分做好准备工作。钱袋应当打包封好,与"封包明细表"所填内容进行核对,确认无误后放入保险箱并上锁,等待解行。

(2)银行工作人员到达后,应主动向车站出示有效证件,且至少应有一名武装护卫人员陪同。如银行工作人员无证件上岗,车站应拒绝解款,并及时向站务中心分管副主任汇报。

(3)客运值班员核实对方证件,确认无误后,带领银行人员进入票务室。如发现有问题,应及时与值班站长控制局面,妥善处理。

(4)客运值班员打开保险柜,取出票款,在票务室监控下与银行工作人员进行交接;值班站长在旁监督。

(5)客运值班员与银行工作人员共同检查钱袋封包情况及钱袋数量,核对无误后,双方在"封包明细表"上签字确认。

(6)"封包明细表"的第一、三两联交予银行工作人员;第二联留车站保存。

(7)交接完成后,客运值班员环视票务室,检查无异常,方可离开,同时,锁好防盗门。

(8)银行工作人员离开时,有条件的车站,行车值班员应使用CCTV做好监控。

(9)解行结束。

5. 班中巡视

(1)间隔时间

要求巡视时间间隔不能超过2 h。开站前巡视重点是AFC设备状况、出入口卷帘门是否能正常开启;扶梯上是否由异物;残疾人升降平台是否正常。关站后巡视车站,确保车站没有乘客滞留。

(2)巡视线路

每站按规定线路走向巡视。

(3)巡视内容

通过车站SC监控AFC设备运行情况,每隔2 h查看本车站设备的状态和模式,一旦发现设备状态和模式异常,应及时处置,无法处置的要立即报告AFC设备维修工班。在票亭、票厅巡视,及时安排TVM钱箱、票箱的更换、补币、补票工作及预收部分票务收入等工作,发现故障及时进行维修或报调、维修人员到场后,全程监控其工作。在此期间要保管车站的车票、现金、票务备品、部分票务钥匙,并负责安全;同时检查售票员、站台安全员在岗情况,留意候车乘客动向。志愿者服务情况,并根据进出站客流变化情况合理安排。查看车站照明、防火、卫生、出入口等情况。出入口重点巡视对外公示的时刻表状况。检查车站房间房门是否处于锁闭状态。注意发现站内安全隐患。

(4)巡视结果

将查看AFC设备的状态和模式填写在"设备模式状态巡查记录表",AFC设备运行情况的检查结果填记在"AFC设备点巡检记录表",其他巡视结果登记"消防巡查台账",及时把发现的问题向值班站长汇报。交接班时作为重点进行交接。

（5）问题处理

跟踪记录问题的进展，如果维修人员来处理，完毕后要到现场检查，确认设备正常完好后，方可以给予注销，在登记的本上签字确认，如果暂时未能修复，也应在相关台账上注明，并要了解后续维修情况。

6．配发售票员票务备品

（1）客运值班员应在售检票员上班前准备好票务相关备品、备用金及相关报表。

（2）客运值班员在票务室监控下配给售检票员备用金。

（3）售检票员清点备用金并确认无误。

（4）双方在"车站客值与售检票交接班簿"签字确认。

（5）售检票员将票款及相关备品、票卡、报表放入自己的票盒，并且上锁。

（6）客值将售检票员送到相应票亭，开窗营业。

（7）交接结束。

7．结账

（1）售票员结账

①客运值班员应在售检票员下班前做好交接准备。

②售检票员本班结束后将抽屉里的钱和车票整理放入票盒，并上锁。

③客运值班员从票亭陪同售检票员进入票务室交接。

④售检票员在票务室监控下清点票款并填写"售检票员结算单"。

⑤客运值班员复核票款与"售检票员结算单"上所填金额一致时，双方在"售检票员结算单"上签字确认。

⑥售检票员上交上班前所配的备用金。

⑦客运值班员确认备用金金额正确后双方在"车站客运值班员与售检票交接班簿"上签字确认。

⑧售检票员上交相关报表和票盒后下班。

⑨交接结束。

（2）充值员结账

①客运值班员应在充值员下班前做好交接准备。

②充值员本班结束后将抽屉里的钱和车票整理放入票盒，并上锁。

③客运值班员从票亭陪同充值员进入票务室交接。

④充值员在票务室监控下清点票款填写"售检票员结算单"。

⑤客运值班员检查票款与"售检票员结算单"上所填金额无误后，双方在"售检票员结算单"上签字确认。

⑥充值员封包，客运值班员监督。

⑦充值员上交上班前配的备用金。

⑧客运值班员确认备用金金额正确后双方在"IC卡充值点与客运值班员交接班记录"上签字确认。

⑨充值员上交相关报表和票盒后下班。

⑩交接结束。

8．班中补币、补票

（1）客值当班期间发现 TVM 找零器达到补币的标准（一元硬币的数量少于 50 个

时),抄写数据。

(2)向值班站长汇报,会同值班站长双人补币。

(3)打开相应 TVM,取下需补币的找零钱箱。

(4)回票务室,双人在摄像范围内打开钱箱,清点实际数据,并与机显数据核对,做成记录。

(5)按规定补足相应的硬币。

(6)在"补币台账"上登记,双人签认。台账上反映出抄写数据及补币数据等要素,并在"客运值班员交接班簿"注明交接。

(7)整理票务室及有关台账。

(8)将找零钱箱上回 TVM,确认机显数据为 1 000 元。

9. 关站

(1)当载客列车在本站开往某方向列车终止时,与值班站长或站厅保安一起,在票亭外服务,及时提醒购票乘客注意前往站点是否有车到达。

(2)运营结束前 5 min 关闭所有 TVM 和进站闸机。

(3)运营结束后,确认站内所有乘客已经全部出站,关闭所有电扶梯。

(4)回票务室结算中班收入,填写报表。

(5)在车站 SC 上抄录全天运营进出站人数。

10. 点钞封包

(1)正常运营结束后 TVM 清点的相关操作规范

①所有票款的清点、交接都需在票务室监控下进行。收取钱箱时,客运值班员通知行车值班员,利用摄像头监控摄取全过程。

②钱箱的收取必须在运营结束关站后方可进行。

③运营结束,待车站卷帘门关闭后,由客运值班员、值班站长双人共同收取 TVM 钱箱。TVM 内机器产生的废票必须每日回收。严禁在乘客服务期间拔出钱箱(钱箱满、维修除外,但必须由客运值班员或值班站长抄录数据后并在场监督和防护)。

④回收过程中须对钱箱进行逐一标记。钱箱收取完毕须关闭 TVM 门。逐台回收,严禁同时开启两台及以上机器进行操作,单台机器操作时,从开门至拔出钱箱必须在 10 min 内完成(日常维护也按此执行)。

⑤钱箱回收后,必须逐一清点,严禁将硬币混在一起清点,做到一个钱箱一清。不同纸币钱箱中的纸币,不得同时分钞交替清点。发现长短款必须及时查明原因(是否有吞币、少出票、维修等),差额较大时及时用录音电话报 AFC 设备维修工班。

⑥客运值班员在值班站长监督下取出 TVM 钱箱的票款,在 AFC 点钞室逐台进行清点。

⑦钱箱的清点:

a. 由当班客运值班员和值班站长双人进行钱箱的清点工作,值班站长负责监督,客运值班员负责清点。清点钱箱时必须在点钞室监控状态下进行清点,由客运值班员填写"TVM 清点记录"及"站务员缴款单",将票款封入专用封包。双方在封签上签名后由客运值班员放入保险柜保管。

b. 在清点过程中若发现钱款有明显的失真特征或可通过验钞机识别为伪钞的,值班站长确认后做好记录,与客运值班员双方签字确认加封后(加封内容为日期、车站名、设备号、伪币种类、金额、数量、值班站长与客运值班员签章），在当日"TVM 清点报告"上备注说明，按实际清点数目解行，并随当日报表一并上交票务中心。票务中心做好记录后每月上报计财部。

c. 车站备用金换零工作必须在 TVM 清点完毕后进行，换零时由当班客运值班员和值班站长双人进行，值班站长负责监督。

d. 若点钞发现车站 TVM 接收 20、50、100 元面值人民币时，点钞结束后应用备用金将其等金额换出（保证解行金额正确），将所收大面值纸币单独保管（不得与其他钞票混淆），在钱箱清点报告上予以注明，通知 AFC 设备维修工班。该台机器次日停用，待专业维修人员测试。

e. 若 TVM 故障黑屏时，当晚可不回收该台钱箱，在清点报告及 SC 电子报表中注明。待修复后当晚，抄写数据予以回收。

f. 回收钱箱工作必须在次日凌晨 2：00 前完成。2：00 以后禁止做拔出钱箱操作。

（2）运营中换钱箱（钱箱满）的相关操作规范

①查抄数据：操作前首先通过查询数据确认该台 TVM 确为因纸币钱箱（硬币钱箱）的钱满箱而暂停服务的。待该台设备因满箱暂停服务的 15～20 min 内将纸币钱箱（硬币钱箱）满箱的设备号、数据、取钱箱时间记录在"客运值班员交接班簿"的备注栏内。

②取钱箱：必须在值班站长（如有空闲备班人员也可须安排参加，以确保票款的安全）的陪同逐台收取已满的纸币钱箱（硬币钱箱）。同时将其对应的钱箱编号记下，以便封包时的区分。

③双人封包：回到 AFC 点钞室，在值班站长的陪同及票务室的监控下将满的纸币钱箱（硬币钱箱）内的钱逐台、单独（一箱一袋）封包，并在封包条上注明：设备号、查抄数据、取钱箱时间。备注：中途对满箱封包的钱款不进行清点。

④上空钱箱、恢复使用：在进行了双人封包后，客运值班员将空的钱箱进行逐台复位，同时开启该台设备。

⑤运营结束后对 TVM 按照相关规定进行正常的清点流程操作。清点完毕后再逐台清点当天运营中途封包的满箱的钱款。

（3）其他相关要求

①AFC 设备测试时间为凌晨 3：30～4：00，特殊情况（如单程票清点、EOD 参数下载时），以相关票务通知为准。

②车站应在凌晨 2：00～4：30 间输入票务信息平台，若因故无法填报票务信息管理平台或票务信息管理平台出现软件故障数据异常，手工填写"__线__站 TVM 清点记录"，计算 TVM 收入时，"TVM 备用金"栏数据取前一日报表的"TVM 备用金"对应栏相同数据。

③车站应在凌晨 5：00 后打印票务信息管理平台电子报表。打印方法如下：

a. 登录票务信息管理平台车站界面。

b. 在"车站票务"栏选择"报表"。

c. 选择"报表下载"栏中的车站 TVM 清点记录。

d. 在弹出 TVM 清点记录列表中选择对应日期的 TVM 清点记录，右键点击打开。

e. 在打开的报表文件中选择本车站对应 Sheet 打印。

11. 运营前测试检查

每日凌晨 3:30～4:00,客运值班员应完成以下工作:

(1)从车站备用金中垫付 2 元,在 TVM 上买张单程票。用本人操作卡登录 POST,在设备上分析此张单程票,确认 TVM 出售的单程票是否正常(此张单程票于开站后交售票员售卖给乘客)。

(2)用本人的员工卡在进、出站闸机上各刷一次进出,确认进出站闸机工作状况正常。

(3)在 SC 上查看每台 AFC 设备的 EOD 参数,确认没有参数不符现象。

(4)AFC 设备测试后,如有问题立即向票务中心汇报(AFC 设备维修工班)。有可能影响正常运营的,立即向行调和站长汇报。

12. 开站程序

(1)首班载客列车到站前 30 min 做好相关车票、单据、报表、备用金的配备工作。为售票员配好票务备品、足够的备用金,其中包括充足的零钱、公司要求售卖的纸票、计次卡、乘客事务处理单、单程票发票等。

(2)运营前 20 min 协助值班站长做好车站站厅和出入口的检查,测试卷帘门是否能够正常开启;检查车站 AFC 设备开启情况;检查残疾人升降平台是否正常。检查售检票员是否准时到岗,并与售票员进行票务备品、备用金等交接。

(3)首班载客列车到站前 15 min 开启 AFC 设备(除闸机外)。督促售检票员按规定时间到票亭,做好开站准备。

(4)首班载客列车到站前 10 min 开启闸机,并完成车站电扶梯的开启工作。开启前要先检查所有的电扶梯上下入口踏板及不锈钢装饰板位置正确,无破损,确认电扶梯周边缝隙内无杂物。

(5)运营开始后,通过 SC 及时监控 AFC 设备运行情况,及时更换票箱,发现故障及时报修。

13. 交接准备工作

交班前处理好当班事务及邮件,做到 11 不交,并填写好相关台账,整理好内务准备交接。交接班纪律及要求有:

(1)交班人员必须待本班工作结束后方可交班。

(2)接班人员必须认真清点并核对交接班内容,票款、报表、备品、备件、钥匙借出及使用情况确认无误后方可签字接班。

(3)接班人员在接班过程中发现问题应及时向当班值班站长提出,值班站长应及时到场并明确责任。

(4)接班人员一旦签字接班,所有问题及责任均由接班人员负责。

(5)八不交:

①因设备故障按站间电话闭塞法办理行车使用路票等书面凭证尚未交付司机时不交。

②遇信号设备发生故障需人工准备进路进行折返作业,列车尚未进入上(下)行站台停妥时不交。

③一次折返作业未完成不交。

④一次票务纠纷未处理完不交。

⑤设备、备品、票据、钱款不清不交。

⑥遇设备故障等影响车站正常运营时不交。

⑦接班人员未到岗不交。

⑧岗位卫生不洁不交。

客运值班员的一日作业标准见表5-1。

表 5-1　客运值班员的一日作业标准

班次	时间段	事　项	备注	班次	时间段	事　项	备注
白班	班前	岗前准备	提前半小时到站	夜班	班前	岗前准备	提前半小时到站
		参加交接班会				参加交接班会	
		岗位交接				岗位交接	
	班中	票款解行工作			班中	班中巡视及事务处理	
		班中巡视及事务处理				充值结算	
						票亭顶岗	22:00
		配发中班售票员票务备品				停运工作	
						停运结算	
		早班售票员结算				清点、结算工作	
		班中补币、补票				运营前检查	3:30~4:00
		交班准备				开站准备、配发早班售票员票务备品	
		参加交接班会				交班准备	
						参加交接班会	
	班后	离站			班后	离站	

第二节　车站施工(检修)管理

一、施工(检修)工作的相关概念

施工(检修)工作是城市轨道交通车站日常工作的重要组成部分,做好各种行车、客运设备的施工(检修)是确保城市轨道交通安全运营的必要前提。施工(检修)工作中主要涉及如下一些相关概念:

(1)周计划:汇总一周的设施设备施工、检修、维护及工程车、调试电客车开行计划。

(2)日补充计划:在周计划里未列入的对行车有一定影响的检查、维修计划进行补充的计划。

(3)临时补修计划:运营时间内对行车有一定影响的设备进行临时抢修,须在停运后继续设备维修的作业,特殊情况下未列入周计划的日补充计划须在当日进行的施工作业。

(4)施工负责人:负责在主站办理进场作业登记和该项作业的组织、安全和管理的人员。

(5)施工联络人:同一施工项目多个作业点进行,该施工项目除配备施工负责人外,各点(辅站)的施工需配备施工联络人,施工联络人在辅站办理进场作业登记和负责该作业点施工的组织、安全和管理。

(6)影响行车的施工:指进行该项施工作业时,如果当天或次日线路上有列车、工程车运行,安全会受其影响的施工。

(7)主站:施工负责人持作业令到某个车站登记请点施工的车站称为主站(如果同一施工项目多站进行,其作业区含联锁站时,主站原则上在联锁站)。

(8)辅站:同一线路同一施工项目多站进行时,施工联络人到其作业区域包含的各站(除主站外),登记请点的车站称为辅站;同一施工项目安排主站和辅站原则上不超过6个。

(9)施工作业令:是允许在运营分公司所辖范围内进行施工的一种凭证。

(10)施工区域出清:指在施工区域范围内施工结束后,施工负责人或施工联络人确认所有作业有关人员已撤离、有关设备、设施已恢复正常、工器具、物料已撤走、无妨碍行车和设备安全的因素等。

(11)外单位:指除本地铁运营分公司以外的单位。

(12)影响客运的施工:指进行该项施工作业时,车站的客运服务设备设施功能降低、影响客流组织、服务质量受影响的施工。

二、施工计划的制订程序

为了合理使用有限的轨行区资源,周二、周五原则上固定安排无工程车/电客车配合的轨行区作业,以确保区间设备巡检维护在每周能够得到充分利用。施工计划既可以按时间分类,也可以按工作地点和性质分类,具体分类方法如下:

(1)按时间分为周计划、日补充计划和临时补修计划。

(2)按施工作业地点和性质分为:

①影响正线、辅助线行车的施工为 A 类,其中开行电客车、工程列车的施工为 A1类,不开行电客车、工程列车的施工为 A2 类,车站范围内影响行车设备设施的作业为A3 类。

②在车辆基地(含试车线)的施工为 B 类,其中开行电客车、工程列车的施工(不含车辆段库内)为 B1 类,不开行电客车、工程列车但在车辆基地线路限界内及影响接触网停电的施工为 B2 类(能随时撤下来不影响行车、能让电客车、工程列车安全通过的施工归为 B3 类),不开行电客车、工程列车也不在车辆基地线路限界内的施工、在车辆基地试车线临时的电客车调试,不需要工程车配合的接触网练兵线上作业为B3 类。

③在车站不影响行车的为 C 类,其中车站内大面积影响客运服务及需动火的作业为 C1 类,其他局部影响或不影响客运服务,但经采取措施影响不大且动用简单设备设施(如动用 220 V 及以下的电力、钻孔等,不违反安全规定)的施工为 C2 类。

④对于未列入周计划，因设备检修需要的施工作业，应提报日补充计划。

三、施工计划申报程序

1. 提报计划的时间

（1）运营分公司内部需提报周计划时，应于工作开始的前一周星期二15：00以前，向客运部施工管理工程师提交按规定填写的电子版本的"一周施工计划申报表"。"一周施工计划申报表"包括作业日期、作业部门、作业时间、作业区域、作业内容、供电安排、施工负责人、联系电话、防护措施、备注（主站、列车编组、配合部门及内容等）。

（2）日补充计划应于工作开始前一天的12：00以前，由办公室基地管理员、物资设施部设备维修调度员、车辆部调度协理员收集、调整、汇总后向客运部申报。

2. 本单位B3/C2类计划申请程序

属于B3/C2类的作业，不需要提报计划，施工负责人直接与车辆基地信号楼调度员/车站行车值班员联系并登记，经车辆基地信号楼调度员/车站行车值班员同意后开始施工。

3. 外单位B3/C2类计划申请程序

外单位在实施属于B3/C2类的作业的施工时，必须按要求办理施工许可手续后，凭对口专业管理部门签发的"外单位施工作业许可单"，须在对口专业管理部门的协助下，方可到车站办理相关施工申请。

4. 外单位作业申请程序

（1）外单位申报施工作业到运营分公司对口专业管理部门办理，外单位的施工负责人必须是运营分公司的专派人员。

（2）由对口专业管理部门负责施工单位签订《施工安全、防火、治安协议书》，并报安保部备案。

（3）以上手续完备之后才能进行申报计划，找配合部门配合。

（4）对口专业管理部门负责协助申报施工作业计划。

（5）长期（签订合同一年及以上）委外单位可比照本单位的施工执行，但施工负责人必须经分公司对口专业管理部门安全教育培训合格。

四、施工作业令的相关规定

1. 适用范围

凡编入运营分公司施工周计划、日补充计划的施工，都必须登记领取施工进场作业令，临时补修计划原则上也需要领取施工进场作业令（在控制中心值班主任处登记领取），临时补修计划的作业令可以是传真件。

2. 管理权限

凡周计划、日补充计划安排的施工项目，由客运部施工管理工程师签发"施工作业令"，临时补修计划由控制中心值班主任签发"施工作业令"。

3. 内容

施工作业令的内容包括施工作业代码、作业内容、作业区域、作业时间、施工负责人及施工联络人姓名和接触网停送电情况以及工程列车及其他配合事项等。

4．领取程序

（1）周计划、日补充计划的施工作业单位于前一天的 16：00～16：30 到客运部登记领取施工进场作业令（周六、周日、下周一的施工进场作业令一并在周五 16：30～17：00 到客运部登记领取）。

（2）临时补修计划的施工作业单位原则上应于施工前适当时间到控制中心值班主任处登记领取进场作业令。

5．使用程序

（1）作业单位持进场作业令到施工地点所在的车站或车辆基地信号楼登记请点施工。

（2）A 类作业的施工，经行调审核批准方可安排施工。

（3）车辆基地信号楼调度员和车站的值班员应在作业令上按要求填写相关的内容，同时作业完毕后，施工负责人还应向车辆基地信号楼调度员和车站的值班员销点，车辆基地信号楼调度员和车站的值班员向行调销点。

五、施工安全管理

每项属于 A 类、B 类、C 类（B3、C2 类除外）作业需设立 1 名施工负责人，辅站另设施工联系人。属于 B3、C2 类的作业，需指定 1 名人员负责施工及施工安全管理。

1．施工防护

（1）接触网停电检修或需接触网停电配合挂地线时，由供电操作人员负责在该作业地段两端挂接地线。设置红闪灯的位置应在挂接地线的外方。

（2）站内线路施工时，由施工负责人在车站两端头轨道上设置红闪灯防护（特殊情况下，昼间高架车站派专人使用红色信号旗或红牌进行防护，以下同）。

（3）在站间线路施工时，除施工部门设置防护外，车站还负责该施工地段两端车站的端墙门处设置红闪灯防护（遇特殊情况，因曲线或建筑物遮挡影响瞭望时，防护信号设置地点可适当外移，但具体位置应在《站细》中明确，以下同）。施工前，由请点车站设置红闪灯，并通知作业区另一端车站值班员放置红闪灯防护。施工结束后，车站撤除红闪灯，并通知作业区另一端车站值班员撤除红闪灯。如遇到跨越站内站间时，车站应在车站内另一端墙门处设置红闪灯防护。

（4）下轨行区作业的人员应自身做好安全防护，固定作业地点的作业，施工单位负责在施工区域的两端的轨道中央设置防护信号或派专人防护；轨道或设备巡检作业可以不在施工区域两端设置红闪灯防护，但施工区域两端的车站应在端墙门处设置红闪灯进行防护。

（5）车站值班人员到站台检查红闪灯是否按规定摆放，并监督红闪灯状态是否良好，并对设置的红闪灯是否按规定摆放、状态是否良好进行不定期检查。

（6）车辆基地内的设备检修施工和防护的有关规定按《车辆基地运作办法》中规定执行。特别注明，在试车线的隧道内进行施工作业时应在隧道口的线路中央放上防护信号进行隧道内的防护，施工负责人安排人员到隧道口对防护措施状态是否良好进行不定期检查。

（7）凡在运营时间内进行作业的，必须做好防护措施，确保地铁乘客的安全，最大限度减少对乘客的影响。

（8）在运营结束后，如果当晚没有工程车开行，车站可以不设置红闪灯等防护措施进行防护，但施工单位自身要做好安全防护措施。

（9）施工作业时除严格执行以上规定及运营分公司相关安全规定外，并按施工部门的有关施工操作程序的防护规定执行。

（10）特殊情况下多家施工单位进入同一封锁区间内施工的由主要施工单位负责防护和请、销点，主要施工单位由施工计划协调小组指定。

2. 施工安全

（1）人、工程车在同一区域作业时，由施工负责人统一负责，需要动车时，由施工负责人向司机下达指令，司机按正确的指令执行。

①按施工前进方向，列车在前、人员在后，原则上不得颠倒或列车运行前后皆有作业。

②非随车施工人员与列车应有 50 m 以上的安全间隔距离，原则上列车不得随便后退，如有需要退行时，车长（司机）应听从现场施工负责人的指挥，按要求退行，确保人身安全。

③作业人员应在自己现场作业区来车方向设置红闪灯防护。

（2）多个作业区域开行工程车作业时，在工程车运行的前方必须保证至少有一个站台区或站间区间空闲。

（3）凡进入线路施工的施工作业人员（包括外单位作业人员）必须按要求穿荧光衣，并根据作业性质及作业要求使用其他安全防护用品。

（4）施工单位在作业期间需要接触网停电或接触网停电挂地线的，应在施工申请表中明确提出配合要求，施工请点时要确认接触网确已停电才能开始作业。如无停电要求，接触网一律视为带电体。

（5）施工作业过程中如要进行动火作业，必须按照相关消防安全管理制度办理动火令及作业，严禁在无动火令的情况下进行动火作业。

（6）委外项目施工由对口专业管理部门负责安全管理、安全监督。

六、施工时间的安排

正常施工时间应于空载的首班车开出 50 min 前结束并出清线路，在有工程车返回的线路上施工时，有关作业必须在空载的首班车开出 80 min 前完成，并出清线路。

工程车开行计划有变更时，相关部门应在当晚 17:00 前做出通知；因工程车故障不能开车时，检修调度员应通知值班主任，由值班主任通知申请单位。

每日 16:00 前由客运部施工管理工程师向控制中心、站务中心传送日补充计划（特殊情况时间往后推迟）。

每日 21:00 前由 OCC 向各站布置临时补修计划。

七、施工组织

1. 按性质、地点分别组织

（1）A 类作业，须经行调批准，方可进行。

（2）B 类施工作业经信号楼调度员同意方可进行；如影响正线行车须报行调批准。

（3）C类作业运营分公司内部的施工项目经车站值班站长（行车值班员）批准方可施工，外部单位施工作业按外单位工程施工作业管理流程进行，经车站值班站长（行车值班员）批准方可施工。

2. 施工人员进出站规定

（1）施工负责人持作业令在作业令规定施工开始时间前 15 min 到达主站；施工联络人及维修人员在作业令规定施工开始时间前10 min到达辅站和相关车站；按规定程序办理施工作业手续。

（2）施工作业人员于关站前 10 min 进站。因工作需要确需关站后进入的应与车站联系，车站根据联系的地点、时间，查验手续后开门放行。

3. 请点的相关规定

（1）属于 A 类的作业，施工负责人在作业令规定施工开始时间前 15 min 到车站填写"施工登记表"请点，由车站报行调备案，当线路出清后行调通知车站，车站值班员传达允许施工的命令，请点生效，可以施工。

（2）属于 A 类的作业，但需由多个车站进入施工的作业项目，施工负责人除到主站办理外，还需核实辅站情况。辅站施工联络人在作业令规定施工开始时间前10 min到达辅站办理登记手续，辅站值班员向主站值班员核实施工事项并请点。主站接到行调允许施工的命令后，传达给施工负责人及辅站，辅站值班员允许施工联络人开始该作业点的施工。

（3）属于 B 类的作业，施工负责人到信号楼调度员处填写"施工登记表"请点，具体操作程序按照相关车辆基地动作规则的规定办理，经信号楼调度员同意，便可施工（车辆基地内进行影响正线行车的作业应经行调批准）。

（4）属于 C 类的作业，经批准，施工负责人到车站登记请点。

（5）如遇作业区域同时包含正线和车辆基地线路时，施工部门到信号楼调度员请点，信号楼调度员在审核批准该项施工作业后，信号楼调度员还须向行调请点，征得同意后，方可允许施工部门开始施工。

（6）有外单位作业时，由指定的施工配合部门人员协助办理请点后，方可开始作业。

（7）作业请点站（主站）须持外单位作业许可单、施工负责人合格证、出入证、作业令原件（运营分公司内部作业部门作业时主站可用复印件或传真件），辅站登记可用作业令复印件（传真件）。

4. 销点的相关规定

（1）A 类作业，施工作业地点仅一个站的，施工负责人在施工区域出清完毕后，报车站，由车站向行调销点。

（2）B、C 类作业施工完毕后，施工负责人负责施工区域的出清后到车辆基地信号楼调度员或车站行车值班员处销点。

（3）在车辆基地影响正线的施工的销点，施工负责人在施工区域出清完毕后，向车辆基地销点，车辆基地在办理销点手续时必须同时向行调办理销点。

（4）当多站销点时，辅站施工联络人负责本段线路出清并报施工负责人后，在辅站销点；辅站值班员向主站值班员销点；施工负责人负责该项作业区域全部出清后，方可报主站值班员销点，主站值班员向行调销点。

（5）需异地销点的施工作业，施工负责人（联络人）应在"车站施工登记表"备注栏中注明异地销点的地点、人数。登记进入施工的车站要及时通知异地销点的车站值班员。

（6）当施工作业只有一组人员进行作业，需异地销点的，销点的时间不得超过"施工行车通告"上规定的时间，作业结束后，施工负责人向销点站登记销点，销点站经与施工负责人核对销点的施工内容、施工人数、地点全部无误后，记录施工负责人有效证件、姓名、作业令号码、作业人数等，并向请点站核对无误后，准予销点；销点站向请点站销完点后还负责向行调报告销点。

（7）当施工作业有多组人员进行，需异地销点的，销点的时间不得超过"施工行车通告"上规定的时间，作业结束后，由施工负责人统一向在主站登记的销点站登记销点，销点站经与施工负责人核对销点的施工内容、施工人数、地点全部无误后，记录施工负责人有效证件、姓名、作业代码、作业人数等，并向请点站核对无误后，准予销点，销点站向请点站销完点后还负责向行调报告销点。

5. 非运营时间的设备检修施工

（1）每日运营结束后，物资设施部按计划对各设备系统进行检修作业，并应于规定时间内完成对运行线路巡道和施工线路出清程序。

（2）站间正线线路在两站之间作业需要开行工程列车时，由行调指定的车站值班员负责掌握施工情况，监督施工安全。

（3）在正线及辅助线施工开始前，施工负责人应进行施工登记，经行调批准、发布命令。车站签认，通知作业负责人设置防护信号，监督施工人员进入正确的施工区域。

（4）施工结束后，施工负责人负责线路出清、人员撤离现场，施工负责人经检查确认撤除防护后，办理注销施工登记手续，车站报告行调销点。

（5）进入线路的施工不论是否需要封锁站间正线线路，车站值班员均应在施工开始前和结束后报告行调。

6. 施工作业时间的调整

当日因特殊原因，施工作业时间需调整时，值班主任通知作业部门或对口专业管理部门，由作业部门或对口专业管理部门通知施工作业人员。

7. 遇需接触网停电挂地线作业的规定

（1）接触网检修作业时，按以下程序执行：

①接触网检修作业的施工负责人到相关车站登记请点，车站向行调请点。

②线路出清后，行调通知电调停电。

③行调接到电调已停电的通知，向车站发布停电通知，行调确认施工负责人已与电调请完点后批准车站请点。

④车站接到行调的通知，做好安全防护后方可批准接触网检修人员开始施工。

⑤施工结束，施工人员出清施工现场，接触网检修施工负责人向电调销点并向车站销点，车站报告行调销点，行调向电调确认可以后方可同意车站销点。

⑥行调确认可以送电，通知电调送电。

⑦电调根据行调的要求送电。

（2）正线需接触网停电挂地线配合作业时，按下列程序执行：

①施工负责人到相关车站登记请点,车站向行调请点。

②线路出清后,行调通知电调停电。

③行调接到电调已停电的通知,向车站发布停电通知,并确认可以挂地线后,通知电调可以挂地线。

④电调接到行调可以挂地线的通知,通知现场挂地线,确认完成后由电调通知行调。

⑤行调接到挂好地线的通知后,通知车站准许施工。

⑥车站接到行调的通知,做好安全防护后即可批准施工负责人开始施工。

⑦施工结束,施工负责人向车站销点,车站报告行调销点。

⑧行调接到车站销点并确认后,通知电调施工结束。

⑨电调获知施工结束后,通知现场拆除接地线。

⑩电调确认现场已拆除接地线,施工人员已出清施工现场后通知行调。

⑪行调接到电调地线已拆的通知,行调确认销点生效,并确认可以送电,通知电调送电。

⑫电调根据行调的要求送电。

8. 施工人员进、出站及请销点作业程序

施工人员进、出站及请销点作业程序见表5-2。

表 5-2　施工人员进、出站及请销点作业程序

序号	作业程序	备注
1	施工负责人及施工人员凭施工作业令及证件进车站;需关站后进入的,应事先联系	
2	施工负责人向值班人员填报人数,办理施工登记手续;多站请点的,主站施工负责人及辅站施工联络人向主站或辅站值班人员填报人数,办理施工登记手续,辅站值班员要向主站汇报,由主站统一负责请点	
3	车站值班员据施工负责人提出的施工申请及所报人数,办理施工登记手续,并按有关规定办理请点	
4	行调根据车站请点要求审核、批准	
5	车站值班员通知本站员工及相关车站设置防护	
6	车站员工(站务员)根据值班员的指示及要求设置防护	B类作业到信号楼调度办理,C类作业可省略
7	施工负责人根据施工要求设置防护	
8	开始施工	
9	施工结束后,施工负责人清点人数,出清线路,撤除防护措施,到车控室办理销点手续;多站销点的,主站施工负责人及辅站施工联络人清点人数,出清线路,撤除防护措施,辅站施工联络人向主站施工负责人报线路出清,主站施工负责人向在主站登记的销点站车控室统一办理销点,同时施工负责人应在销点站进行书面登记	
10	车站值班员按有关规定办理销点	
11	行调根据车站销点要求审核、批准	
12	车站值班员销点后通知保安人员;开出入口门送施工人员出站	

9. 有关配合作业的基本要求

(1)需要其他部门配合作业部门,应主动在作业前和配合部门联系,并向配合部门详细说明配合的有关情况,如不事先联系,得不到配合部门的及时配合,后果由作业部门负责。

(2)配合部门必须严格按配合要求提供配合,并按作业开始时间的要求提前做好准备,依时到场,对于配合外单位作业的,必须协助办理请、销点手续。

(3)需其他部门配合作业的主作业部门,必须按规定的作业时间办理相关手续,超过 30 min 的,视作该项作业取消,配合部门有权拒绝进行配合。

(4)需其他部门配合作业的施工项目,在进行相关作业时,应加强与配合部门联系,并做好安全防护工作。

(5)外单位的工程车在地铁线路上作业时必须要有地铁公司的工程车司机添乘,工程车运行前,车辆部对机车及连挂车辆的技术状态做必要的检查,保证技术状态及制动作用良好,施工负责人亲自或派胜任人员对连挂车辆装载的货物进行检查,确保装载牢固,并不得超出规定的车辆限界,经司机检查确认后,方准运行。

八、施工纪律

施工人员在施工期间必须严格遵守以下施工纪律,确保人身安全和施工的顺利进行:

(1)施工人员应严格按施工计划限定的时间、区段、内容进行作业。

(2)所有施工,遇特殊情况需延长施工作业的时间时,施工负责人应在计划结束前的 30 min 向行车值班员/信号楼调度员请示,得到同意后方可延长(影响正线行车的施工应征得行车调度员的同意)。

(3)施工人员应按规定做好施工防护措施,发现违章,及时制止,确保作业安全。

(4)施工人员须严格履行施工请、销点制度。

(5)施工结束后,施工人员须清理好现场,将所动的设备恢复到正常行车条件并清点工器具、人员、撤除防护措施后,方准撤离施工现场。

九、工程车开行

1. 工程车开行的有关规定

(1)工程车运行前,车辆部对机车及连挂车辆的技术状态做必要的检查,保证技术状态及制动作用良好,施工负责人亲自或派胜任人员对连挂车辆装载的货物进行检查,确保装载牢固,并不得超出规定的车辆限界,经司机检查确认后,方准运行。

①安排工程车作业时,必须严格按照划分的区域安排作业,工程车必须在计划时间内到达规定地点。

②工程车进入封锁区间施工时,除施工单位自身要做好防护措施外,车站须在该施工地段两端车站的端墙门处设置红闪灯防护,以警示注意。

(2)使用工程车进行巡检时,要保证 2:00 前不从一条正线转到另一条正线。

(3)工程车返回时,从离开作业区,运行时车长、司机负责观察,确保工程车返车辆基地途中的前方线路出清情况,并保证车上物品及部件不掉落。

(4)工程车进路排列由行调负责,行调在指挥工程车运行时要在"线路施工作业登记表"上严格确认工程车运行前后有无施工作业,并在 MMI 上确认工程车运行的前方进路已准备好。

(5)行调发布封锁区间线路施工命令时,如不指明不包括车站时,就是包括车站在内。

(6)封锁区域工程车运行由施工负责人负责指挥。

(7)涉及接触网停电挂地线且需工程车配合的作业时,工程车到达作业区后,行调同意后才挂地线;作业完毕,地线拆除,得到行调命令后司机方可动车回车辆基地。

2. 工程车开行

(1)在工程车出车辆基地前,工程车司机要与行调试验无线电的性能,工程车在运行中,司机和车长要加强与行调联系(如联系不上时通过车站转达),掌握列车运行计划,确认进路。

(2)工程车在进站、出站、运行至曲线前,站内或区间动车前,均须鸣笛示警。

(3)行调组织工程车正线运行时,应尽量避免分段行车;当前方施工作业未按时结束或因特殊情况须组织工程车分段运行时,行调经车站通知工程车司机允许运行的起、止站,司机必须复诵。

(4)工程车在封锁区域内作业,原则上进路的道岔不得转动,若因作业确需转动道岔时,应按"要道还道"调车方式办理。由施工负责人向车长提出,车长与车站联系动车计划(打磨车由物资设施部指定车长的工作),车站值班员方可操作道岔转动,并单独锁定该道岔后,方可通知车长动车。

(5)因施工、装卸货物的需要,工程车编挂平板车需在车站甩挂作业时,必须经控制中心值班主任批准,做好安全防护及防溜措施并及时挂走。

(6)原则上工程车在区间内不允许甩挂作业。

3. 正线发生故障或事故时工程车、救援列车的组织

(1)设调负责向行调提出使用工程车的计划(上人、设备地点和数量),由行调向信号楼调度员发布调车指令。

(2)信号楼调度员按行调的要求组织在 10 min 内把工程车开行到车辆基地内指定地点。

(3)抢修工作执行部门在工程车到达后 10 min 内完成装载设备、物品等工作,并安排跟车人员上车。

(4)行调负责组织工程车或救援列车从车辆基地至封锁区间前一站的运行,在封锁区间前一站把工程车或救援列车交给设调,并命令该站,向工程车或救援列车交付封锁命令。

(5)设调负责通知现场指挥指派一名联络员登乘工程车或救援列车驾驶室,将进入区间的计划交给车长,由车长引导进入封锁区间,并按计划指挥动车。

(6)如封锁区间内有道岔、辅助线时,由车长与车站联系调车进路计划,车站排好进路后通知车长,由车长指挥动车。

(7)工程车或救援列车使用完毕,由联络员引导回到原交接站,由设调向行调交出。

另外,工程车在车站装卸物料时,物料必须整齐堆放稳固在距站台边缘 1 m 以外的地方,施工负责人要负责监控,查看是否有物品侵限。

十、运营时间内特殊情况的施工规定

1. 正线、辅助线发生各类设备故障或事故需封锁区间抢修的规定

（1）正线、辅助线发生各类设备故障或事故需封锁区间抢修的程序：

①由行调负责组织故障情况下的行车，根据设调要求组织相关问题的处理。

②行调向有关站发布封锁线路的命令，需要时通知电调停电。

③设调得到行调的封锁命令号码、范围和时间后，负责组织封锁区间内的设备抢修工作，并指定一名施工负责人为现场指挥；同时现场指挥指派专人在车控室进行防护，被指派到车控室的防护人员负责抢修作业的请销点工作，同时还负责与现场指挥积极联系，随时掌握抢修的进度。

④抢修完毕，现场指挥确认线路出清后报设调，设调在"值班主任事故/事件处理记录表"上签认恢复行车时间，该封锁区间交回行调解封、组织列车运行。

⑤列车或车辆在线路上的起复救援工作按"突发事件应急报告程序"等有关规定执行。

（2）抢修、救援人员进出已交由设调控制、封锁的区间应使用无线电话（如无法联络时经车站）向设调申请，得到设调批准后进入封锁的区间。

（3）遇车辆在线上的起复救援工作，涉及系统设备，由分管的电调、环调或设调向值班主任提供技术支援，包括：

①影响范围、预计处理（开通）所需时间。

②变更的运行模式（指系统设备），如越区、单边供电，借用相邻设备等。

③处理进展情况。

④达到开通条件（轨道、供电）时的报告。

（4）设备故障或事故处理时，线路出清的确定：

①根据现场情况，由行调组织行车，由现场指挥负责现场抢救工作。

a. 电调、环调、设调接到故障或事故报告后，要尽快分析、做出判断，并在"值班主任处理事故/事件记录表"内签认。

b. 现场的维修人员、现场指挥确认行车条件后通知值班员，值班员报行调时，行调在"行调处理事故/事件记录"内做好记录，包括姓名、职务、报告时间和报告内容。

②故障、事故处理完毕，由现场指挥报设调/检调，设调/检调再报行调/信号楼调度线路开通；遇车辆在正线上起复救援时，由现场指挥确认可以行车后报告行调开通线路。

2. 运营时间正线发生各类设备故障进行临时抢修的规定

（1）进入隧道前，须先到车控室办理有关手续，在得到行调批准并落实安全防护措施后，方可进入。

（2）进入站台或靠近站台的第一个轨道电路区段线路的施工安全措施。

①施工负责人按规定放置红闪灯进行防护。

②值班站长（值班员）在 LCP 上使用紧急停车按钮对相关轨道区段进行施工防护，并通知站台站务员，站台站务员要监督抢修人员进入正确的区域，并报告值班站长（值班员）。

③行调把列车扣停在前方站。

④人员进入轨道时,应通过站台端墙的上下轨道楼梯进出。负责站台的人员要监督施工作业人员进入作业区域是否正确的确认。

⑤同时现场指挥指派专人在车控室进行防护,被指派到车控室的防护人员负责抢修作业的请销点工作,同时还负责与现场指挥积极联系,随时掌握抢修的进度。

(3)运营时间到区间隧道的抢修行车设备的规定:

①须搭乘客车到区间隧道抢修行车设备时,经值班主任批准。

②由设调组织好抢修人员在车站等候,按行调指定的车次上车(行调通知所有列车司机和相关车站)。

③抢修人员登乘司机室,通知司机在故障点前停车,从司机室门下车进入轨道,尽快进入安全地带后,用手信号灯白色灯光做圆形转动或通过无线电联系(表示已到安全地点)通知司机继续运行。

④进入司机室的抢修人员,不得影响司机的工作,并以2人为限。如果超过2人时,其余人员到客室乘车,下车时通过司机室门进入轨道。

⑤未经行调同意,在水泵房的抢修人员只能在水泵房内作业,严禁侵入行车限界,影响行车及人身安全。

⑥须从区间内返回车站时,维修人员使用无线电话向设调申请,设调与行调协商后,分别通知抢修人员和列车司机,抢修人员使用手信号红色灯光给停车信号,指示司机停车,并打开驾驶室车门让检修人员上车。

(4)在车站或线路两旁发生设备故障或事故,但不影响到列车正常运行时,由设调统筹处理。

3. 车辆基地内发生各类设备故障或事故时的处理规定

(1)由信号楼调度员负责封锁相关线路。

(2)如为行车事故,由信号楼调度员统筹组织处理,车辆检修调度、设调配合。

(3)属车辆部管辖设备故障,由车辆检修调度统筹组织处理,并指定一名专业人员为现场指挥。

(4)属物资设施部所管辖设备故障,由设调统筹处理,并指定一名相关专业人员为现场指挥。

第三节　车站安全管理

安全,人们传统认识就是平安,没有危险和事故。由于社会的进步和发展,安全的内涵被赋予了新的含义,现通常是指各种事物对人、物、环境不产生危害,实质是消除能导致人员伤害、疾病或者死亡,以及引起设备财产损失、危害环境的条件。

安全生产是指在企业生产经营活动过程中,为避免发生人员伤害和财产损失,而采取相应的组织措施和技术措施,以保证从业人员人身安全,保证生产经营活动得以顺利进行的相关活动。

安全,是一个极为重要的课题。人类要生存、要发展,就要认识自然、改造自然,就会有生产活动和科学研究。生产活动的增加和科学技术的发展改善人类生活的同时,也产生了威胁人类自身安全的一系列问题。特别是一些高危、高风险行业重大生产事故的发生,造成了大量的人员伤亡和财产损失,给企业和社会带来了极大的危害。安全生产作为企业的经济问题和社会的稳定问题,越来越引起企业和社会的重视。

安全生产管理作为管理学和安全学的一个分支,自然也成为生产管理的重要组成部分。所谓安全生产管理就是指国家利用立法、监督、监察等司法、行政手段,企业通过规范化、标准化、科学化、系统化的管理制度和操作程序,对危害因素进行辨识、评价、控制,实现生产过程中人与机器设备、物料以及环境的和谐,达到安全生产的目的。

安全生产经营管理的内容包括安全生产管理机构、安全生产管理人员、安全生产责任制、安全生产管理规章制度、安全生产策划、安全培训教育、安全生产档案等。安全生产经营管理的基本对象是人,涉及企业生产经营过程的所有人员、设备设施、物料、环境、财务、信息等各个方面。

一、安全生产管理方针

安全生产管理,坚持"安全第一,预防为主"的方针。

所谓"安全第一"就是在生产经营中,在处理安全与生产经营活动的关系上,要始终把安全放在首要位置,优先考虑从业人员和其他人员人身安全,实行"安全优先"的基本原则。在确保安全的前提下,努力实现生产经营目标和其他目标。

所谓"预防为主"就是说对安全生产的管理,主要不是在事故发生后去组织抢救,进行事故调查、处理和分析,而是按照系统化、科学化的管理思想,按照事故发生的规律和特点,千方百计预防事故的发生,做到防患于未然,将事故消灭在萌芽状态,使得有可能发生的人员伤亡、财产损失不再发生。

二、安全生产管理的意义

党和国家对安全生产管理非常重视,因为它体现着国家社会主义性质、市场经济的发展方向和我们党的根本宗旨,是企业经济建设顺利发展的前提,是社会稳定、人民生活幸福的保障。安全生产关乎企业员工每一个人的切身利益,是员工家庭幸福、效益保障的前提。

安全生产不仅仅关系到国家、企业、员工个人的经济效益,还切实关系到国家的国际声誉、社会的安定和企业的社会形象。

因此,安全管理出效益,安全生产无论对国家、企业还是个人都意义重大。

三、车站安全管理的途径

安全管理贯彻安全生产"安全第一、预防为主"的方针,强调全过程、全部工作、全员参加。安全管理是一个系统工程,如果哪一块、哪一小部分做得不够全面彻底,势必影响整体的安全效果和总体安全目标的实现。安全管理和其他管理一样包括计划、组织、指挥、控制、协调五个方面。

由于安全管理工作的特殊性和重要地位,必须加强安全工作的管理力度。地铁公司有安全保卫部专门负责安全管理工作。在公司高层还有总经理亲自担任主任的企业安全委员会。

安全管理系统是一个网络工程,具有鲜明的层次,每个层次的安全目标都要依靠下一层次的共同努力来达到,层层分解,最后到中心、车站、班组。安全管理的途径是通过行政命令、经济措施、宣传教育、法律手段等途径来实现的。

1. 行政途径

安全管理网络的建立本身就是通过行政手段来建立的，行政途径是安全管理最直接、最权威、最稳定的途径。

行政途径依靠行政组织采取行政命令、指示、规定和下达指令性任务等方法进行安全管理，以权威和服从为前提，具有强制性和严肃性。从业人员必须服从全局，做到令行禁止。

2. 经济途径

经济途径是指通过经济责任制，包括安全生产承包合同等制度，运用工资、奖金、罚金、抵押金、积分、评先等方式，将员工在安全生产中承担的义务用经济关系表现出来，将部门、班组、个人的物质利益或精神利益同安全管理以及安全成绩相挂钩，从而激发部门、班组、员工积极努力，防止事故发生确保安全。

3. 法律途径

安全管理的法律途径是指通过执行法律、法规有关条文，规范企业及个人的安全生产行为，达到安全生产的目的。法律途径有其严肃性和强制性的。显然在车站，加强相关安全法规的学习，提高遵纪守法意识，也是进行安全管理不可缺少的方法。

4. 宣传、教育途径

安全管理所有途径都必须通过宣传、教育来贯彻。

宣传教育的形式可采用"安全宣传周""安全宣传月""专项安全检查和评比""生产安全劳动竞赛""专项安全讨论""安全擂台"等；可采用闭路电视、局域网、板报、横幅、公告等媒介进行信息的传递与交流。

安全教育的内容可包括心理知识、安全知识、安全技能、安全有关的法律法规、规章制度、作业标准等。

四、车站安全管理的内容

1. 安全的定义

安全是指在企业的生产经营活动中，不发生导致人员伤亡、职业病的状态，设备财产不发生损失的状态。

2. 安全在城市轨道交通运营生产中的地位

（1）安全生产是企业的生命线，是《中华人民共和国安全生产法》赋予各企业及其各级管理者和生产者神圣的使命和法律责任，轨道交通企业及其从业人员也不例外。

（2）城市轨道交通运输企业以乘客的安全运送（位移）为产品，安全是轨道交通运输企业完成生产任务，是实现一定经济效益和社会效益的前提和保障。试想乘客人身安全得不到保证，或者设备安全得不到保证，效率低下，哪里还有什么乘客上门要求运送，又何从谈起企业的经济效益和社会效益。

（3）安全管理是从业人员从业过程中人身安全及效益的保障。员工是到企业付出劳动取得薪酬，没有必要也没有人要求从业者牺牲自己的身体健康甚至付出生命，安全管理就是要从业人员自觉遵守安全规章，化解或减少不安全因素的发生，提高防范意识和自我保护能力，减少给家庭、企业、社会带来伤害。

3. 车站安全管理的分类

通常结合车站生产实际可分为：人身安全(乘客人身安全、员工人身安全)、消防安全、行车安全、设备安全、票款安全等,其中设备安全在第一章已详细介绍,票款安全在第四章已详细介绍。

各细分的安全不是孤立的而是相互关联的。以乘客人身安全为例,加强站台巡视和广播,既可以保障轨行区安全(即行车安全),又可以保障乘客人身安全,消防安全对于乘客及员工人身安全也是如此。

(1)人身安全

人身安全包括乘客人身安全和员工人身安全两方面。

做好乘客服务(发现残疾人或行动不便的乘客主动引导使用残疾人电梯),减少乘客出行过程中的不安全因素(如针对中老年人反应速度慢降低电扶梯速度、雨雪天铺设防滑垫、雪天及时扫除出入口积雪),增加提示标识(张贴各类标识、规范导向标志),针对不同条件特点开展广播(雨天播雨天楼梯湿滑、列车开门时播注意列车与站台间间隙、无列车在站台时播请不要超越黄色安全线、学生放学时播不要在电扶梯上逆向行走、不要在站台上奔跑打闹)等,只要我们能想到的能做到的,都尽可能去做,在乘客人身安全方面作为工作人员尽到我们的责任,即便偶有乘客自身并不在乎自己的安全,我们也要积极防范减小负面影响。

员工人身安全方面要注重在日常的安全教育中建立员工的安全防范意识,凡事应多问几个为什么、该怎样做。做到不伤害他人、不被他人伤害、防止车辆伤害、防止高处坠落、防止锅炉压力容器爆炸、防止高空坠物伤害、防止触电伤害、防止机具伤害。在工作前进行安全预想,考虑存在的安全风险和必要的防范措施,只要有良好的安全防范意识就能够遇事不惊处之泰然。

特别要指出的是员工人身安全,不仅要加强从业过程中的宣传、管理和教育,还要加强上下班途中交通安全的宣传教育和管理,有关工伤认定中,员工上下班途中交通意外属工伤范畴。如此规定并不是说让大家不要注意交通安全,试比较一下是享受工伤待遇好？还是平安无事好？结果显而易见。作为车站要经常提醒员工注意交通安全,将上下班途中交通安全作为车站安全管理的日常项目。

(2)消防安全

消防安全是保障员工、乘客生命财产安全,保障设施、设备安全,减少损失的重要组成部分。维护消防安全是《中华人民共和国消防法》赋予从业人员神圣的使命和职责。消防工作贯彻"预防为主、防消结合"的方针,坚持专门机关与群众相结合的原则,实行防火安全责任制。

车站工作人员特别是行车值班员兼职消防控制室值班员,在学好各自专业业务知识的同时,还要更多的学习一些消防法规和知识。根据《中华人民共和国消防法》和企业有关消防管理制度,车站在日常的消防管理中要做以下几方面工作：

①根据消防管理制度和公司火灾预案,结合本车站的特点制定消防安全防范预案。

②实行防火安全责任制,确定本站各岗位的消防安全责任人。

③针对本站的特点对职工进行消防宣传教育,重点对消防控制室值班员进行培训教育,使员工明白;认真从既有案例中吸取教训,对照查找消防管理中存在的不足。

④定期组织防火检查,及时消除火灾隐患。

⑤定期开展消防器材和消防安全标志性能情况的检查,确保消防设施和器材数量充足、完好、有效。

⑥保障紧急疏散通道、安全出口畅通,通道及出入口安全疏散标志作用良好。

最终使每个岗位员工明白三懂三会:"三懂"即懂得本岗位火灾危险性、懂得预防措施、懂得扑救初起火灾的方法;"三会"即会报火警、会使用各种消防器材、会引导疏散乘客。

（3）行车安全

行车安全是交通运输企业在生产经营过程中所独有的,但即便同是轨道交通性质的企业,在行车组织、施工检修管理方面也存在差异,没有完全的经验可以照搬,需要在日常的工作中加以积累和摸索。

贯彻"高度集中、统一指挥、逐级负责"的行车组织工作原则,并严格《行车组织规则》、行车设备操作手册、《施工检修管理办法》等规章制度的执行是行车安全的基础。

贯彻"高度集中、统一指挥、逐级负责"的行车组织工作原则,强调行车调度员行车组织权威的树立,值班员对行车调度员的绝对服从,但不应是盲从。应当指出,当值班员可以预见到执行某项命令将必然发生重大危险时可以拒绝执行,前提是"打铁还得自身硬——自己有没有具备相应的业务技能和分析判断能力",当然值班员没有确凿的把握时,可以和值班站长共同探讨,由值班站长进行必要的判断或汇报与沟通,切不可妄动盲行。

行车安全应包含以下几方面工作:

①列车运行安全,即不发生列车正面冲突、掉道、颠覆、挤岔、冒进冒出信号等危及列车运行或线路设备损坏的事件。

②轨行区施工安全及施工线路出清,即防止施工及抢险人员受到列车伤害;以及防止施工遗留物侵限或未出清,使列车运行受阻或列车运行安全受到威胁。车站值班员可以通过加强施工过程的安全防护、按规定办理施工请销点登记来防范事故的发生。任何时候未经请点并征得行调同意,任何人不得进入轨行区进行作业。

③站台区段轨行区安全,主要是防止乘客物品掉落轨道危及行车,乘客跌落轨道造成人身伤害。站台轨行区的安全责任主要由站台安全员负责,为此要对其加强两方面教育:其一,没有列车进站时进行走动巡视,发现问题及时联系车控室,在做好相应防护后再进行处理;其二,列车进站前必须站立在紧急停车按钮附近,列车进站时发生异常及时敲下紧急停车按钮。

如果夜间有站台及站台区域轨行区施工,开站前对轨行区出清情况及边门锁闭情况进行检查也是必不可少的。特别是红闪灯的设置和撤除按规定的人员、位置、数量进行操作。

为了保障行车安全,车站应开展以下几方面工作:

①停用基本闭塞(非正常行车)时行车组织演练,明确列车接发作业程序和安全条件确认标准。

②站控人工操作设备排列列车进路时,发出指令前必须确认安全条件,严禁盲目切除安全保护措施。

③开站前线路出清检查要规范,严格检查各项登记是否已经按规定进行注销并到

站台进行实地检查,线路是否出清、红闪灯是否撤除。

④定期开展从业人员案例分析教育,做到警钟长鸣;定期开展行车业务知识培训和作业规范检查,提高从业人员业务技能和安全意识。

⑤加强车控室管理,杜绝无关人员进入车控室聊天、值班员使用电话聊天等与行车工作无关的事。

⑥明确台账填记标准,规范台账填记。

第四节　事故的预防与分析

"事故"这个概念在不同的行业有不同的理解和解释。城市轨道交通系统安全管理中所称的事故是指:在运营生产过程中,因违反规章制度、违反劳动纪律、违反作业纪律或技术要求,或因人员技能不高、设备技术状态不良及其他原因,造成人员伤亡、设备损坏、影响正常生产作业或危及安全生产的事件,达到事故规则规定的标准的部分。

一、事故的分类

1. 按事故的内容分类

城市轨道交通事故按其内容分为行车事故、设备事故、职工伤亡事故、火灾爆炸事故、地外伤亡事故等。

2. 按事故的性质和程度分类

按事故的程度和性质分为特别重大事故、重大事故、大事故、险性事故、一般事故和事故苗头。

3. 行车事故分类标准

(1)特别重大事故

在运营工作中造成下列后果之一的为特别重大事故:

①死亡 30 人及其以上的。

②事故直接经济损失在 500 万元及其以上的。

③造成 100 人以上的急性中毒。

④其他性质特别严重产生重大影响的事故。

(2)重大事故

在运营工作中造成下列后果之一的为重大事故:

①人员死亡 3 人或死亡、重伤 5 人及以上。

②中断正线(上下行正线之一)行车 180 min 及其以上。

③主变电所中断供电 180 min 及其以上的。

④事故直接经济损失在 100 万元及其以上的。

(3)大事故

在运营工作中造成下列后果之一的为大事故:

①人员死亡 1 人或重伤 2 人及以上。

②中断正线(上下行正线之一)行车 120 min 及其以上。

③主变电所中断供电 120 min 及其以上的。

④事故直接经济损失在 20 万元及其以上的。

(4)险性事故

凡事故性质严重,但未造成损害后果或损害后果不够大事故及以上事故等级标准的,有下列情况之一的为险性事故(和车站有关部分,以下类同):

①正线列车冲突。

②正线列车脱轨。

③向占用区段接入或发出列车。

④未准备好进路接入或发出列车。

⑤客车夹人开车。

⑥未拿或错拿行车凭证发车。

⑦正线各类设施、设备、物资侵入车辆限界。

(5)一般事故

凡事故性质及损害后果不够特别重大、重大、大事故及险性事故的为一般事故:

①非正线列车冲突。

②非正线列车脱轨。

③应停列车全列越过停车标或在站通过。

④挤道岔。

⑤通过的列车在已封闭的车站停车造成后果。

⑥中断正线行车 30 min 以上。

⑦错误办理行车凭证发车。

⑧各类车辆、设备、设施异常,造成重伤一人。

⑨设施、设备、器材、物品等超出设备限界。

⑩错误办理行车凭证耽误列车。

⑪事故直接经济损失在 1 万元及以上。

⑫运营中车站正常照明和事故照明全部停电。

(6)事故苗头

凡在地铁运营工作中,因违反规章制度,违反劳动纪律或其他原因,造成设备损坏,影响正常行车或危及行车安全,但事件的性质或损害的后果达不到事故的为事故苗头;因违章行为性质严重,虽未造成损失,但经安全部门认为定性事故苗头的。

二、事故处理原则

发生事故时,要积极采取措施,迅速抢救,以"先通后复"的原则,尽快恢复运营,尽量减少损失。在事故处理的过程中相关人员要沉着冷静,不要急于求成,确保事故处理过程的安全,防止次生事故的发生。例如,在一些行车设备抢修中,车站值班员除了要加强与调度员等相关人员的信息沟通与交流外,还要做好抢修人员的安全防护,防止发生人身伤亡事故。

事故责任的判定,以事实为依据,以有关法规、规章为准绳,按照"四不放过"原则(即事故原因没有查清不放过、事故责任人没有得到严肃处理不放过、广大职工没有受到教育不放过、防范措施没有得到落实不放过)处理事故,查明原因,分清责任,吸取教训,制定措施,防止同类事故再次发生。

三、事故的预防

"安全第一,预防为主"是安全生产管理最基本的方针,事故预防是做好安全工作的重点,就是要根据具体工作的要求和事故发生的原因,采取积极有效的措施,减少或制止事故的发生。

根据有关资料介绍,目前较为公认的预防事故的原则有六条:

(1)预防事故是任何一个企业实现良好管理,生产出优质产品工作中不可缺少的部分。

(2)管理人员与生产人员必须严格落实各项安全管理规定及操作规程。

(3)落实企业的最高领导人是安全工作的第一责任者的规定,他必须在生产安全活动中起主导作用。

(4)每个工作岗位都必须有一个明确而且为大家所了解的安全目标。

(5)采用最新的安全可靠的技术和管理方法。

在各种安全活动中,事故的预防是根本的和第一位的。对待事故的预防要积极,预防的措施要科学、全面、合理。不论发生事故的主体和客体、局部或整体,都应制定行之有效的管理方法和操作规程,针对有可能发生安全事故的方面积极拟定相关预案并开展演练。

行车事故的预防除遵循上述原则外,还要结合具体情况加以处置。南京地铁开通之初就使用自动闭塞系统控制列车运行的安全,而前后所发生的多起事故均在设备无法控制的情况下发生的,因此加强自动闭塞系统故障情况下行车事故的预防尤为重要。

首先,定期开展电话闭塞法演练,让相关从业人员在突发信号系统故障时不至于无所适从。其次,严格执行"两纪一化"(作业纪律、劳动纪律、作业标准化)作业标准,防止值班员作业过程中的疏漏行为发生。第三,进行事故案例、应急预案的宣传和学习,举一反三迅速提高从业人员判断处置事件的技术能力和应变能力。第四,梳理设备操作培训过程中存在的盲点,开展设备操作、规章制度、作业标准等的回炉培训。

四、运营事故案例分析

地铁是城市公共交通重要组成部分之一,地铁安全的重要性不言而喻。近年来全球地铁事故不断发生,我国的北京、上海、广州等城市地铁先后发生不少事故。因此,分析地铁运营事故的影响因素,制定预防事故相关对策以及突发事故后的救援措施,对于改善地铁运营的安全现状,预防事故和降低事故损失都具有十分重要的意义。

安全意识的建立,预防以及抢险机制的完善,都是对安全和安全管理必不可少的。即便在事故发生后仅从表面现象的臆测或判断,不从事故中真正找原因,只能增加事故发生的频率,所以查清事故原因,真实客观地反映出事故的因果关系,才是真正预防事故最有效的手段。生产过程中安全最大的敌人就是无视安全隐患和规章的存在,盲行妄动,对存在的安全风险麻木不仁。学习规章可以提高判断和处理问题的能力,减少犯错的概率。学习事故案例,可以少走甚至不走他人走过的弯路。同时无论是学习规章还是学习事故案例都是进行自我保护必要的手段。

(一)事故案例

1.某地铁发生的火灾

2003年2月18日某地铁发生的火灾是因为没有做好初期应对才酿成大量人员伤亡的后果。起因是人为纵火,但地铁方面消极应对,行调没有及时扣停驶向该站的载客列车,发生火灾后,地铁公司机械设备调度室当班人员权某等3人,虽然在18日上午9:53左右在显示器上看到"火灾警报"四个字并听到警报响起,但以平时常常操作出错为由,无视警报,没有采取任何措施。司机在按图运行不知火灾事实的情况下驶入该站。由于接触网停电,第二列列车进站后车门无法打开导致了更大的伤亡,在198名遇难者中,就有114人是第二辆列车上的乘客。暴露出该市地铁没有具备让乘客实施紧急逃生的事实,同时无防备状态的防护系统也助长了损失。应对火灾的喷水消防装置只设在地下两层的站区内,没有设在站台上。而且设在地下的车站没有发生火灾时强行抽出烟尘的空调设施,所以事故发生后3~4 h,救援人员一直都无法接近现场。

这种学费是交不起的!这场事故,暴露更多的是设施方面的不完善,但是如果值班员或者行车调度员防范意识较强,完全可以避免后续列车的驶入;如果机械设备调度室当班人员在得到报警信息后,认真加以确认而不是按照习惯的经验简单地处理;如果……可见一件事故发生以后当班(当值)人员的安全意识、业务能力、应变能力、作业习惯等,对于事态的发展都将起到至关重要的作用。

2.安全防护未及时撤回事件

2005年10月30日夜间某地铁站当班行值在办理施工登记手续时,在不该放置红闪灯的情况下放置了红闪灯,又没有及时撤回,导致压道工程车在张府园延误6 min。

(1)按照该地铁所属运营分公司《行车事故管理规则》的定性标准,延误6 min应定性为事故苗头。

(2)由于行车值班员队伍包括值班站长队伍普遍行车经验不足,在实际操作中经常将行调布置的做好防护简单理解为放置红闪灯,而防护的含义除了放置红闪灯外还有监听800 M无线通话的要求,对于异地注销作业程序,该运营公司当时并没有严格成文的《施工检修管理办法》,值班员普遍采用上海地铁培训掌握的方法进行操作,而上海的《施工检修管理办法》中并没有设置红闪灯防护的项目,与广州培训归来的行调在作业习惯上存在差异,需要该运营公司自己的文件规定来加以规范和磨合。

(3)值班员在红闪灯放置后的疏忽行为的根源有待进一步分析。究竟是何种原因造成当事人没有及时撤除红闪灯?如何在值班站长和值班员间,值班员与值班员间没有建立行之有效的他控和互控机制?以及值班员如何在日常工作中采取自控措施?这些都是此次事故发生后最急需解决的问题。为此站务中心制定了相应的对策,且明确了施工过程中红闪灯放置的时机,并规范了红闪灯放置撤除登记程序。

(二)地铁运营事故分析

地铁运营安全不仅涉及人—车辆—轨道等系统因素,还受到社会环境和列车运行相关设备(信号系统、供电系统)等因素的影响。近年来,国内外地铁事故统计的分析表明:人、车辆、轨道、供电、信号及社会灾害等是地铁事故的主要因素。

1.人员因素

从 2002 年和 2003 年对上海地铁 1、2 号线发生事故的分类统计表明:一般性事故主要是因乘客未遵守安全乘车规则,而险性事故多是由于工作人员职责疏忽引发的。人员因素是导致地铁事故的主要原因,其中包括:

(1)拥挤。例如,2001 年 12 月 4 日晚,某地铁 1 号线一名女子在站台上候车,当列车驶入站时,被拥挤人流挤下站台,当场被列车轧死。又如,1999 年 5 月,某地铁车站因人员过多,混乱而拥挤,导致 54 名乘客被踩死事件。

(2)不慎落入和故意跳入轨道。长期以来,因人员跳入地铁轨道,造成地铁列车延误的事件屡次发生,短的一两分钟,长则三五分钟。而地铁列车一旦受到影响,不能正点行驶,势必影响全局,就需全线进行调整,不仅影响当时列车上的乘客,而且使整条线路甚至其他轨道交通线路上的乘客都可能被延误。

(3)工作人员处理措施不当。例如,某地铁 2003 年火灾事故中,地铁司机和综合调度室有关人员对灾难的发生就有着不可推卸的责任。前方车站已经发生火灾后,另一辆×××号列车依然驶入烟雾弥漫的站台,在车站已经断电、列车不能行驶的情况下,司机没有采取任何果断措施疏散乘客,却车门紧闭,而且仍请示调度该如何处理。更不可思议的是,在事故发生 5 min 后,调度居然还下达"允许×××号车出发"的指令。

2.车辆因素

(1)导致地铁列车事故的主要因素是列车出轨。例如,某地铁在 2003 年 1 月 25 日,一列挂有 8 节车厢的中央线地铁列车在行经某地铁站时出轨并撞在隧道墙上,最后 3 节车厢撞在站台上,32 名乘客受轻伤。同年 9 月,一列慢速行驶的地铁列车在某地铁站出轨,并导致地铁停运数小时。又如,在 2000 年 3 月发生的某地铁列车意外出轨,造成了 3 死 44 伤的惨剧。再如,2000 年 6 月,某地铁发生一起列车意外出轨,当时有 89 位乘客受伤。

(2)其他车辆因素。例如,2003 年 3 月 20 日,某地铁 3 号线闸门自动解锁拖钩故障,停运 1 个多小时。又如,2002 年 4 月 4 日,某地铁 2 号线因机械故障车门无法开启,停运半小时。

3.轨道因素

2001 年 5 月 22 日,某地铁站附近轨道发生裂缝,地铁被迫减速,并改为手动驾驶,10 万旅客上班受阻。

4.供电因素

例如,2003 年 7 月 15 日某地铁 1 号线莲花路到莘庄的列车突然停电,被迫停运 62 min。经查,原因是地铁牵引变电站直流开关跳闸,列车蓄电池亏电过量,才致使列车无法正常起动的。又如,2003 年 8 月 28 日,某地区突然发生重大停电事故,该地区近 2/3 地铁停运,大约 25 万人被困在地铁中。

5.信号系统因素

2003 年 3 月 17 日某地铁 1 号线信号控制系统突然发生故障,停运 8 min。2003 年 2 月 14 日某 2 号线中央控制室自动信号系统发生故障,停运 20 min。

6.社会灾害

地铁车站及地铁列车是人流密集的公众聚集场所,一旦发生爆炸、毒气、火灾等突发事件,造成群死群伤或重大损失,严重地影响了社会秩序的稳定。近年来地铁接连不断地发生爆炸、毒气、火灾等社会灾害。例如,1995年3月20日某地铁曾经遭受邪教组织"奥姆真理教"施放沙林毒气,夺走了十多条人命,5 000多人受伤,引起全世界震惊。又如,2003年2月18日某地铁发生的纵火事件造成近200人死亡,数百人受伤失踪。

(三)预防事故的对策

地铁一旦发生事故,将成为公众舆论的焦点,不仅带来不利的政治影响,人员伤亡、车辆损毁带来的经济损失也将十分严重。随着地铁的飞速发展,为提高地铁运营的安全,有效减少事故的发生和降低事故损失,依据上述的事故分析,应采取以下几点事前预防对策以及事后处理措施:

1. 事故发生前的预防对策

(1)加强对乘客和工作人员的教育

由于乘客素质对地铁安全有很大的影响,所以应加强对市民的地铁安全乘车意识的教育,减少由于乘客的失误而产生的地铁运营事故。例如,2004年4月出台的《北京市城市轨道交通安全运营管理办法》中,对乘客的各种危害城市轨道交通安全运营的行为做了规定,并且明确了运营单位工作人员应当履行的安全管理职责。另外,还要多加强对乘客在紧急情况下逃生自救知识的宣传教育。

统计表明,几乎每一起重大事故都与地铁工作人员的失职有关,所以务必加强对工作人员的法制教育、技术教育、安全教育和职业道德教育。工作人员要牢记"安全第一"的运营准则,任何时候都不能麻痹大意。某地铁的火灾惨案有一个重要原因,就是将平时的教育流于形式,没有落实到实处,因而自食恶果。

(2)采用先进的设备及其检测体系

地铁的运营涉及众多人员和先进的设备。车辆因素、线路问题、信号标志等设备都直接关联到列车的安全运行。车辆所使用的阻燃材料是否合格、安全装置是否充足有效、车辆是否符合运行要求、车辆技术状况的好与坏都会直接影响到地铁的运行安全。前述发生重大火灾事故的地铁车厢未采用先进的阻燃材料,易燃材料燃烧后产生了大量毒气和烟雾,导致了事故的扩大。

上海地铁有两套自动防火设施,两级自动监控系统,一级设在车站,一级设在中央控制室。自动灭火喷淋系统,有水喷和气体喷两种,可以针对不同的火灾原因进行调控。地铁隧道里还设有专门的排烟装置,一旦发生火灾,隧道内的事故风机系统就会启动,在最短时间内排出有毒烟雾,防止窒息。

北京地铁设有双组变电站供电、紧急照明和应急通风设施,即使在出现两个主变电站同时停电,列车失去牵引力最终停车时,也不会导致出现地铁"失控"现象。地铁的指挥系统,如调度电话、通信系统等,在失电情况下仍能正常使用,它们全部由蓄电池供电。

地铁发生意外导致紧急断电,在突如其来的黑暗状态下人员极易发生混乱,造成伤亡。在断电情况下能持续提高光源十分关键。自发光疏散指示系统完全解决了这个问题。这些安全标志在完全失去光源的情况下仍然能够利用自身的蓄能发光,以便乘客在漆黑一片中找到逃生的方向。

另外,还应该将站台安全线改为自动安全门以杜绝坠落地铁事故;加强车辆维护及检修工作,提高综合服务水平。建立和完善设备状况计量检测体系,确保设备运行的安全度。对已出过的事故苗头、灾害险情要及时记录,用系统安全工程的方法进行评价,及时制定切实可行的整改措施,把工作落到实处,尽量把事故和灾害消灭在萌芽状态。

(3)建立自动监视及火灾报警系统

为了保证地铁的安全运行,每个地铁系统都应具备监测及火灾报警系统(Fire Alarm System,FAS)。FAS对于确保地铁的安全以及正常运营,具有极其重要的作用,成为地铁各系统中不可缺少的重要组成部分。受FAS保护的具体对象是全线车站、主变电所、车辆段及通信信号楼。地铁FAS必须是一个高度可靠的系统,接线简单,组网灵活,容易维修和扩展。控制中心(OCC)应有全线示意图,能监控全线的报警情况。

伦敦地铁当局在所有115个地下车站内安装有名为"快速追踪"的火灾探测与报警系统。该设备包括一个探测范围宽广的模拟可寻址烟雾与热量探测系统,以及其他一些诸如遥控关门器、应急有线广播系统、防火阀控制装置、检票门等安全防火设施。如今,每个车站内的电脑急速机能对本区段内的消防设施予以监视与控制。通过预先编制的程序,它能对每个车站上的所有消防安全设施进行扫描、搜检,在连续不断地进行基础分类后,便可确认这些设备的特征、位置、所处的形式与工作状况。

应具备无线电通信设备和有线通信紧急电话,车站工作人员和地铁司机可通过无线系统或有线电话向控制中心传递事态信息;还有站台内的CCTV视频传输系统。车站内应装设全方位的监视器,实时收集站内各方位视频信息,不能出现有地铁发生火灾、爆炸、毒气而控制中心不知情的情况。列车上还配备有紧急报警按钮,发生火灾爆炸等意外事件时,乘客可迅速按压此按钮通知司机。

(4)制定应急方案并进行模拟演练

事故和灾害是难以根本杜绝的,必须高度重视应急预案的制定。"预防为主"是地铁安全正常运营的原则。凡事预则立,不预则废。不同的事故,其应急处理方法不同。只有事先制定多套突发事故应急预案,增强突发性事件的应急处理能力,才能把事故与灾害所造成的人员伤亡和财产损失降到最低程度。迅速的反应和正确的措施是处理紧急事故和灾害的关键。应急预案是对日常安全管理工作的必要补充。它的主要内容应该包括:指挥系统组织构成、应急装备的设置(主要包括报警系统、救护设备、消防器材、通信器材等)和事故处理与恢复正常运行。要做到不发生事故,保证地铁运营安全,除了加强对员工的安全思想教育、提高群体安全意识、健全各项规章制度、严肃劳动纪律和作业纪律、建立安全监督管理机构工作以外,进行事故应急处理模拟演练是十分必要的。增强全员安全生产意识,逐步提高各有关专业和工种的应变能力、协同配合能力和对事故的综合救援能力,达到锻炼员工队伍的目的。例如,北京地铁就在建国门站进行了名为"列车发生爆炸迫停隧道内的应急先期处置"模拟演习。

2.事故发生后的处理对策

(1)乘客的安全疏散问题

根据全世界的地铁重大事故的经验和教训,乘客没有得到快速、及时、安全地疏散是造成严重后果的重要原因。所以,乘客快速、及时的安全疏散是整个地铁安全体系中极其重要的内容。一个完善的乘客安全疏散方案要尽可能详尽和具体。在1~2 h不能恢复交通的情况下,地铁公司要赶紧联系公交公司,在各个地铁出口处设有开往不同地方的专车,来有效疏导乘客。还有发生事故后,地铁应担负起告知责任,不能以"故障"为借口,忽视甚至漠视乘客的知情权,导致乘客恐惧不安和混乱。

（2）建立事故处理系统

地铁事故的分析和处理是一项复杂的、经验性很强的技术工作,地铁发生事故的原因很多,要求快速、有效、准确地识别故障原因并采取有效措施及时恢复地铁正常运行,这还是一个值得深入研究的工作。近年来,在安全科学领域中,计算机技术已与安全管理、安全评价、风险分析预测等工程技术广泛结合,并且推动了安全科学发展的进程。利用计算机准确及高速度的科学计算功能进行安全分析、事故诊断、安全决策等任务。目前,地铁普遍安装了计算机监控系统,但对状态监测的作用没有得到充分发挥,需要有一个后台的故障处理和分析系统来实现对监控信号的处理,充分实现对系统的智能化监控,提高整个监控系统的利用率。

专家系统内部含有大量的某个领域专家水平的知识与经验,能够利用人类专家的知识和解决问题的方法来处理该领域问题。利用专家的经验快速给出处理措施,辅助管理人员进行事故处理,提高地铁的安全经济运行水平。地铁事故处理专家系统就是建立在这样的基础上的。

一旦事故和灾害发生,在全线上运行的列车不能继续按照原先的计划运行图运行,中央控制室必须及时对所有列车运行做出科学正确的调整。某地铁纵火案中正是由于中央控制室管理不力,没有及时阻止另一列列车驶入已经失火的车站,导致了伤亡人员的增加,死亡人员多数是第二列列车的乘客。

列车自动控制系统（ATC）中应包括针对发生紧急事故和灾害情况下的列车自动调度系统。这个自动调度系统应该是一个实时专家系统。自动调度系统软件由事实库、规则库、推理机、数据黑板等构成。事实库中主要存放与推理有关的静态事实;规则库中主要存放调度专家的领域知识,如故障判断规则、运行图调整规则等;推理机模拟调度专家的思维方式,根据事实库中的事实,调用规则库中的规则,逐步进行推理,推理的中间结构暂存在数据黑板上。自动调度系统将及时制定出新的列车运行方案,防止灾害的扩大化。

第五节　车站突发事件应急处置

城市轨道交通线路的运营工作是一个复杂的组织系统,既牵涉到城市轨道交通运营企业中的列车、线路、信号、供电、调度指挥、客运服务、设备维护等各个部门,也与天气、乘客等外部环境密切相关,在这个系统中的任何环节发生故障或事故,都会给运营工作带来不利的影响。对于城市轨道交通运营企业员工来说,遇到各种突发事件时的应急处理能力是其核心的职业能力,需要认真学习、反复演练和牢固掌握。

一、城市轨道交通常见突发事件的种类

城市轨道交通运营过程中的突发事件是指地铁运营管辖范围内突然发生,造成或

者可能造成人员伤亡、财产损失和严重社会危害,危及地铁运营安全和公共安全,影响地铁运营秩序的紧急事件(事故)。

城市轨道交通运营过程中常见的突发事件分为三类:运营生产类、公共安全类、自然灾害类。

自然灾害类包括地震、台风、雷电、大雾、洪水、突发地质灾害等影响地铁运营的突发事件。公共事件类包括在地铁运营范围内发生爆炸、毒气、恐怖袭击、火灾、治安事件、公共卫生事件等影响地铁运营的突发事件。运营生产类包括突发性大客流、行车事故、设备故障等影响地铁运营的突发事件。

各类突发事件按照其性质、严重程度、影响范围和可控性等因素分为四级:特别重大级(Ⅰ级)、重大级(Ⅱ级)、较大级(Ⅲ级)和一般级(Ⅳ级)。

一般级(Ⅳ级)指事态比较简单,运营秩序受到一定影响,依靠公司应急救援力量能够处置的突发事件(比照《行车事故处理规则》行车事故分类中的一般事故和事故苗头)。

较大级(Ⅲ级)指事态比较复杂,运营秩序受到较大影响,以公司应急救援力量处置为主,必要时请求相关外部救援力量支援的突发事件(比照《行车事故处理规则》行车事故分类中的险性事故)。

重大级(Ⅱ级)指事故复杂,运营秩序受到重大影响,已经或者可能造成重大人员伤亡、财产损失等后果,需要多部门联合处置的突发事件(比照《行车事故处理规则》行车事故分类中的较大事故)。

特别重大级(Ⅰ级)指事态非常复杂,运营秩序受到特别重大影响,已经或可能造成特别重大人员伤亡、财产损失等后果,需要上级应急指挥机构统一协调指挥各方面力量处置的突发事件(比照《行车事故处理规则》行车事故分类中较大事故以上的事故)。

二、城市轨道交通突发事件应急处置的原则

城市轨道交通运营企业的各相关部门必须在日常运营生产过程中贯彻"预防为主、常备不懈"的方针,在各种故障(事故)的应急处置和抢险救援工作中牢固树立"以人为本""安全第一"的思想,遵循"高度集中,统一指挥,逐级负责,先通后复"的原则,确保各种突发事件的应急处理反应及时、措施果断、有序可控、快速及时,减少故障(事故)的不利影响,尽快恢复运营生产。

各相关部门对突发事件的应急处置要力争做到早发现、早报告、早开通、早修复,在抢险救援中应采取有效措施控制事态发展,尽一切可能减少损失,防止事件影响的扩大。

三、车站常见突发事件的应急处置

(一)人员擅入轨行区的应急处置

1.处置原则

人员擅入轨行区事故属于公共事件类突发事件,是指在地铁运营线路范围内,发生乘客或其他人员擅自进入运营线路轨行区的事件。发生人员擅入轨行区事件会对地铁运营安全和秩序造成重大影响。发生人员擅入轨行区时,应遵循"先出清线路,保证人员安全,尽快恢复运营,后处理事故"的原则快速处理,减轻对运营工作的影响。

2.相关案例

某日 18:11,0523 次以 ATO 模式进 F 站下行站台前,司机发现有一个 30 多岁的男乘客从离头端墙约 30 m 处跳下轨道,司机立刻按压紧急停车按钮,车站发现后也及时按压了紧急停车按钮,列车在离站台约 70 m 处停下,后该乘客自行爬上站台(图5-1)。

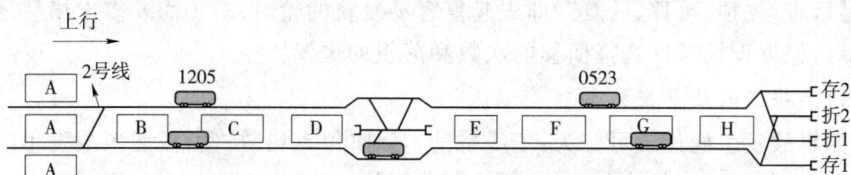

图 5-1　事件发生时的列车位置示意图

18:11,行调发现车站按压紧急停车按钮后,立刻询问车站和司机是否撞到乘客,车站回答已经爬上站台,乘客无受伤。

18:12,线路出清后司机对标停车。

18:13,行调对前行列车 1205 次在 A 站多停 2 min,减轻换乘客流压力。

18:14,0523 次在 F 站开出,延误 153 s。

经了解,该乘客是帮同伴捡掉下站台的手机,跳轨乘客没有受伤。列车停站后跳轨乘客及其同伴上了 0523 次列车,F 站的值班员发现后也跟着上车,列车到 E 站后将他们带回 F 站,找到 3 个目击证人(跳轨乘客的同伴),车站对他们进行了教育并按规定罚款 200 元。

(二)列车事故的应急处置

列车事故为运营生产类突发事件,指地铁列车发生倾覆、脱轨、挤岔、轮对卡死、冲突事故或线路发生坍塌、下沉、隆起等事故需要中断部分线路而进行的救援组织工作。此类事故会造成线路中断、人员伤亡、设备损坏及经济损失。

依据可能造成的危害程度、涉及范围、影响大小、中断行车时间、人员伤亡及财产损失等情况,分为较大级、重大级两个等级。

较大级:列车在基地(停车场)发生倾覆、脱轨、挤岔、轮对卡死、冲突事故或线路发生坍塌、下沉、隆起等事故。

重大级:列车在正线、辅助线、转换轨或在基地(停车场)咽喉地段发生列车倾覆、脱轨、挤岔、轮对卡死、冲突事故或线路发生坍塌、下沉、隆起等直接影响正线运营的事故。

1.列车倾覆的处置措施

列车倾覆按照事故发生地点可分为:隧道倾覆、高架倾覆、基地(停车场)倾覆、整体道床倾覆、碎石道床倾覆;按照事故发生时倾覆的列车数量可分为:单车倾覆、多车倾覆;按照事故发生时车辆的损坏程度可分为:一般倾覆、严重倾覆。

处置措施:在隧道内发生该类事故时,在查看现场后,选择气垫设备和扶正设备将车辆复原。在基地(停车场)发生时,在将事故车从列车编组中分离以后,动用扶正设备将事故车辆复原。

2.列车脱轨的处置措施

脱轨时,首先判断事故的类型,并将情况及时向控制中心汇报。控制中心接报后,及时将事故概况向检调及相关中心二级调度通报。脱轨事故按照事故发生地点可分为：隧道脱轨、高架脱轨、基地（停车场）脱轨、尽头线脱轨；按照事故发生时轮对的状况可分为：单轮脱轨、对角线脱轨、多轮脱轨；按照事故发生时车辆的损坏程度可分为：一般脱轨、严重脱轨。

处置措施：根据现场的条件和事故车的状况，制定合适的起复方案。起复一般按照"先易后难，先顶、再移、后复"，即先起复容易复轨的轮对；对于需要多次横移才能复轨的轮对，根据现场条件选择横移的次数和落轨的位置。

3.列车挤岔的处置措施

按照事故发生的位置可分为：正线挤岔、基地（停车场）挤岔；按照事故发生时道岔的损坏程度可分为：一般挤岔事故、严重挤岔事故。

处理措施：挤岔时，列车禁止后退，车辆及物设救援组人员到达后，在专业人员的确认和监护下，由现场指挥人员指挥列车在封锁区间内运行，最大可能地减少事故对整个地铁运营的干扰和影响，将事故损失降低到最低限度。

挤岔列车轮对未全部驶出被挤道岔转辙部位时，原则上只能顺向（从岔后向尖轨尖方向移动）将挤岔列车驶出或牵引出事故区段。物设救援组确认道岔能否满足挤岔列车限速 5 km/h 顺向驶出或牵引出被挤道岔的行车条件，车辆抢修小组确认列车能否满足挤岔列车限速 5 km/h 顺向驶出或牵引出被挤道岔的条件，如工务、车辆均满足条件，司机根据现场处置机构指挥指令顺向动车，并根据指令随时停车。若不满足动车条件，物设或车辆救援组应对道岔或车辆进行必要的应急处置，必要时将车辆解体，用电客车或工程车将挤岔列车分段牵引出事故区段。现场挤岔列车驶出或牵引出事故地段后，各救援组立即组织设备的抢修恢复。

4.列车冲突的处置措施

按照事故发生的位置可分为：正面冲突、侧面冲突、追尾；按照事故发生时车辆的损坏程度可分为：一般冲突、严重冲突。

处理措施：列车出现冲突时，以最短的时间将故障车辆拖走，出清线路，最大可能地减少事故对整个地铁运营的干扰和影响，将事故损失降低到最低限度。

5.相关案例

2009 年 12 月 22 日，某地铁 1 号线发生了一起严重的由于信号系统故障导致的列车侧面冲撞事故，造成徐家汇至火车站双线中断运营 3 h，徐家汇至火车站单线运营中断 5 h，大量乘客长时间被困隧道的严重后果。

12 月 22 日 5：40，1 号线陕西南路站—人民广场站区段上行线接触网失电，10312 次 0147 号车停在故障区段上行区间，接到事故报告后，调度员立即命令维保人员进行设备抢修，并于 6：20 命令人民广场站人员下区间疏散 0147 号车的乘客。同时行调对运行方案进行调整，莘庄至徐家汇、富锦路至火车站开行小交路，火车南站至火车站启动公交预案。调整方案如图 5-2 所示。

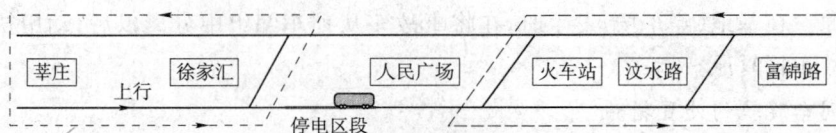

图 5-2　某地铁信号系统故障时的调整方案图

正当调度员全力处理接触网失电事故时，执行富锦路至火车站小交路运行任务的 12696 次 0117 号车在火车站下行站台停站清客后，火车站值班员手动排列折 4 线进路，司机掉头后以人工驾驶模式动车准备进入折返线。此时后续 12896 次 0150 号车以 ATO 方式从中山北路开往火车站，速度为 60 km/h。由于中山北路至火车站区间是弯道，0150 号车通过弯道后司机发现火车站防护信号机为红灯，而此时列车无明显减速现象，0150 号车司机立即紧急制动，在惯性作用下 0150 号车左侧车头以 10 km/h 的速度与 0117 号车第四节车厢发生碰撞。事故发生时的情况如图 5-3 所示。

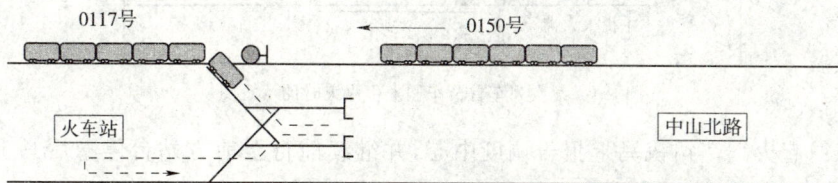

图 5-3　0150 号与 0117 号发生碰撞时的情况示意图

碰撞事故发生后，行调立即通知全线车站，将本线运营调整为莘庄至徐家汇，富锦路至汶水路小交路运行，并申请启动徐家汇至汶水路公交应急预案。同时安排在 0150 号车后运行的 0140 号车清客到事故区间转运 0150 号车上的受困乘客。到中午 11:00，救援和乘客转运工作基本完成，行车秩序逐步恢复。

在这起信号设备故障引起的碰撞事故中，该市地铁的运营人员表现出高度的工作责任心和高超的指挥水平，尤其是调度员和列车司机在事故中表现突出、反应迅速、措施采取得当，调度员临场指挥镇定、命令清晰准确，故障处置的程序符合预案要求，最大限度地减小了事故给运营工作带来的影响。在事后的事故原因分析中，事故调查组也对 1 号线当班职工在事故发生后应急处理的表现给予充分肯定。

事故调查组在事后调阅了列车事故记录、信号数据、视频监控图像等相关资料，并于当日运营结束后组织了事故现场动车复测和验证，最后得出一致的结论：碰撞事故的发生是由于信号系统向列车发出了错误的速度码，导致列车制动距离不足，两列车发生侧面冲撞。事故调查组认定：该项目的总包方卡斯柯信号公司承担事故责任。

（三）列车火灾事故的应急处置

1. 处置原则

列车火灾属于公共事件类突发事件，是在地铁运营期间，由于意外或人为原因导致列车发生火灾的事件。列车发生火灾会对乘客造成伤亡，对地铁运营秩序、服务和公司财产造成重大影响和损失。列车火灾的应急处置应遵循"先救人，后救物"的原则，在确保乘客安全的前提下尽量减少火灾造成的设备损失。

2. 相关案例

2004 年 1 月 5 日 9:12，一乘客在某次列车首节车厢内纵火（图 5-4）。此时列车正运行于尖沙咀站及金钟站之间。其携带的可燃物包括：700 mL 塑料瓶（已破损，烧完）、250 g 液化石油气罐（2 个已炸，3 个完好）、2 L 塑料瓶（被乘客踢开未引燃，内装稀释剂）、4.5 L 塑料容器（被乘客踢开未引燃，内装稀释剂）。

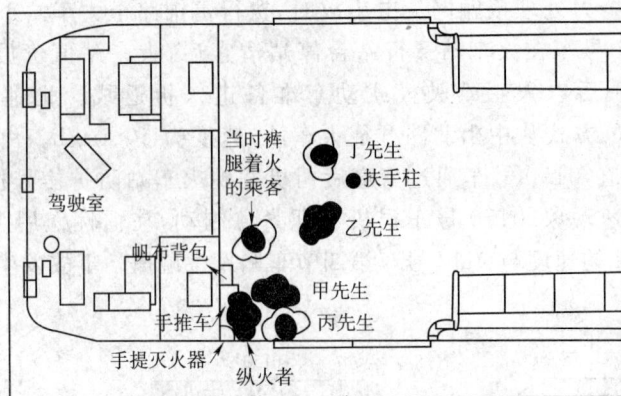

图 5-4　某次列车首节车厢发生火灾时的示意图

9:12,起火列车司机马上报告调度中心,并继续前行至前方站台停稳后马上疏散乘客。

9:16,全部大约 1 200 名乘客下车完毕并同时向站外疏散。

9:20,所有乘客均疏散至大厅。

9:23,所有乘客以及租户疏散至车站外面。

9:27,车站所有出入口关闭。

另一方面:

9:12,调度中心接到司机火灾报告,马上阻止其余列车进入该车站;司机继续驾驶列车前行。

9:14,消防部门接到火警。

9:17,列车到达站台,等候的工作人员用灭火器扑灭明火。

9:20,消防人员赶到现场,继续用水灌救。

9:29,火(包括阴燃的火)被彻底扑灭,灌水停止。

9:40,事故发生后仅 28 min,消防/警局/地铁三方共同确认可以恢复服务。

9:43,事故车站开放所有出入口。

9:46,开放后第一列车到达车站。

此次事故造成轻伤 14 人,车站停运 28 min,线路发车密度有所降低,列车一节车厢轻度烧损。

总结分析以上两起火灾事故,该地铁之所以能够高效处置,使火灾处于可控状态,能够将事故的影响降到最低,在完备应急预案、注重演练效果、警察和消防人员的迅速反应、员工的高度职业化、消防设施、设备的配备等方面值得学习和借鉴。

(四)恶劣天气的应急处置

1.处置原则

恶劣天气行车组织属于自然灾害类突发事件,是指地铁遭遇大风、大雾、大雪、暴雨、霜冻、冰雹等恶劣气候时影响列车正常运行的事件采取的行车组织方式。遭遇恶劣天气时会对列车运行安全、地铁运营秩序和乘客服务造成重大影响。恶劣天气的应急处置应遵循"安全第一"的原则,在确保乘客安全的前提下采取各种手段尽量维持线路运营。

2.相关案例

2005 年 8 月某日,某市的地铁 1 号线受台风影响导致一段线路被水淹,造成列车运行中断,其间行车调度员通过小交路、单线双向运行等方式维持了线路的正常运营。事件经过如下:

3:25,行调发现 I 站至 J 站上行区间内有一节红光带,通知检修调度、车站值班员进行查看。此时 M 站至 P 站上行区间正在封锁施工,封锁区间内有一列轨道车作业(图 5-5)。

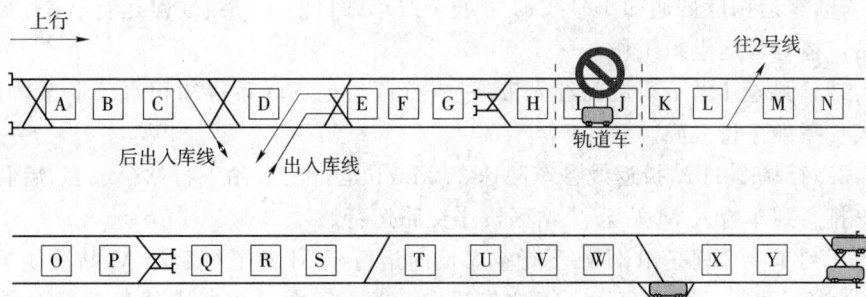

图 5-5 区间积水导致线路中断

3:30,轨道车施工结束销点。行调解除区间封锁,令轨道车至 J 站上行待命。

3:36,行调安排 J 站值班员跟施工轨道车至 I 站至 J 站上行区间查看区间积水情况。

3:55,J 站值班员通过对讲机告知该区间内有严重积水,积水深度达腰,环调要求车站手动开启区间泵进行抽水。

4:00,J 站值班员报区间泵抽水无效果,水位无明显下降。施工轨道车司机来电告知,轨道车由于排气管进水目前迫停区间,请求救援。

4:08,行调对工务、通号、客运、车辆调度发布抢修命令。同时要求全线各地下车站派人对区间线路进行巡检。

4:35,除 I 站至 J 站外,其他车站均报区间内无明显积水情况。

4:49,I 站至 J 站下行区间也出现红光带,行调要求车站派人至现场进行确认。

4:52,J 站来电报下行红光带为积水引起。

4:52,行调向全线车站发布列车调整运行方案:A 站至 H 站小交路运行,L 站至 Y 站小交路运行,I、J、K 封站不办理客运作业,H 站至 L 站启动公交应急预案。调整方案如图 5-6 所示。

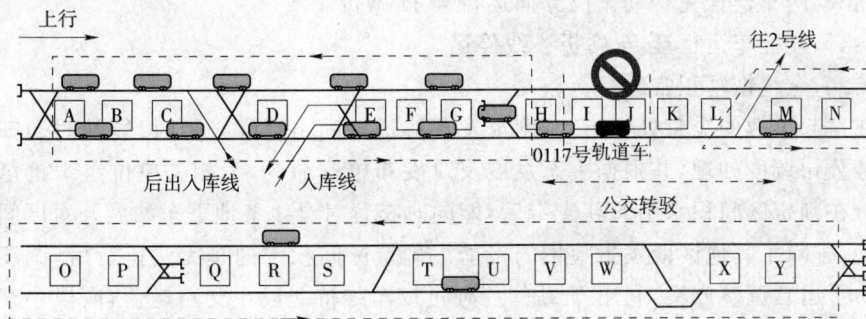

图 5-6 运营调整方案

在运营调整过程中,行调利用 E 站出库线发出载客列车 5 列,其中 1 列为携带转换车钩的 0117 号救援车停 I 站上行站台外,1 列停 H 站折返线待命;利用 E 站入库线发出空车 1 列由下行线反向运行至 H 站;利用后出库线发车 6 列,共计 12 列车投入 A 至 H 站小交路运行;Y 站 3 列过夜车正向运行至 M 站下行站台后经由 M 站渡线反向运行至 L 站上行站台载客运行,执行 L 站至 Y 站的小交路运行。

5:30,行调对 1 号线、2 号线全线车站乘客导向系统发布相关信息,并通知车站进行确认。同时通知 3、4 号线换乘站进行广播。

5:40,客运调度员通知 1 号线、2 号线全线车站目前 1 号线线路运行状态,要求进行车站广播等客运组织工作。

6:12,I 站至 J 站下行区间红光带消失,行调与现场联系得知积水已退至轨面下,要求人员撤离下行区间。

6:25,行调令 H 站折返线备车限速 20 km/h 运行至 L 站下行站台载客,后利用间隔又安排 4 列车投入 M 站至 Y 站区段小交路运行。

这 4 列车中 2 列是由 H 站下行空车反向运行至 M 站下行后经 M 站渡线折至 L 站上行载客;另外 2 列是 H 站下行空车反向运行至 P 站后经折返线折返至 P 站上行载客。

7:22,行调再次调整运营方案:A 站至 H 站小交路运行(6 列车),H 站至 L 站利用下行线进行单线双向运行(1 列车),L 站至 Y 站小交路运行(8 列车),调整后的情况如图 5-7 所示。

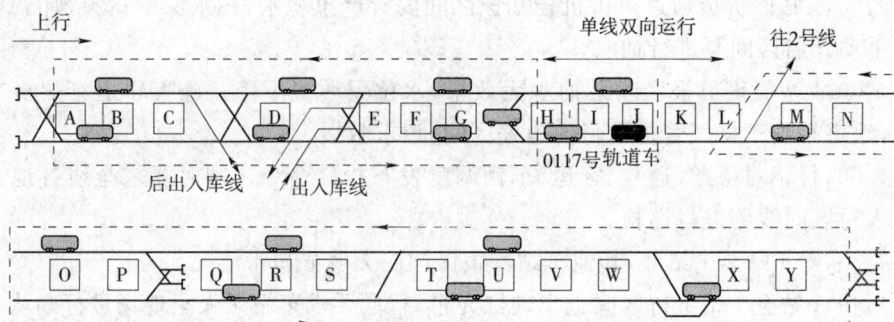

图 5-7　再次运营调整后的情况

9:23,I 站至 J 站上行区间红光带消失,行调与现场联系得知 I 站至 J 站上行积水已退至轨面下,行调命令救援车 0117 号车到 I 站至 J 站上行区间救援轨道车。

9:36,两车连挂完毕动车反方向运行至 H 站折 4 线。

9:49,连挂车运行至 H 站折 4 线停运。

9:50,全线恢复正常运行。

在这起事故的应急处置中,调度员发现隧道区间出现红光带时,能及时通知通号及客分公司调度处理,并根据事态发展及时发布抢修命令,为相关单位组织抢修赢得时间。在判定区间积水引起红光带后,能同时布置对全线各地下车站展开对区间线路的巡检,排除了其他区段发生险情的可能。确定区间积水列车无法运行后,调度员及时发布了运营调整方案,利用 Y 站的三列过夜车维持北段小交路运营,南段小交路则根据开通车站数适量地投入运营列车,确保了非事故区段的列车运营。

第六节　车站班组管理

班组是指在劳动分工的基础上，把生产过程中相互协同的同工种工人、相近工种或不同工种工人组织在一起，从事某种特定目的生产活动的一种正式组织。它是企业生产经营活动中基本作业单位，是企业内部最基层的劳动和管理组织。班组管理水平的好坏，直接关系到企业经营的成败。

城市轨道交通车站的班组是城市轨道交通企业最基本的作业单位和生产管理组织，直接面对旅客和公众提供客运服务，城市轨道交通一线的生产活动都在班组中进行。一般来说，把城市轨道交通车站每个车站或某个车站班次的所有人员称作一个班组，成员主要由站长（工长）、值班站长、值班员组成。

城市轨道交通车站班组管理主要包括培训管理、安全生产管理、思想管理等方面的内容。

一、班组培训管理

1. 班组培训的目的

班组员工培训能否有效开展，对提高地铁员工队伍的整体素质，适应地铁发展对人才素质的需求，保障员工培训计划的有效实施，营造良好的"学习型组织"氛围具有重要意义。

2. 班组培训的任务

班组员工培训的任务在于：通过多种形式的培训，使员工达到本岗位工作所要求的专业知识、工作技能方面的规范标准；并根据地铁战略发展的需要和现代科技、管理的进步，适时地对员工进行更新知识的培训，促进员工专业技能和综合知识向纵深发展，培育"一人多岗、一专多能"的超前性全面型人才。员工培训遵循"学以致用，学用对口"的原则，切实做好从实际出发，按需培训，灵活多样，保时保质保量。

员工培训的考核结果也是员工和车站绩效考核的重要依据之一。

3. 班组培训的内容

班组员工培训主要是指员工的岗位培训，本质是一种根据技能所缺进行有针对性的在职培训，是有针对性地对员工的工作能力、业务水平和基本素质进行的培训，最终实现员工素质与岗位技能要求的匹配。

根据员工的工作职责和发展方向，岗位培训可分为管理技能培训、专业技术技能培训。管理技能培训主要针对车站各级管理人员，专业技术技能培训主要针对生产系列、技术系列专业人员。

培训的方式有集中（授课）培训、施工现场操作培训和外部培训等，车站根据上级安排和员工需要选择合适的培训方法。

4. 班组培训的实施

班组技术业务培训的组织包括：制订培训计划、开展培训活动、培训考核和奖惩等工作，由班组长全面负责。

（1）制订培训计划

班组根据企业或车间的要求按周、按月、按季度制定班组的培训计划,内容包括:培训目标、内容、形式、方法、受训对象等。培训计划应切实可行、有针对性,向上级部门申报并得到审批后进行。

（2）组织培训活动

①班组根据制定好的培训计划及实际需要,安排培训方式,实施培训计划,并及时做好培训记录。

②培训不能按计划实施时,应进行培训计划的变更。培训计划变更包括计划延迟和计划取消。

③培训记录、资料是班组员工参加各类培训的凭证,包括签到表、考核结果、取得的资格证书等。车站负责保管培训记录,并根据档案管理相关规定,对外部培训记录进行归档、备查、上报。

④班组长必须认真组织每次培训活动,根据作业需要安排人员参加上级组织的临时性特定业务培训。

（3）培训考核和奖惩

①培训考核是根据参训员工培训过程中投入程度、出勤状况及培训目标的实现程度进行评估。对于培训考核不合格的,将给予其口头或书面批评。

②员工培训结果将作为员工上岗、任职、晋升及今后继续培训的重要依据,并记入员工档案。

③车站根据培训记录、考试考核、实际操作情况等对培训计划实施情况进行自查,同时以书面形式进行总结。自查内容包括:培训计划完成情况,培训效果如何、如何改善。

④原则上一般员工的有效培训时间每年不低于企业规定的培训时间要求。

⑤职工培训业绩按制定的奖惩办法给予奖罚,以鼓励职工积极参加培训、刻苦钻研科学技术。培训业绩记入个人技术档案,作为职工应聘、持证上岗及晋升的依据。

二、班组安全生产管理

班组安全生产管理是班组管理的一个重要组成部分。在企业里,绝大部分事故发生在班组。各种设备事故、人身事故的发生均与班组有关。只有抓好班组安全管理,严格执行安全管理制度,搞好安全生产运行,树立"安全第一"意识,才能杜绝重大事故,避免一般事故,防止险性事故;才能为企业可持续发展提供根本保障加强安全生产监督管理,防止和减少生产安全事故,确保安全生产工作管理有序,确保人民群众生命和财产安全,确保地铁运营安全。

班组安全生产管理,必须坚持"安全第一、预防为主"的方针,坚持"管生产必须管安全"的原则,实行"谁主管谁负责"的安全生产责任制。

城市轨道交通车站班组安全生产管理主要包括以下一些内容:

(一)建立安全生产责任制

建立健全安全生产责任制度是加强全体员工的安全意识,认真履行各自安全职责的有效方法。根据人人管生产、人人管安全的原则,使企业从领导到员工在各自岗位上,真正做到既保证完成生产(工作)任务,又保证不发生各类事故,必须建立和完善安全生产责任制。各部门、中心、车站、班组要相应制定每个岗位、每个员工的安全职责。

安全生产责任制要层层落实,层层签订安全生产责任状,层层下达所属部门、中心、车站、班组,一级签一级,一直签到一线员工,做到层层有人抓,处处有人管,实行层层考核和安全生产"一票否决权。"

1.班组安全生产责任制的要求

(1)严格按照国家关于安全生产的法律、法规和方针、政策,结合上级要求,制定详尽周密的安全生产计划,层层落实到个人。遵章守纪,认真研究安全生产重大问题,加强事故预防工作。

(2)配备安全生产管理人员,在抓生产的同时必须抓好安全管理工作,不断提高安全生产管理水平。保证足够的安全生产技术措施经费,保证治理事故隐患和改善劳动条件的经费支出。

(3)对特种设备和危险性大的工作场所进行定期检查,及时报告重大事故隐患,加强对重大事故隐患和危险源的整改和监控工作,生产设施、设备必须符合国家劳动安全卫生的有关要求,引进国外的设备、工艺及原材料,要有配套设施与保障技术,确保安全生产,防止职业危害。

(4)定期对员工进行安全生产教育,使他们树立安全生产意识,掌握安全生产技能。特种作业人员接受培训和考核,做到持证上岗。

(5)按规定使用劳动保护用品,加强生产过程中的个体安全防护,加强安全生产检查,减少伤亡事故和职业病发生。

2.班组安全生产责任制的主要内容

(1)明确具体的安全生产要求,有效地预防生产安全事故的发生。

(2)明确具体的安全生产管理程序,进行必要的常规检查和防范工作。

(3)明确具体的安全生产管理人员,每个岗位安排专人负责,责任落实到人。

(4)明确具体的安全生产培训要求,包括哪个岗位要经过什么样的安全生产培训,应当具备什么样的安全生产知识等。

(5)明确具体的安全生产责任,即对安全生产方面存在的问题,具体由谁负责,负什么样的责任等。

(二)建立安全检查制度

安全生产检查是一项综合性的安全生产管理措施,是建立良好的安全生产环境,做好安全生产工作的重要手段,是预防事故,消除事故隐患,减少职业病的有效方法。安全检查包括以下几个方面:

1.查思想

检查各级领导和员工对安全生产的思想认识情况,检查各级干部是否真正关心职工的安全健康,检查员工是否人人关心安全生产,检查国家的安全生产和劳动保护的有关政策法规是否真正得到贯彻。

2.查制度

检查企业中各项安全管理制度的贯彻执行情况,重点是检查新员工入门的"三级教育"制度,特种作业人员和调换工种员工的教育制度,领导干部、中层干部、安技干部的安全培训,各工种安全技术操作规程和各岗位安全责任制贯彻执行情况。

3. 查管理

检查各级领导是否把安全生产工作摆上议事日程,检查各部门是否强化了对安全生产的管理工作,检查员工是否参与安全生产的管理活动,检查改善劳动条件和安全生产的安全技术措施计划是否按规定编制执行,检查新建、改建、扩建和技术改造工程项目是否执行了"三同时"制度,检查各中心、车站、班组的日常安全管理工作的进行情况。

4. 查隐患

主要是深入生产现场,检查企业的生产设备、劳动条件、作业环境,以及安全卫生设施和安全防护设施是否符合安全生产要求,检查员工在生产劳动过程中有没有违章指挥、违章作业、违反劳动纪律的行为。重点是建筑物是否安全,安全通道是否畅通,零部件的存放是否合理;各种机械设备的排列和防护装置、电器装置的安全设施、各种气瓶、压力容器、化学品等的使用管理情况,车站内的通风照明设施、有毒有害粉尘和气体的防护设施,员工的劳动条件和个人防护用品的使用等,是否符合有关安全生产的规定;特别要注意对危险性大的要害部位要严格检查,对事故隐患监控和整改情况要严格检查。

5. 查事故处理

检查企业各部门对各类事故是否认真调查,及时报告,严肃处理;是否按照"四不放过"的原则认真总结教训,采取了有效措施。

(三)建立安全例会制度

(1)运营公司安保部每月召开一次安全生产工作例会,各部门、中心的专(兼)职安全员参加,交流安全生产情况,通报安全生产信息,布置安全生产工作。

(2)站务中心每周召开一次安全生产工作例会,传达学习上级部门关于安全生产工作的指示精神,研究布置本单位的安全生产任务。

(3)车站、班组每天召开一次安全生产工作例会,在总结、研究、布置生产工作的同时,总结、研究、布置安全管理工作。

(4)班组每天交接班时,在交接生产(工作)的同时,要交接安全生产(工作)的情况。

(5)各类安全生产工作例会,要有专门会议记录,指定专人如实记录会议情况(时间、地点、参加人员、会议记录、主持人、发言人讲话等)。

(四)建立事故追究制度

事故追究制度是为了惩罚和教育责任者本人,促使有关人员提高责任心,保证有关安全生产的法律、法规得到贯彻执行,有效地保障安全生产。

(1)依据国家的有关安全生产的法律、行政法规、地方性法规、规章,企业的规章制度,严肃追究生产安全事故有关责任人的经济责任、行政责任、法律责任。

(2)贯彻"责任面前人人平等"的精神,只要造成生产安全事故,就必须坚决予以追究。生产安全事故责任人员,既包括对造成事故负有直接责任的人员,也包括对安全生产负有领导责任的部门(单位)负责人。委外项目必须按照规定程序进行,因审批(审核)不妥、管理监督不力而造成生产安全事故,要追究有关责任人的责任。

（3）严格执行岗位责任制和安全生产操作规程，因违章指挥、违章作业、违反劳动纪律而造成生产安全事故的，要追究有关责任人的责任。凡是对生产安全事故负有责任的人员，都必须承担相应的经济责任、行政责任、法律责任。

（4）根据"管生产必须管安全、谁主管谁负责"的原则，建立健全安全生产领导责任制，并实行严格的目标管理，各部门领导，对本部门的安全生产工作负主管责任。基层各部门根据岗位责任制，应负直接的安全责任。

（5）安全生产检查要有针对性，要讲实效，不走过场，不搞形式。对检查中发现的生产安全事故隐患和问题，各部门负责人要亲自过问并限期解决。对事故隐患和存在问题整改不力而造成生产安全事故的，要追究有关责任人的责任。

（6）要建立重大问题报告制度。凡涉及有碍企业安全生产、治安保卫、社会稳定的重大问题，要以快捷的方法向企业领导报告。因麻痹松懈、管理不力而造成生产安全事故的，要追究有关责任人责任。对瞒报、谎报、迟报各类生产安全事故的，要追究有关责任人的责任。

（7）切实加强生产安全事故的现场抢救工作。事故发生后，部门负责人在赶赴现场的同时，要以快捷的方法报企业领导和有关主管单位，确保事故发生后领导到位，指挥有方，措施得力，将事故损失控制在最小范围内。对不能按规定及时亲临现场组织指挥抢救的，要追究有关责任人的责任。

（8）对被追究责任的部门（单位）和负责人，按国家有关法律、法规和企业奖惩制度，追究相应的经济、行政、法律责任。实行一票否决制，撤销其在问题发生当年已经获得的文明、先进、模范等各种荣誉称号的资格；负有领导责任和直接责任的干部，当年不得晋升职务，取消评先受奖资格。

三、班组思想管理

（一）班组成员的思想现状

1. 认识多元化

随着社会的发展，信息时代、网络经济、知识经济影响人们的工作、学习、生活，不可否认现在的城市轨道交通员工在思想认识上已经越发多元化。在奉献的同时，员工也越来越关注自身利益和社会责任。单纯的说教已经显得苍白无力。企业劳动关系的市场化、契约化，用工制度的多样化，职工追求目标和价值的多元化，使得思想政治工作要解这种"多元方程"，无论是在队伍上还是在手段上，都显得十分软弱，思想政治工作在管理体制、工作机制等方面难以把握适度界定。

2. 工作压力大

目前，在一线基层员工中，有大量员工感觉到前所未有的工作和精神压力，而这种压力集中来自于以下三个方面：

（1）社会经济压力

近年来，房价、医疗和教育等问题不可避免地传递到地铁员工身上，其在社会上的生活压力越发巨大。而且在很多地铁城市都是年轻人比较多，这个问题比较突出。

（2）业绩指标的考核压力

车站工作是个不间断的连续工作，这要求员工在工作中精神高度集中，避免出现失误。另外,除了要全力做好服务外,还要挤出时间和精力应付各种检查,使他们感到现在工作的时间越来越长,工作的压力越来越大,整天疲于应付,根本没有时间去思考如何把工作做好、做细。在这种状态下,他们觉得只要能把当天的工作应付下来,不出差错就已经达到目标。

如果让这种长时间、超负荷的状况持续下去,不采取切实有效的措施,必然会影响车站现场的精神状态和服务质量。

部分车站工作人员由于自己认为现行的考核制度存在"不够科学"和"缺乏公正"等问题,使得这部分员工的积极性和主动性没有得到充分发挥。

（3）旅客投诉的精神压力

一方面,随着人们生活水平的日益提高,广大居民对地铁提供个性化、差别化服务的需求越来越多,对服务的时间、效率、质量乃至服务的环境、设施、形象等各方面的期望也越来越高,对这车站工作人员的各项素质和要求提出了很高的要求。

另一方面,由于旅客维权意识和自我保护意识的加强,旅客对地铁客运服务投诉力度的不断加大,加上有的单位在处理服务投诉问题上存在简单化的现象,使得一线员工感到了前所未有的服务压力。

3. 素质提升需求迫切

在我国大部分城市轨道交通企业中,由于职工普遍年轻化,来源比较复杂,因此,他们不满足于仅仅做好自身的本职工作,更希望自己的单位能够从关心员工的成长和发展角度出发,进一步加大培训力度,努力跟上新知识、新业务的发展步伐,为提升员工综合素质和岗位竞争能力创造条件。

大部分员工认为自己目前基本能够适应现有的工作岗位,但十分希望自己能定期参加专业知识与技能培训,以便进一步拓宽视野,提升工作能力,拓宽发展空间。

（二）提升班组思想政治工作的途径

当前,我国城市轨道交通正处在大发展时期,及时妥善地做好车站工作人员的思想工作,对于提高窗口服务质量和服务水平,提升企业社会美誉度和旅客忠诚度具有十分重要的现实意义。有效提升班组思想政治工作一般应该着重加强以下五个方面的工作:

1. 加强引导、教育

目前,大多数车站工作人员对自己的工作和企业整体还是认同与肯定,而且地铁年轻人多,容易引导和教育,这就要求我们要紧紧抓住这一有利因素,继续通过正面宣传、教育和引导,进一步调动广大车站工作人员工作的积极性与主动性,不断增强车站工作人员的责任意识和大局意识,及时将车站工作人员的思想观念、价值观念和行为准则统一到企业发展轨道上来,让员工的思想成为推进城市轨道交通企业发展的动力。各级领导和班组长应对城市轨道交通企业的发展战略、企业目标做好宣传、教育和鼓动工作,帮助员工消除顾虑鼓励广大员工立足本职,爱岗敬业,踏实工作。

针对部分车站工作人员所产生的思想波动和模糊认识,我们要区别不同情况,不同对象,认真做好"一人一事"的思想政治工作,要顺序渐进,不能操之过急,既要讲政策,又要人性化,做到心与心沟通,情与情交融,充分体现以人为本的管理思想。

要善于在车站工作人员中发掘和培育先进个人、先进班组和先进集体,发挥先进典型的轰动效应和导向作用。要通过精心策划、大力宣传、评比表彰等环节，及时让先进的经验得到推广，让先进典型得到人们的认可和成为学习的榜样，发挥先进典型的连锁和共振效应，在员工中形成你追我赶的良好氛围，把崇尚先进、学习先进、争当先进的好传统、好作风转化为每个员工的具体行动。

2.加大岗位培训

加大岗位培训力度，着力提高车站工作人员的岗位履职能力和岗位竞争能力。

(1)加强人员综合能力培训

要树立超前培训意识，改变以往在车站工作人员培训工作中存在的"缺什么就培训什么"的应急被动做法，把岗位培训与员工的职业发展紧密结合起来。不但要抓好岗位业务知识和业务技能培训，也要积极创造条件为车站工作人员培训其他理论以及文化知识等内容。通过开展多形式、多层次、多学科的理论学习和技能培训，不断提高他们的理论水平和业务技能，不断提高他们的综合素质和竞争能力。

(2)加强培训机制建设

首先是要建立培训约束机制，不断提高培训质量。对班组培训工作定期考评，对好的班组及个人，要及时给予表彰和奖励；对没有完成培训任务的以及不参加培训或在培训期间有违纪行为的个人，要给予相应的批评和惩处。

(3)建立培训激励机制

要进一步完善培训档案和培训证书管理制度，规定所有员工接受培训的情况都要分类分级进行登记与管理，并作为其任职、晋升和轮岗的重要依据之一，切实做到不培训不上岗，不培训不任职，不培训不提拔，形成主动求学、主动求训的良好局面。

3.做好心理疏导和减压

针对车站工作人员中普遍存在的工作压力和精神压力较大的问题，我们要重视做好对员工的心理疏导和减压工作，定期在车站工作人员中开展心理健康教育，确保五个到位：

(1)心理疏导到位

要把心理健康教育纳入经常性的思想政治工作之中，经常研究和深入分析员工的心理状态、压力强度及其成因，并通过开辟心理健康咨询通道、组织专题辅导讲座、参加野外拓展训练以及开展各类文体活动等多种形式，及时对员工进行心理疏导，解决员工的心理障碍，确保员工的心理健康。

(2)交心谈心到位

要充分利用多种形式，广泛开展交心谈心活动。尤其是在调整岗位、受伤患病、家庭变故、工作受挫以及受到客户的不公平指责时，要及时进行谈心帮助，做到对症下药，及时缓解员工的精神和工作压力，提高心理疏导的效果。

(3)正面引导到位

要坚持典型引路，正面激励，及时把发生在员工身边的感人事迹和先进典型发掘出来，推广出去，用身边的先进事迹激励人、感召人、鼓舞人。

(4)个别教育到位

对于重点教育和疏导对象，要通过讲道理，摆事实的方法进行说服，不仅要用先进模范人物进行典型引导，还要用反面典型进行警示，做到动之以情、晓之以理，真正把思想工作做实、做细、做活。

（5）文化到位

要根据不同时期的中心工作和形势任务，经常组织一线员工开展健康向上的文体活动，积极开展岗位练兵和技术比武，鼓励员工参加行业内外各类资格培训和考试，广泛开展读书读报活动。通过组织各类寓教于乐、积极向上的活动，努力营造和谐地铁，温馨家园的良好氛围，增强员工的归属感和自豪感，从而使员工的思想得到升华，心灵受到感染，紧张的工作压力和精神压力得到有效缓解。

4. 加强工作的针对性和有效性。

城市轨道交通企业的思想政治工作正面临许多新的情况、新的问题和新的挑战。我们应该及时转变观念，与时俱进，从增强思想政治工作的针对性和有效性入手，充分发挥思想政治工作的促进和保障作用。

（1）抓热点、抓难点

做好思想政治工作，必须要联系实际，注重实效。把解决员工最关注、与员工切身利益最密切的问题，作为解决员工思想问题的切入点。

（2）以人为本

思想政治工作的对象是人，做的是关心人、理解人、尊重人、激励人、发展人的工作。因此，要想取得实效，就一定要坚持"以人为本"这一根本原则，要更关心他们，爱护他们，时刻把员工的困难和冷暖挂在心头，倾听他们的呼声，关心他们的生活，体会他们的心情，多做换位思考。

（3）创新工作方式方法

我们不仅要继承和延续思想政治工作传统的方法和手段，更应在创新上下工夫，突出思想政治工作的实效性。例如，我们可以充分利用交班会、小组会的时间开展思想教育工作，把员工在当天发生的思想问题在当天解决。也可以通过小型活动座谈的形式对员工中存在的思想问题进行讨论，最终达成共识等。要少讲大道理，多讲一些共同感受，要注意通过日常的"小事"去引导员工潜移默化地形成正确的人生观、价值观和道德观，树立责任意识、大局意识和团队意识。

5. 创建优秀企业和班组文化

努力构建和谐地铁，营造温馨家园，就必须拥有优秀的班组文化。优秀的班组文化具有强大的凝聚力和生命力，它能为班组员工创造充分的发展空间，吸引优秀人才，稳定人才，创造班组竞争优势，提升班组核心竞争力，使班组充满活力，保持领先。另外，优秀的班组文化还能把经营管理、理论教育、技能培训和班组战略目标融于浓厚的班组文化之中，并转化成现实的推动力，使班组的各项制度和要求成为全体员工的自觉行动，从而在全行形成明确的目标、共同的理想和统一的行动，最终实现班组与个人的共同发展。

关键名称与概念

1. 施工（检修）计划：根据城市轨道交通运营工作的需要，在一定时间周期内为各种行车、客运设备的施工、检修、维护排定的工作计划，以及工程车、调试电客车开行的计划，包括周计划、日补充计划和临时补修计划等。

2. 事故：在运营生产过程中，因违反规章制度、违反劳动纪律、违反作业纪律或技术要求，或因人员技能不高、设备技术状态不良及其他原因，造成人员伤亡、设备损坏、影响正常生产作业或危及安全生产的事件，达到事故规则规定的标准的部分。

3. 突发事件：城市轨道交通运营过程中的突发事件是指地铁运营管辖范围内突然发生，造成或者可能造成人员伤亡、财产损失和严重社会危害，危及地铁运营安全和公共安全，影响地铁运营秩序的紧急事件（事故）。常见的突发事件分为运营生产类、公共安全类和自然灾害类。

复习题

1. 行车值班员的岗位职责有哪些？（适合【初级工】）

2. 客运值班员的岗位职责有哪些？（适合【初级工】）

3. 施工作业令的使用程序有哪些？（适合【初级工】）

4. 施工作业的请点有哪些规定？（适合【初级工】）

5. 施工作业的销点有哪些规定？（适合【初级工】）

6. 正线、辅助线发生设备故障或事故需封锁区间抢修的程序有哪些？（适合【中级工】）

7. 车站安全管理的宣传、教育途径有哪些？（适合【中级工】）

8. 在运营中工作中哪些事故定为一般事故？（适合【中级工】）

9. 在道床伤亡事故中行车值班员的职责有哪些？（适合【中级工】）

10. 在站台门夹人夹物事故中车站现场处置的流程有哪些？（适合【中级工】）

11. 做好班组成员心理疏导和减压的方法有哪些？（适合【高级工】）

参考文献

[1]裴瑞江.城市轨道交通客运组织[M].北京:机械工业出版社,2009.

[2]于涛,李建国.城市轨道交通票务管理[M].北京:人民交通出版社,2011.

[3]刘丽娜.城市轨道交通客运组织[M].北京:人民交通出版社,2010.

[4]林瑜筠.城市轨道交通设备[M].北京:中国铁道出版社,2008.

[5]李宇辉.城市轨道交通应急处理[M].北京:人民交通出版社,2012.